帝王传记

乾隆

十全皇帝

红钊 著

文治武功
盛世明君

传

哈尔滨出版社
HARBIN PUBLISHING HOUSE

图书在版编目(CIP)数据

十全皇帝：乾隆传/红钊著. -- 哈尔滨：哈尔滨出版社，2025.2. -- ISBN 978-7-5484-8221-5

Ⅰ.K827=49

中国国家版本馆CIP数据核字第2024AA9655号

书　　名：十全皇帝：乾隆传
SHIQUAN HUANGDI：QIANLONG ZHUAN

作　　者：红　钊　著
责任编辑：孙　迪
封面设计：于　芳
内文排版：博越创想

出版发行：哈尔滨出版社（Harbin Publishing House）
社　　址：哈尔滨市香坊区泰山路82-9号　　邮编：150090
经　　销：全国新华书店
印　　刷：三河市刚利印务有限公司
网　　址：www.hrbcbs.com
E-mail：hrbcbs@yeah.net
编辑版权热线：（0451）87900271　87900272
销售热线：（0451）87900202　87900203

开　　本：710mm×1000mm　1/16　　印张：15　　字数：170千字
版　　次：2025年2月第1版
印　　次：2025年2月第1次印刷
书　　号：ISBN 978-7-5484-8221-5
定　　价：45.00元

凡购本社图书发现印装错误，请与本社印制部联系调换。
服务热线：（0451）87900279

前言

乾隆皇帝是中国历史上最幸运的皇帝，也是最不幸的皇帝。在中国历史上，他把大清帝国带上了顶峰，也是帝国历史上最后一个黄金时代；在世界的历史上，乾隆统治的帝国已经穷途末路，死后五十余年，曾经傲视世界的中国就沦为西方列强的半殖民地，古老的华夏民族饱受苦难。用英国人的话说，号称"十全老人"的乾隆皇帝不过是"一艘破烂不堪的头等战舰的老船长"。

乾隆帝弘历，生于康熙五十年（1711年）。乾隆是康熙钦定的第二代接班人，这是他最大的幸运。雍正十三年（1735年）八月，雍正帝得急病死后，乾隆毫无悬念地登上了大清帝国的宝座，开始了其长达六十年的皇帝生涯，退位后又当了三年太上皇，终年89岁。

乾隆自诩为十全武功，虽然有夸张可笑之处，但他在平定叛乱和安定边疆方面的确有可称道之处。

刚刚即位，乾隆即以号称知兵的张广泗经略苗疆，镇压苗民起义。1753年，迎接土尔扈特部回归。第二年，阿睦尔撒纳又率部众内附。乾隆亲自接见，详询准噶尔内部情况，决定于第二年春两路出兵伊犁。1755年，清军平定准噶尔部叛乱。不久，归降清廷的阿睦尔撒纳又聚众叛乱，乾隆随即派军征讨，准噶尔部割据势力乃告平定。

1757年至1759年，乾隆又平定了南疆大小和卓之乱，随即设置伊犁将军，统辖全疆军政，建立起军府统治。下置参赞大臣，分统天山南北路。于南疆各城置办事大臣或领队大臣，管理一城之事。并垦荒屯田，移民入疆，陆续建置州县以管民事。明代以后长期割据的新疆从此牢牢置于中央政府直接管辖之下。

1791年，乾隆授福康安为将军，率兵入藏击退尼泊尔侵略。次年颁布《钦定西藏章程》，集民政、财政、军政、外交大权于驻藏大臣之手。同时规定金瓶掣签之制，大活佛之继承也处于清政府监督之下。从此西藏政局方趋稳定，而中央对西藏之政令也得以贯彻执行。对云南、贵州、广西、四川、湖南、湖北各土司统治地区，乾隆继续推行改土归流政策。经过两次金川之役，川西南地区也实行改土归流。

乾隆十分重视文化事业，提倡汉学，编纂大量图书。在他统治期间，中国是一个疆域辽阔、国力强盛、经济发展、文化繁荣的统一的多民族国家，乾隆在位六十年，把"康乾盛世"推向了顶峰。

乾隆在位时期，西方殖民势力对中国不断进行试探，北方沙皇俄国也虎视眈眈。出于自卫需要，乾隆采取限制贸易，减少接触政策。只留广州一通商口岸外，其他海口一律禁止贸易。乾隆拒绝英国马戛尔尼使团来华提出的各项有损中国主权之要求。对沙俄也坚持原订条约之规定，多次断绝恰克图贸易以抑制其非法行动。严格限制对外交往的政策，在国力强盛时虽可保全于一时，但却使中国更加远离世界之潮流，日渐落后。可以说，封建时代的中华帝国死于乾隆之手。

乾隆继位时的清王朝已经过康熙、雍正两代七十余年的治理，社会上出现一片繁荣的景象，再经乾隆前期的励精图治，清王朝到达强盛的顶点，中华帝国在封建制度的末尾出现了回光返照一般的百年繁荣。但乾隆为人重奢靡，追求奢华，尤其是6次南巡，挥霍无度。在他的带领下，统治阶级贪污腐败，索赔兼并，致使社会矛盾不断激化，各地不断爆发起义。波及数省、长达十年的白莲教大起义，就爆发在乾隆朝的晚年。这种种矛盾累计着、制约着、打击着清朝的统治地位。或许，这位"十全老人"真的到了"江郎才尽"的地步。

乾隆朝是清朝政治经济文化的鼎盛时期，也是由盛转衰的时期。处在这一时期的乾隆皇帝，既展现了其掌握国家大权、维护统一、适应社会前进潮流的巨大智慧，也有其愚黯阻碍历史发展的罪过。作为对中国历史影响极其深刻、知名度又极高的历史人物，乾隆皇帝无疑是所有人都无法回避的巨大存在。是他把"康乾盛世"推向高峰，也是他最终为"康乾盛世"落下帷幕。他的人生，可以说就是一部18世纪的中国史。

目录

第一章 钦定皇储 001
- 第一节 康熙爱孙 002
- 第二节 乐善堂文钞 007
- 第三节 奉诏登基 010

第二章 弘历亲政 013
- 第一节 大权独揽 014
- 第二节 抑制宗室 022
- 第三节 前朝遗老 038
- 第四节 张鄂党争 047
- 第五节 一朝天子一朝臣 073
- 第六节 改革祖制 091
- 第七节 宽严得当 093

第三章 十全武功 109
- 第一节 两平准噶尔 110
- 第二节 定回部 118
- 第三节 两定大小金川 128
- 第四节 靖台湾 139
- 第五节 服缅甸、安南 143

第四章 乾隆盛世 157

第一节 仁政爱民 158

第二节 南巡 163

第三节 褒奖明臣 170

第四节 四库全书 174

第五章 盛世危机 181

第一节 官场积弊多 182

第二节 文字狱 193

第三节 由盛转衰 199

第四节 一艘破烂不堪的头等战舰 205

第六章 风流天子 215

第一节 书生皇帝 216

第二节 香妃传奇 223

第三节 太上皇 229

第一章 钦定皇储

第一节　康熙爱孙

1644年，多尔衮率清军入关，满族在中原大地上建立起了大清帝国。清朝历经顺治、康熙、雍正三朝的统治，国势强盛，经济发展。

清朝皇室自康熙继位以来，子嗣之间争权不断。为了夺得皇位，皇子之间纠集同党、钩心斗角，甚至互相倾轧，兄弟相残。一时间，皇位的争夺代替了正常人伦，权力的交替伴随着血雨腥风。就在康熙满腹踌躇的时候，他的眼前蓦然跳出一颗明珠，那就是年少的弘历，后来的乾隆帝。

弘历生于康熙五十年（1711年），自幼聪颖过人，而且颇有勇谋。当康熙第一次见到弘历时，祖孙二人就颇为投缘。

康熙第一次见到弘历是在弘历12岁的时候，当时四皇子胤禛请康熙到圆明园吃饭，康熙见孙子弘历品貌端正，天资聪颖，立刻就有了好感。弘历的聪明灵异使康熙感到后继有人，于是康熙当时就下令让弘历搬到皇宫中，住进皇子们住的毓庆宫。

康熙非常宠爱这个聪明的小皇孙，他亲自指导弘历读诗书，有时候到围场打猎和批阅奏章，都要弘历在一旁侍奉着。

康熙亲自给弘历授课。一次康熙谈到宋代学者周敦颐的《爱莲说》，弘历倒背如流，康熙非常高兴，"奖悦弥至"。康熙又让弘历向贝勒允禧学射箭，向庄亲王允禄学放火箭，弘历一学就会，康熙对弘历更加欣赏。

康熙六十一年（1722年）的秋天，康熙携弘历去热河避暑，特将避暑山庄内自己居住宫殿的侧堂万壑松风殿赐给弘历居住、读书。一天，康熙乘坐的御舟停泊在晴碧亭畔，康熙思孙心切，远远地呼唤弘历。弘历听到祖父呼唤，急忙从殿北山坡上连蹦带跳地直冲下来。康熙看他跑得太快，非常紧张，劝阻说："勿疾行，恐致蹉跌。"祖孙情深，由此可见。

弘历射熊的事以后，康熙更加珍爱弘历了。

有一次，弘历跟随康熙到木兰围场打猎。康熙用火枪击中了一只熊，熊趴在地上，康熙叫弘历去察看那只熊死了没有。谁知弘历还未走到熊跟前，倒地的黑熊突然跃起，向弘历扑来。在这种危险的情况下，弘历灵活地躲开了黑熊的一击，搭箭猛射，在虎枪手的协助下将熊击毙。在这件事中，康熙见弘历临危不惧，更加喜欢了。回帐之后，康熙激动地对温惠贵妃说：此儿"是命贵重，福将过予"。康熙还特地传见弘历生母，连连称她是有福之人。康熙对弘历毫不掩饰的偏爱和赞美，其意义，不仅仅是祖孙之情的表露，还隐含着康熙期待将来由弘历来接承帝统的愿望。

康熙六十一年（1722年），康熙病危。临终前，他对大学士马齐说："第四子雍亲王胤禛最贤，我死后立为嗣皇。胤禛第二子有英雄气象，必封为太子。"康熙的关爱和宠幸为弘历继位打下了基础。

弘历的少年，是在康熙、雍正两朝帝王的教诲和宠爱中度过的。对于弘历来说，皇子时代是他活得最潇洒、最悦意的一段宝贵时光。弘历不像他的曾祖父顺治和祖父康熙那样幼龄即位，没有天真烂漫的童年和少年；也不同于他的父亲雍正，青年时代便机关算尽以谋取皇位，直到中年，韶华已逝，才坐上了皇帝的宝座。弘历年少即被祖父密定为皇储，无需为此耗费精神；他的父亲鉴于康熙晚年诸子卷入政治的前车之鉴，也绝不允许他过早地与外界社会接触。乾隆幼年时期最为有利的条件是雍正对他的态度，因为雍正在处心积虑地维护他王储的地位，同时贯注精神于他的教育，期望他在登基之前，具备作为一个帝王的足够资格。

启蒙时期，福敏成为弘历的第一任老师，但不久，弘历便淘干了这个老师所有的本事。在弘历的反复要求下，雍正选择了徐元梦、朱轼、张廷玉等四位品行端方、学问渊博的名臣作为弘历的老师。但这四位师傅中，徐元梦不久即因为有罪离开，张廷玉又忙于应付公务，很少在上书房露面，只有朱轼经常到书斋为弘历兄弟等人讲授。对弘历来说，其拜师虽有四位，但让他终生不忘的只有朱先生一人而已。

朱轼，字若瞻，号可亭，故而乾隆称之曰"可亭先生"。朱轼是江西高安人，康熙三十三年（1694年）中进士。朱轼为官清廉，学问很好，经学造诣尤其深厚。朱轼对乾隆一生影响深远。如果说福敏使弘历饱读经史诸子的话，那么，朱轼则帮助他慢慢地咀嚼、消化，把几千年积累下来的中国古代文化精华，特别是儒家的政治思想、道德规范变成这位年轻的皇子、未来的皇帝血肉之躯不可分离的部分。

朱轼历任知县、刑部主事、刑部郎中，康熙四十八年（1709年）时出任陕西学政。朱轼推崇宋代哲学家张载的学说，他教导学生知礼成性、变化气质。后来，朱轼因为颇有政绩，屡次受到提拔，承《圣祖实录》总裁之职。雍正时，朱轼入直上书房，被擢升为吏部尚书、太子太傅、文华殿大学士。朱轼很有才干，为此，他两度遇到家人病丧，被两朝皇帝特准在职服丧。

朱轼是著名的理学家，研究礼记，又精明能干，躬亲治事，政务虽繁，不废学问，生活上则很俭朴。朱轼除了比较推崇张载的学说外，对汉代贾谊、董仲舒，宋代的周敦颐、程颢、程颐等也较为看重。朱轼接任弘历和其兄弟的老师时,弘历课业已经有良好的基础。由于年龄正处在少年阶段,弘历的性格、气质、兴趣爱好还未定型,所以,朱轼对弘历的性格、爱好、志向、能力等的形成,起了很大的作用。

给弘历提供帮助的另一位师傅是蔡世远,尽管弘历对蔡世远未行拜师之礼,但弘历却从蔡世远的言传身教中逐渐领悟到了谋划权力的乐趣。

蔡世远,字闻之,福建漳浦人,康熙四十八年(1709年)进士。蔡世远特别擅长写古文,所以专门教弘历兄弟习古文。

蔡世远曾协助李光地编纂《性理精义》,此本是乾隆曾经学习的课本。雍正年间,蔡世远入直上书房,后又升至侍讲、侍讲学士、少詹事、内阁学士、礼部侍郎,但主要是教乾隆等皇子读书。蔡世远教书非常认真,在内廷担任老师多年,早出晚归,没有一天缺席的。

蔡世远也是一位十分崇拜宋儒的理学家,他曾说:"宋朝正是理学繁荣昌盛的时候,周程张朱,比肩而起,德性学问的能力,世上无人可以与之匹敌。"他在施教皇子时,也极力把这些宋理精义讲给他们,以自己对于理学的理解并结合时政深入浅出地将程朱理学的精神灌输到乾隆的头脑中去,这对于日后乾隆治理国家有着较大的影响。

乾隆与蔡世远共度寒暑,其间,蔡世远不但教会弘历写作古文,而且还教会弘历从古人的文章中体会皇子如何在夺取皇位中稳操胜券的技巧,这些都为成年后的弘历治国理政奠定了基础。

弘历知道父皇雍正非常赏识读书勤奋的皇子,为了博得自己父亲的喜欢,他读书特别勤奋,上书房的功课完毕,回到家中,仍在自己的小书房口不停诵,沉浸在读书的乐趣中。

由于弘历天分很高,用功又勤,所以得到师生交口赞誉。朱轼说他"精研《易》《春秋》、戴氏《礼》、宋性理诸书,旁及通鉴、纲目、史汉、八家之文章,穷其旨趣,探其精蕴"。与他一起读书的同窗也对他给予了很高的评价:弘昼说"吾兄于问寝视膳之暇,每有所得,发为文词。日课文一首,虽退居私室,亦不敢自懈,手披心绎,欲力迫古作者";福彭说"皇四子问安视膳之余,耳目心思一用之于学,考合古今,微论同异,虽单词支义必条分缕析,每为文,笔不停辍,千言立就,而文思泉涌,采翰云生。"

通过师傅的教导、同窗的切磋,以及自己的理解,弘历初步构建起以儒家价值取向为标准的伦理道德系统。他尊奉孔子,推崇宋儒,在诗文中经常阐发"内圣外王"的观点。他坚信儒家"仁政""德治"的正确,认为"治天下者,以德不以力",日后在处理君臣关系方面,他则主张虚己纳谏。他对于孔子"宽则得众"的格言尤为欣赏,在《宽则得众论》一文中说:

"自古帝王受命保邦,退迩向风薰德沐义非仁无以得其心,而非宽无以安其身,二者名虽为二而理则一也。故至察无徒,以义责人则难为人;推宽,然后能并育兼容,众皆有所托命……诚能宽以待物,包荒纳垢,宥人细故,成己大德,则人亦感其恩而心悦诚服矣。苟为不然,以褊急为念,以刻薄为务,则虽勤于为治如始皇之程石观书,隋文之躬亲吏职,亦何益哉!"

历代帝王中,唐太宗是弘历崇拜的偶像。弘历在论唐太宗的史论中赞美这位"三代以下特出之贤君"说:"虚心待物,损上益下,才能达到天下之盛。即位之后,励精图治,损己益人,爱民从谏,躬行仁义,用房玄龄、魏征之谏,君臣相得,不敢怠慢,才能达到贞观之盛。"

经过多年的皇子学习生涯，弘历成了一个文武全才的帝位继承人，为治国打下了牢固的基石。

第二节　乐善堂文钞

弘历读书很用心，过目成诵，并经常撰写诗文。雍正八年（1730年）秋，年仅20岁的弘历对自己14岁以后写的诗文进行挑选整理，编辑成册，取名为《乐善堂文钞》。

乐善堂是弘历的书斋。弘历以"乐善"为他的书斋名，又以"乐善"作为他的诗集名，是因为他对"乐"与"善"两个字有深刻的理解。弘历在《乐善堂记》一文中写道：

"余有书屋数间，清爽幽静，山水之趣，琴鹤之玩，时呈于前。菜圃数畦，桃花满林，堪以寓目。颜之曰乐善堂者，盖取大舜乐于人以为善之意也。"

关于编辑《乐善堂文钞》的目的，弘历在序言中写道：

"余生九年始读书，十有四岁学属文。今年二十矣。其间朝夕从事者，四书五经、性理纲目、大学衍义、古文渊鉴等书，讲论至再至三。顾质鲁识昧，日取先圣贤所言者以内治其身心，又以身心所得者措之于文，均之有未逮也。日课论一篇，间以诗歌杂文，虽不敢为奇辞诡论，以自外于经传儒先之宗旨，然古人所云文以载道者。内返窃深惭恧，每自思念受皇父深恩，时聆训诲，至谆且详，又为之择贤师傅以受业解惑，切磋琢磨，从容于藏修息游之中，得以厌饫诗书之味，而穷理之未至，克己之未力，性情涵养之未醇，中夜以思，惕然而惧。用是择取庚戌（雍正八年）秋九月以前七年所作者十之三四，略次其先后，序、论、书、记、杂文、诗赋，分为十有四卷，置在案头，便于改正。且孔子不云乎'言顾行，行顾言'。《书》曰'非知之艰，行之惟艰'。常取余所言者，以自检所行。倘有不能自省克，以至于言行不相顾，能知而不能行，余愧不滋甚乎哉。"

从序言我们可以看出，弘历刊刻《乐善堂文钞》的目的，是用自己的言论来检查自己的行为，达到言行一致的目的。

《乐善堂文钞》刊行后，乾隆曾多次重订，将雍正十三年（1735年）前的作品加入其中，成为《乐善堂全集》。

弘历为《乐善堂文钞》写了序言，并请了14个人阅读并作序。其中有弟弟弘昼，同窗福彭，还有老师鄂尔泰、张廷玉、蒋廷锡、福敏、顾成天、朱轼、蔡世远、邵基、胡煦，庄亲王允禄、果亲王允礼和慎郡王允禧。从这些人的序言中，我们可以看出他们对弘历诗文的充分肯定：

张廷玉说作者饱览群书，精通经史诗："自经史百家以及性理之阃奥诸赋之源流，靡不情览。"

朱轼说他："精研《易》、《春秋》、戴氏礼、宋性理诸书，旁及通鉴、纲目，史汉、八家之文章，穷其旨趣，探其精蕴。"

福彭说他才思敏捷："每为文，笔不停辍，千言立就，而文思泉涌，采翰云生。"

邵基更说《乐善堂文钞》是稀世之作："其气象之崇宏，则川渟岳峙也，其心胸之开浚，则风发泉涌也，其词采之高华，则云蒸霞蔚也；其音韵之调谐，则金和五玉也。"

张廷玉说："皇子以天授之才，博古通今之学，循循乎祗遹圣训，敬勤无斁。"

朱轼说："圣祖仁皇帝德合乾坤，功参化育。我皇上钦明缉熙，圣以继圣，本精一执中之心法，发而为荡平正直之皇猷。万方臣庶是训是行。矢引皇子天禀纯粹，志气清明，晨夕侍奉之下，其熏陶涵育圣德圣训者，固日新月盛，莫知其然而然矣。从此敬承无斁，优游厌饫。戒于思虑之未萌，恭于事物之既接，进德修业之功，得而窥其所至。"

由于政治环境的改变，弘历不必像父辈那样为夺权而明争暗斗。他要做的事情是在皇族和朝臣之中树立起未来明君的形象。编辑《乐善堂文钞》，就是弘历为了宣传自己而采取的一项聪明举措。有了张廷玉、朱轼等人的一致称许，他果然在众皇子中脱颖而出，就连最有力的竞争者弘昼也不得不表示佩服：

> 弟之视兄，虽所处则同，而会心有浅深，气力有厚薄，属辞有工拙，未敢同年而语也。吾兄随皇父在藩邸时，朝夕共寝食相同。及皇祖见爱，养育宫中，恪慎温恭。皇祖见之，未尝不喜。皇父闻之，未尝不乐……兄之乐善无穷而文思因以无尽。凡古圣贤之微言大义，修身体道之要，经世宰物之方，靡不发挥衍绎娓娓畅焉。

康熙的钟爱是弘历最有力的资本，因此他在《乐善堂文钞》中多次提及，大造舆论，说皇祖曾赐他"长幅一，横幅一，扇一"，"恩宠迥异他人"，"得皇祖之泽最深"。由此可见，弘历刊刻《乐善堂文钞》是有明确的政治意图的。

弘历自幼颇得康熙皇帝的垂青与厚爱。其父雍正即位后，弘历自然成为王储之一，在这种情况下，只要他克勤克俭，树立起宽厚仁德的形象，王位可拱手而得。相反如果弘历急于登基，表现得锋芒毕露，给康熙及其父雍正一个刻薄寡恩的印象，那么他的王储之位就会被最高权力者所废除。鉴于此，弘历表现得相当克制，做到了"淡泊以明志，宁静以致远"。他巧妙地利用其他人来为自己鼓吹，大肆宣扬自己的长处，并把他们拉入自己的阵营中来，达到了一石二鸟的目的。

《乐善堂文钞》反映了涉世未深的年轻皇子弘历的政治理想、生活情趣，以及闲适恬淡的心境，浸透着正统儒家思想。弘历通过编撰《乐善堂文钞》，不但向皇族展示了自己的才华，而且传递了自己的为人处世的理念。

第三节　奉诏登基

雍正十三年（1735年），雍正在圆明园处理政务时感到不适，没有加以重视。后病情突然加剧。八月二十三日，这位统治中国十三年的皇帝去世了。大清帝国的重担落在了年轻的弘历身上。

雍正驾崩后，大臣庄亲王允禄、果亲王允礼、大学士鄂尔泰、张廷玉四人率领群臣一起到乾清宫，总管太监从堂前悬挂着的顺治皇帝手写的"正大光明"的匾额后面取出一个锦匣，宣读雍正生前留下的密诏：

宝亲王、皇四子弘历秉性仁慈，居心孝友，圣祖仁皇帝于诸孙之中，最为钟爱，抚养宫中，恩逾常格。雍正元年八月间，朕于乾清宫召诸王、满汉大臣入见，面谕以建储一事，亲书谕旨，加以密封，藏于乾清宫最高处，即立弘历为皇太子之旨也。

弘历得以顺利地继承皇位，得力于雍正的传位方法。在雍正传位以前，满族皇帝没有传位的定制，所以在太祖努尔哈赤和圣祖康熙帝死后，两次引起皇位之争。雍正帝胤禛汲取这一教训，认为明立太子容易使其陷于骄矜而失德，同时又难免诸王子之间为了争夺储位而明争暗斗，引起祸端。所以雍正亲自选择皇太子，生前将诏书写好，封藏于锦匣，放置于乾清宫"正大光明"匾额后，等自己去世后，再取出来当众宣布。

秘密立储是雍正帝的创举。雍正帝除在乾清宫"正大光明"匾之后放一份传位密诏外，还亲自在圆明园藏了一份密诏，病重时将密诏大意及时告诉一些大臣，后来，雍正还先后将此密诏给一位汉大臣和一位满大臣阅看，以防种种不测。雍正帝所采用的秘密立储方法避免了清朝的皇子互相争斗的局面，解决了皇位继承人的问题。从此以后，清朝最高权力交接，从乾隆帝、嘉庆帝、道光帝至咸丰帝，都采用雍正帝发明的秘密建储办法，形成了稳定的确立皇位继承人的制度。

由于雍正暴病，皇宫内并无准备，文武大臣处于慌乱之中。据载，雍正遗体夤夜运回宫中，"仓卒中得官厩驾马乘之，几至蹶踣"。从这短短十余字我们可以看出，其时行色匆忙，情景相当狼狈。

雍正猝亡，权力交替。当众大臣处于忙乱和不知所措的时候，乾隆却处变不惊，有条不紊地做好权力的平稳过渡。

乾隆在关键时刻表现出一代君主号令群臣的能力。承嗣帝位后，乾隆立即布告天下，详述大行皇帝患病及死因，安抚天下。八月二十四日，乾隆颁布数道谕旨，晓谕内外大臣。谕旨内容有三：一是朕受皇考付托，凡皇考办理未竟之事，皆朕今日所当敬谨继述；二是诸王大臣均是深受重恩之人，各宜殚心竭力，辅朕不逮；三是外省文武大臣，如果因皇考"龙驭上宾"，将已经上奏的本章"中途赶回，另行反改，或到京后撤回不进者，经朕查出，定行从重治罪"。通过这三条谕令，乾隆很快地稳住了宫内、宫外的大局。

新登皇位的乾隆表现出勤政、干练的处事风格，对先皇的丧事料理得有条有理。乾隆白天带丧办事，夜晚照常见人处置政务，还要3次到雍正柩前哭灵，退回上书房批阅奏章到三更，五更时分便又起身到上书房。如此周旋，不但张廷玉、鄂尔泰苦不堪言，就是弘昼诸兄弟也觉难以支撑。乾隆却能变通，七日之后便命兄弟们三日一轮入内侍灵，叔王辈每日哭灵后在各自邸中守孝。只有鄂尔泰、张廷玉偷不得懒又住不得大内，乾隆便命在隆宗门内为他们专设庐棚，上书房、军机处近在咫尺，虽然累些，却也免了往返之苦。乾隆在这期间连下诏谕，尊母妃钮祜禄氏为皇太后，册立富察氏为孝贤皇后。颁恩诏于乾隆元年开科考试，并大赦天下。直到九月十五日过了三七，乾隆命将雍正梓宫安奉雍和宫，待三年孝满再入泰陵殓葬。到雍和宫辞柩之后，轰轰烈烈的丧事暂告结束。紫禁城内外撤去白幡，一色换上黄纱宫灯。

雍正十三年（1735年），年仅25岁的宝亲王弘历在众臣拥戴下荣登大宝，即位于太和殿，祇告天地、宗庙、社稷，布告天下，以第二年为乾隆元年。

第二章

弘历亲政

第一节　大权独揽

新皇继位，重在掌权。乾隆为了实现皇权的至高无上，采取了几项加强皇权的措施：在行政上，他采用了秘密奏折制度，恢复了军机处；在舆论上，他把自己神化为罗汉；在人事上，他严厉地处理前朝中不服新政的官吏。

乾隆一向尊崇"朝纲独揽"，但久居深宫，又怎能通晓庶务、明察官吏呢？他采取了"广布耳目，收取信息"这一策略。一是实行密折制度，使信息充分流通，将臣僚完全置于皇帝的监督与控制之下；二是恢复军机处，促成皇帝对国家政权的高度独裁。

乾隆为了加强奏折的保密程度，还采用了一些保密措施：一是坚持满族官员奏事用满文，而不是用汉文；二是严禁将奏折中皇上的批语泄露出去；三是为防止奏折呈送途中泄密，把奏折放在匣子里，匣子只有送折人和皇帝才能开启。

对密折的批阅，乾隆非常认真，只要属于绝密的奏折，他总是亲自拆封。有的是绝密，乾隆就索性把内容记在心里，把原折烧毁。到了乾隆十三年（1748年）后，乾隆废止了奏本文书，密折的作用就更加突出了。如果官员们有了机密的事情要汇报，往往先以密折形式报告皇帝，在明白皇帝明确的意图后，再以题本的形式向专职部门请奏。这时候的请奏是走走形式而已，最重要的还是奏给皇帝的密折，这完全保证了乾隆能把大权独揽于怀中。

除了秘密奏折制度，乾隆另一个独揽朝纲的措施即在乾隆二年

（1737年）出台的裁撤雍正丧期内设置的总理处，恢复军机处。在刚即位时，乾隆是把军机处当作前朝政治之弊来撤销的，但头脑敏锐、颇有远见的乾隆很快就意识到：真正的弊端并不是军机处的设立，而是由亲王和重臣把持政务要职。于是，为了充分削弱他们的权力，乾隆又重新恢复军机处并制定相关制度，使皇权牢牢地掌握在自己手中。

乾隆是一个勤于政务的皇帝，可是天下庶事繁多，每天都有大量的奏折和问题需要皇帝阅览处理，仅靠一个人又怎能应付得了？然而这时的军机处，说白了，其实还只是皇帝个人的一个秘书而已，里面的大臣所做的事情也不过是些能够贯彻皇帝意旨、通晓文字工作、工作效率比一般臣子高的高级秘书工作而已，军机处，与历史上的丞相权力根本不能相比。如果有什么重大决策，完全是由乾隆一个人拿主意出决策，而军机大臣只需要把乾隆每天说的话从口头上移录到纸上，保证无误翔实即可。他们本身的种种建议仅供皇帝参考，根本就不能左右局势。在军机处的人选上，乾隆完全把皇族拒之门外，但为了保证满族人在清政权中占重要地位，还规定首席军机大臣必须为满人。因为乾隆往往只是一人说了算，便担心军机大臣们有贰心，为了彻底收买他们为自己卖命，乾隆又规定凡为军机大臣者可不以资历高低为标准提拔自己的亲信。但重要的用人权还是在乾隆自己手中掌握着，他曾说过："朕临御以来，用人之权从不旁落。"即使是乾隆晚期，极其宠信放纵的权臣和珅也未曾左右过皇帝的用人决策，更何况其他臣子了。

在乾隆时期的清朝官制中，军机大臣还都是兼职的，不是正式的职务。到了乾隆十年（1745年），为了能更牢地牵制军机大臣的权力，乾隆出人意料地把他的小舅子傅恒提拔为首席军机大臣，这样，傅恒可以称得上中国历史上最年轻的"宰相"了。虽然乾隆称傅恒"筹划详细，思虑周到，识见高远"，但傅恒毕竟只是一个毛头小伙，再有远见卓识，也还不大成熟。蒙乾隆如此抬举，傅恒自然拼命为皇帝分些劳苦，并且对皇帝言听计从，没有任何异议，做个最忠实的传达人。在傅恒之前，乾隆在军机处提拔的还有讷亲，讷亲当时也是一个年纪轻轻的满人，他也是考虑到诸因素而被特殊提拔的，乾隆用人确是费尽心机。

为了更牢固地独握大权，乾隆一改雍正时军机大臣不超过三人的惯例，而让6名军机大臣分割军机处的事务和权限，使他们互相监督、互相牵制，不能有任何越轨之举。他还规定军机大臣不能同时入见皇帝。当时傅恒不认识汉字，乾隆特许他可以和其他大臣一起入见。对于象征军机处权力的大印，乾隆管理极严，印文钥匙分别由值事太监和军机章京保管，为了保密起见，还规定只能由15岁以下不识字的少年充任军机处听差，还派御史往来检查，不许任何人在外窥探。

在建立、健全军机处及其管理工作制度后，乾隆通过各种方式大肆削弱中央和地方其他机构的权力，把权力集中于军机处，由皇帝亲自领导。实质上，军机处权力的扩大，就是皇帝权力的扩大，它不仅将传统的议政王大臣会议的权力剥夺，使之名存实亡，而且也使内阁形同虚设。过去的公文处理要经过众多的环节，有了军机处之后，皇帝的谕旨可以直接从军机处发出，下面的奏折也直接可以从军机处递入，这样就大大提高了办事的效率。

乾隆时的军机处职责主要是：帮皇帝撰写上谕，处理奏折，审查内阁和翰林院所拟的诏旨；讨论施政方针；为皇帝准备政事参考资料；参与科举考试的工作；奉旨出京查办事件；陪皇帝出巡；记录和积累有关档案事务性工作；对从中央到地方各级官员的使用、任免提出参考意见等。其实军机处已成为辅佐乾隆行使强权的常设中枢机构，成了全国的政务中心。

乾隆实行的密折制度和军机处为乾隆独揽朝纲，统领国家政务起到了极大的作用。在乾隆的督促下，密折制度和军机处制度得到了空前的完善，而乾隆的皇权得到了空前的集中和巩固。

为了增强自己的地位，像汉代时的皇帝把自己比为"天子"一样，乾隆把自己神化为罗汉。乾隆宣传自己是金身罗汉转世，是上天派到世间来的，直接接受佛祖的意志，从而使自己的命令成为佛祖的命令。通过这种转化，乾隆在普通百姓中的威望更高，统治更加牢固。

佛教在中国的历史源远流长，清帝室也不乏对佛教表示兴趣的君主。清世祖曾召憨璞性聪、玉林通琇、木陈道忞禅师入内廷说法，并分别赐号；康熙帝六下江南，凡至名山大寺，往往书赐匾额。他又将明末隐迹山林的高僧逐一引入京师，以便控制和吸引亡明士人；雍正帝对禅颇有研究，自号"圆明居士"。

佛教认为，人修行后可达到不同的果位，有一、二、三、四果之分。其中四果成就最高，取名为罗汉，达到涅槃的最高境界，可以消除一切烦恼，不再生死轮回。佛教最初传入中国时，只有四大罗汉。由于中国这块地方太大了，东南西北中，就是一个罗汉管一个地方也够忙的，还需要加强力量，于是又出现十六罗汉之说。直至玄奘法师时，中国才知道这些罗汉的名字，从此十六罗汉在中国才有了"正式户口"。后来有的画家在画完十六罗汉画像之后，没有经过正式"批准手续"，把斯里兰卡高僧庆友和我国玄奘法师也给画上了，变成十八罗汉。但到了乾隆年间，乾隆和章嘉活佛不认账，对此表示反对。

乾隆和章嘉活佛颇有渊源。乾隆在上书房读书时就与三世章嘉活佛若必多吉是同窗。章嘉活佛若必多吉于康熙五十六年（1717年）生于甘肃凉州，雍正元年（1723年）大兵前往青海平定罗卜藏丹津叛乱，以若必多吉为二世章嘉活佛阿旺罗桑却丹的转世灵童，护送到京师。二世章嘉活佛系雍正的恩师，因此他的转世灵童若必多吉到京后，备受雍正爱护，多次赐给金银绸缎珠宝，让他仔细诵读大藏经《甘珠尔》。乾隆看到自己父亲对活佛的态度后，主动请求父亲让自己与章嘉活佛一起学经，与这位活佛结下法缘。乾隆即位后，也给予了这位活佛较高的地位，他让章嘉活佛管理京师寺庙喇嘛，又授予他"振兴黄教大慈大国师之印"。

乾隆一生信奉佛教，他认为自己的修行已达到了罗汉的程度，"圣心与佛心无二无别"。他虽不敢与观音、普贤、文殊、地藏等菩萨相比，但他认为自己的修行有了一定的成就，不为世间一切所惑。乾隆十年（1745年）时，乾隆在《寄题独乐寺》诗中说："丈六金身应好在，春风过后偶相思。"乾隆认为，罗汉金刚可以长久存在，把自己塑成金身罗汉，可以永远受人们的供养，叫人思念。于是乾隆十三年（1748年）兴建罗汉堂时，他下令把自己挤入罗汉中，于是便有了今天碧云寺罗汉堂第444尊罗汉，名为"破邪见尊者"，其像脚不高架，双手置于腿上，胸前护心镜上的两条龙在飞腾。

乾隆有意神化自己，让全国臣民对自己顶礼膜拜，从而稳固自己的权力。

乾隆初期，在官制上基本沿用前朝官员。有的官员习惯了雍正时期的严苛政策，不能接受乾隆的宽仁政治。为了推行新政，乾隆严厉地处理了这些反对新政的官员。

王士俊就是一个强烈反对宽仁政策的典型。乾隆即位后，户部尚书史贻直多次上书陈述河南垦荒的危害，他说："河南一带，百姓卖儿卖女，就是为了应付国家的劳役。"乾隆听说后下旨，对雍正苛严政治的积极执行者田文镜予以谴责，说："河南地方，自田文镜为巡抚、总督以来，苛刻搜求，以严厉政策为主，而属员对他的命令更加厉害，以至于该地剥削成风，河南人民生活困难加剧。"当时的河东总督兼河南巡抚是王士俊，他督促州县开垦非常严厉，为此，乾隆把王士俊调任四川巡抚，实际上是降了王士俊的职。

王士俊在雍正时期以耿直闻名天下，于是便进言指斥时政，说："最近的一些奏折，都意图翻前朝的案，甚至有人对大家说，只需要将世宗皇帝（雍正帝）时候的事情翻案就是好的奏折，如果这个言论传到天下，后果将不堪设想。"王士俊的这几句话，十分厉害。他不仅是针对某一事或几件事，而是指向所有之事，是囊括乾隆即位以来的整个朝政。更为严重的是，王士俊指责群臣以翻驳前案为名，影射新君，实际上是把乾隆当作去翻父皇所定之案的不孝之子。王士俊由此彻底否定了以宽代严、革除弊政的指导方针，这不仅涉及对新皇帝的评价问题，而且关系到新政能否继续施行，若不加以制止，便会混淆视听，扰乱人心，新政就会有夭折的危险了。

看过王士俊的密折后，乾隆十分愤怒，马上在奏折上严批申饬，将原折发于总理事务王大臣和九卿传阅，又在养心殿严厉驳斥王士俊的欺君悖理之行。他揭露王士俊所言的实质，说王士俊是"大悖天理"，侮骂皇上。乾隆还详细论证了康熙、雍正和乾隆三朝方针的一致性，强调说："我的爷爷、父亲与我的想法，原本就没有丝毫的差别。任何法律施行久了都会产生不少的弊端，因而不得不根据实际情况进行必要的调整，以维护国家法律的有效性，这是自然规律，没有什么大的问题。可是这个王士俊却指责我在翻前朝的案，他这话什么意思，又是什么居心呢？"

违反祖制，这是多么重大的失德之行，乾隆当然不会容忍这一指责，他痛骂王士俊说："你真是一个奸邪小人，投机取巧的恶习牢不可破，外表耿直是为了牟取自己的私利，竟然敢将悖理的言论，擅自陈奏给我。"乾隆随即下令将王士俊革职捉拿回京，原本打算斩首，后来又因宽容之策，免他死罪，驱逐返籍为民。

在雍、乾政治交替时，甘肃巡抚许容也是以刻薄而闻名的封疆大吏。当乾隆下令赈恤灾民，树立自己仁君形象的时候，许容却按雍正时的旧规，仅借给贫民三月口粮，大口每日三合，小口每日二合。乾隆对此十分不满，下谕说："宽政莫先于爱民，甘肃用兵以来，百姓为国家事业踊跃捐粮，现在遇到歉收，应当加恩赈恤。你做事太实在，而理财过于刻薄。国家救济贫民，不要什么时候都斤斤计较。"但是，许容仍迟迟不予照办。

乾隆对许容无视自己的谕旨大为恼火，他不能容忍这样的人继续担任封疆大吏，便找了一个借口将其解任，并给以严厉谴责。不久，乾隆觉得不能就这样便宜了一个处处与自己作对的大臣，如果不严办他，以后还会有其他的大臣违抗自己的旨意。因此，乾隆暗示大学士查郎阿弹劾许容有隐匿灾情、祸害灾民、结党营私的过错，乾隆马上下令将许容押解来京，交刑部治罪，刑部审定后给予了杖责的惩罚。后来乾隆考虑到自己的一口恶气已经出过了，况且这个大臣多少还有一点功劳，同时也为了让其感激自己的恩德，便下旨同意免除他的皮肉之苦。此后，许容虽也复出为官，但名声已经扫地，最后是郁郁而死。

对其他较为严苛的官吏，乾隆反复阐明宽仁的方针，让他们以休养百姓为己任。广东布政使萨哈谅奏办理征税情形，乾隆下谕说："征税骚扰百姓的弊端，我已经非常了解了，看你们办理的情形，仍然沿袭原来刻薄的陋习，但是我特意降旨宽大百姓，想让百姓实实在在地感受到我的恩惠，如果你们稽查不得力，只知道中饱私囊，而百姓不能从我的特旨中得到好处，那么你们这些地方大员的罪过是不可饶恕的。"除了此谕外，乾隆还分别给黄廷桂、杨文斌、张廷枚等下谕，要他们减轻百姓负担，不要做那些急功近利、苛刻百姓的事。他说，对那些"以苛为察，以刻为明，以轻为德，以重为威，此则拂人性、逆人情者"，要严以查办。

在清除严苛的官僚时，除王士俊、许容外，因"严刻"被处置的官员还有很多。山东文登知县王维干杖毙二命，是个残忍刻薄、如疯如狂、肆无忌惮、草菅民命的酷吏。乾隆听说后，让巡抚岳浚审定后写出详细的上奏条文，乾隆严厉斥责岳浚说："像这样酷劣的地方官，你作为巡抚，为什么不进行查参？这次根据我的旨意严审王维干，不得回护他以前的罪行，如果有丝毫的包庇和隐瞒，一定对你从重处理。"

对一批推崇严苛政治的官僚加以处分，表明了乾隆通过法纪来维护自己政治革新的决心。他决心杀一儆百，让其他对新政不满或存有疑虑的大臣官僚们明白，不守新规、不行新政的人下场会和王士俊等人一样。对严苛官员的处置，为乾隆施行新政进一步扫清了道路，使新政在短时间内就收到很好的成效。乾隆曾反复强调过："安良必先除暴，容恶适足养奸，此为察吏之法。"也正是在这种谋略之下，他对"奸"者毫不留情，对"恶"者惩除务尽，从而促进了臣民的向心力、凝聚力的生成。

乾隆通过一系列的严厉惩处，使得前朝大多数官僚越来越惧怕他，为他进一步实施新政准备了条件。

第二节　抑制宗室

乾隆以他散发着青春之气的才干和胆略，推行了他的新政，执着地将国家的治理纳入了自己的意志。就在他刚刚丢掉新皇帝的盲目，开始使统治走向正轨时，他的皇权和皇位又遭到了挑战。

乾隆名正言顺地登上了皇帝宝座，他的继承权应该无可指摘。然而，围绕在皇帝宝座周围的阴谋与怨恨，就如那不违节气的风和雨，发生在皇宫大殿的内外，困扰着初登宝座的皇帝。那些与他身上流淌着同样血液的爱新觉罗的子孙，导演着一幕幕皇室家族惯有的悲剧。

乾隆四年（1739年），乾隆针对宗室子弟之间的结党，对宗室势力进行了严厉的打击。由于庄亲王允禄与弘晳、弘升、弘昌、弘晈等人结党，给乾隆的皇权带来威胁，乾隆决定先下手为强，对这批人等削职免爵。

先是宗人府议奏：庄亲王允禄与弘晳、弘升、弘昌、弘晈等人结党营私，往来诡秘，请将庄亲王允禄及弘晳俱革去王爵，同弘升一起，俱着永远困禁；弘昌革去贝勒，弘普革去贝子，宁和革去公爵，弘晈革去王爵。

紧接着，皇帝比照宗人府的议案，量刑从轻发落。庄亲王允禄从宽被革亲王，仍管内务府事，其亲王双俸，议政大臣，理藩院尚书职，俱被革退；弘晳革去亲王，圈禁高墙，仍准在京郊郑家庄居住，但不准出城；其余弘升、弘昌、弘普、宁和俱照宗人府所议，或圈或革；弘晈因雍正恩赐世袭王爵，免予革除。

这一次议案涉及的人员全是宗室子弟。庄亲王允禄，是康熙帝的第十六子，乾隆的叔父，他是这群获罪宗室中唯一的长辈，也是他们当中爵位最高的一个。其余几人，弘晳，是大名鼎鼎的康熙帝废太子允礽的嫡子；弘升是康熙帝第五子允祺的长子；弘昌是康熙帝第十三子怡亲王允祥的长子，弘晈是允祥的四子、弘昌之弟，弘普和宁和，均为允禄府上之人，弘普是允禄的长子，宁和是以闲散宗室依附允禄，并承袭了允禄的公爵。

这些人大多受到新皇帝的恩惠，如弘升，其父允祺在康熙年间被封为恒亲王后，他以长子封为世子。但他生性好事，康熙末年，卷入了父辈们的皇位争夺，于雍正初年获罪被囚禁，从而丢掉了世子的身份。乾隆即位后，见其仍然忠厚，用为都统，使其掌管火器营，隶八旗禁军的要职，颇有重用之意。还有弘昌，在雍正年间不但没有借父亲是皇帝的宠弟而加官晋爵，反而因鲁莽狂妄，被怕事的父亲奏请圈禁在家，直到父亲死后才被放了出来。乾隆即位后将他加封为贝勒，始有爵位。其余，允禄、弘普父子，更是多蒙"圣恩"，获宠于乾隆。然而，这些人皆辜负了皇恩，迫使皇帝不得不以严厉的态度对待他们。

这是继雍正皇帝杀戮宗室以来最大的一次皇家祸变。何以一向宽仁的乾隆也痛恨起他的同宗同族来？何以同室操戈的悲剧，又轮回般地在此时重演？何以曾经显赫一时，承先皇顾命，又任新帝总理事务大臣的庄亲王允禄成了祸首？

乾隆在上谕中，只是含含糊糊地列举了他们的罪行：

庄亲王允禄罪有两条：一是没有一点为国家分忧解难的心思，只擅长取悦人，遇事模棱两可，不肯承担责任，生怕事情与自己有关系；二是与弘晳、弘升、弘昌、弘晈、弘普等诸侄私相交结，往来诡秘。

弘晳之罪有三条：一是行止不端，浮躁乖张，于皇帝面前毫无敬谨之意，唯以奉承庄亲王为自己的事情；二是胸中自以为旧日东宫嫡子，居心叵测，例如本月八日，遇皇帝诞辰，派人制造了一个鹅黄肩舆进呈，好像等待着皇上不要，以便自己留用；三是事情败露之后，在宗人府听审时，不知畏惧，拒不交代。

弘升、弘昌、弘普、弘晈等人，则被指为群相趋奉、结党营私，是一群擅作威福、不安本分的骄奢淫逸之徒。

虽然乾隆没有详细列出各人所犯罪行，但是此次皇室祸变并非一日而成，而是与清朝入关以来宗室干政的祖制有关。大清由马上得天下，宗室子弟都立下了汗马功劳。夺得权力后，大清便将宗室参与国政立为祖制家法。这种制度，必然导致宗室与皇权之间的矛盾。

自从太祖努尔哈赤创业以来，清皇室以血缘关系分配权力所导致的矛盾争端已经酿成了几代皇子皇孙同室操戈的悲剧。乾隆不愿这种历史的悲剧重演，更不愿他手中的权力受到他人的威胁，所以一见有宗室联结的苗头，就加以重处。

庄亲王允禄身受三代皇帝的宠爱，在乾隆登基后位高权重。

庄亲王允禄是康熙帝诸子中颇得宠眷的一个。允禄的生母为密妃王氏，苏州人。康熙晚年，康熙亲自教授儿子们功课，允禄得益最多，他的天文、算学、火器（枪炮），都是康熙皇帝亲手教授的，因而他幼年即精数学、通音律，以才气闻名。

雍正皇帝统治期间，在诸兄弟中，除了对怡亲王允祥特殊恩宠外，就数允禄蒙恩最多。相传十三弟允祥曾为雍正争夺储位出过力，雍正看重允祥，当有一种感恩图报的心理。但他善待允禄，却不知道出自何种缘由。允禄在康熙年间没有封爵，雍正特地将他过继给无子的庄亲王博果铎。博果铎，是皇太极第五子、承泽亲王硕塞的儿子，后改号庄亲王。庄亲王死后，允禄不但承袭了庄亲王的爵位，而且继承了巨额遗产。

雍正八年（1730年），允祥死去，允禄的地位开始逐渐提高，雍正帝于弥留之际，命他与果亲王允礼以宗室王爷的身份与大学士鄂尔泰、张廷玉同时顾承遗命。而后新帝登基，允禄又因拥戴之功，奉命担任总理事务大臣，位列诸人之首，并以他总理事务有功，给予额外世袭公爵，隆宠至极。

乾隆善待允禄，除了遵从父亲遗命外，似乎因为他与允禄之间还有着一层特殊的关系。那是在康熙末年，年幼的弘历（乾隆）以禀赋颖异、天资颇高，被祖父康熙帝养育宫中，生活上就由允禄的母亲密妃抚养照看。他除了与允禄同时受教于祖父外，更多的情况下，则是由允禄作"师傅"，将所学转授给他。两人之间的感情，自然不能与其他的叔侄相比。然而，在人君面前，人世间所有的亲情，都会变得无足轻重，血缘关系完全被政治关系所侵蚀。当允禄的地位达到了顶点，仅次于皇帝的时候，他的厄运也随之而来。因为，乾隆虽然年轻，却是个极端专制主义的身体力行者。

乾隆鉴于封建专制政体有它难以克服的弊端，一上台就着眼于对它的改进。他除了对母后、外戚、宦官、藩镇等严立章程，事先防范外，则尤其用力解决困扰已久的大臣朋党和宗室干政。而宗室干政的苗头，竟随着允禄权势的日重，引起了乾隆的重视。

因而，乾隆在父亲为他安排的亲贵政治氛围中，度过他居丧时光，便毅然决然地将庄亲王允禄和果亲王允礼排除在国家权要之外。新成立的中枢机构军机处，虽然设了6位军机大臣，却不再有二人的

· 025 ·

位置，乾隆由此杜绝了宗室干政的弊端，加强了皇权，并形成了亲王宗室不入军机处的惯例。

对允禄、允礼来说，权力受到削夺，终归不是愉快之事。尽管他们与皇帝之间并不曾发生过直接的矛盾和冲突，却不能不担心这种剥夺会是祸患的先兆。因而他们变得格外小心，并且消沉起来。允礼因患足疾，出入不便，解职之后，刚好在家养病，乾隆三年（1738年）二月，便故去了。于是，允禄与皇帝的隔阂变得更加显眼。

允禄自知不为皇帝所信，处处瞻前顾后，生怕惹来祸患，以至乾隆说他只知道专心取悦于别人，遇事模棱两可，不肯承担责任。而允禄这种小心翼翼的立身哲学，正是来自对君权的畏惧。

允禄的处境，在宗室中引来了同情，在那些贵胄看来，允禄于皇帝有拥戴、辅佐之功，宗室参与国政，乃祖制家法，先皇雍正在创立军机处时，也是以宗室王公居其首席。然而，这一切随着乾隆坐稳了皇位以后，全变了样。他们认为，乾隆在薄待宗室方面将超过他父亲。于是，一种物伤其类的情感困扰着这些皇家子弟，使他们很自然地远离了皇帝而向允禄靠拢，弘晳、弘升、弘昌、弘晈等人成了庄亲王府的常客。

专制政治，只有一个中心，那就是皇帝。允禄在宗室中威望的增高，使得乾隆大为不快。虽然他们并未掀起大的政治风波，但是他们相互援引、彼此攀附，已形成一种集团势力，这对需要巩固皇权的乾隆来说，不能不是一种隐患。于是，为了防微杜渐，实现他所谓的"先机保全之道"，乾隆在观察了一年之后，决定对他们进行惩戒，除了允禄之外，几乎所有获罪的宗室都被贬被革，或被圈禁高墙。

在这次宗室事件所涉及的人当中，乾隆最最忌恨的是弘晳。

弘晳并不是这场"宗室结党案"的主犯，在获罪的这些宗室亲贵中，他排第二。但是，他所受的处罚却最重，不但被革去亲王的爵位，而且被软禁在家，不得出城。这究竟是为什么呢？

原来，在乾隆的眼里，弘皙对自己所构成的威胁远远超过允禄。弘皙表现出的狂妄自大、傲慢无礼，以及对他的冷漠，使乾隆感到这位旧日太子的嫡子对自己的敌视和不服。乾隆的感觉，不是没有来由的。

一个多月以后，这一案件又有发展。一个名叫福宁的宗室首告弘皙，说他利用安泰搞邪术，有大逆不道的行径。安泰为何许人，已无从考查。有人说他也是宗室，但从他的身份相位看，更像个仆人，乾隆接到告发的密疏后，立即将安泰逮捕归案，并命平郡王福彭与军机大臣讷亲一同会审。会审的结果，竟让乾隆大吃一惊。安泰供认：他曾经自称为祖师显灵，能预先得知将来之事。弘皙对安泰的占卜深信不疑，常常请他盘算，不久前曾问过："准噶尔能否到京""天下太平与否""皇上能活多久""将来我还能再向上升吗？"

这一连串的问题将弘皙窥伺皇位、图谋不轨的险恶用心暴露无遗。乾隆以往所有的怀疑和猜度都得到了证实。弘皙不仅性情浮躁乖张，对自己不恭不谨，而且在心里时时酝酿着篡夺皇位的阴谋。他期待着准噶尔打到北京，盼望天下大乱，好趁乱实现自己的帝梦。他也希望皇帝短命，待皇帝死后，好以旧日东宫嫡子的身份夺得皇位。

弘皙的皇帝梦由来已久。

弘皙自记事起，便知道自己的父亲是皇太子，并知道等父亲做了皇帝之后，他这个嫡子也会被封为皇太子，然后成为皇帝。幼年的弘皙聪慧过人，不仅为父亲所喜，且尤得祖父康熙皇帝钟爱，与乾隆一样，被养育宫中，而且时间更早、更长。如果没有什么意外，弘皙应该顺理成章地继承皇位。

第二章 弘历亲政

· 027 ·

然而，这顺理成章的事，随着皇太子被废化为乌有。但当他的叔父雍正皇帝即位后，弘晳又很快恢复了宗室亲贵的身份。先是被封为理郡王，雍正六年（1728年）又晋封为亲王。而且，雍正皇帝还给了他种种特权，甚至允许弘晳在王府内设立会计司、掌仪司等比同国制的机构。故而，他的藩府体制和服饰均超过一般的王公，以至于在他获罪以后，这也成了他的罪状。

弘晳表面上对雍正皇帝竭诚拥戴，然而，在他的心里，却永远丢不掉那曾经属于他的嗣统，他对自己的命运感到不平。弘晳由"罪人"得赐王爵，本该心满意足了。无奈，他的欲望竟无法填平，他非但不感恩雍正父子，反而时时想着，有朝一日能从他们手中夺过皇权。因为，那金銮宝殿本来是属于他的。

对皇位的窥伺，使弘晳注意到庄亲王允禄，这位和他年纪相仿的小叔父，是长辈中唯一在朝廷任要职的宗室。而允禄待人宽厚，遇事模棱两可，既使人容易接近，又便于驾驭。于是，弘晳开始了与允禄的频繁交往。在弘晳看来，一旦遇有国家动荡、皇帝暴崩等意外，他少不了要依靠允禄等人的拥戴去夺回皇位。因为清代的祖制，给予了宗室权贵以议立新君的特权。然而，弘晳的帝梦，不过是一枕黄粱，随着乾隆将他的"大逆"之罪昭示于天下，弘晳只能在高墙之内打发他的余生了。

乾隆四年（1739年），乾隆对此案做出最后判决：

"弘晳听信邪说，应当被处以极刑。但我总是想到他是皇祖圣祖皇帝的孙子，如果给予他太重的惩罚，于心实有不忍。况且他也是误信巫师的谗言，因此对他从宽，免其死罪，但不便仍留住郑家庄，交内务府总管石景山东果园永远圈禁"。

安泰是附和弘晳、传播邪说之人，着从宽改为斩监候，秋后处决。

而后，乾隆又下令将弘晳的子孙革去宗室，比照允禩和允禟的子孙，给予红带子。

大清入关之初就规定，努尔哈赤的父亲、努尔哈赤的兄弟，及他的子孙叫"宗室"，系黄带；努尔哈赤的祖父觉昌安以下的子孙叫"觉罗"，系着红带子。乾隆让弘晳系红带子，意味着弘晳一支便成了"觉罗"皇家的远支。

为巩固和加强皇权，乾隆不遗余力，即使天子支派也须待以国法，而弘晳的谋逆，使他更加注意从各个方面加强对宗室的控制。乾隆七年（1742年）六月，皇帝颁布调令禁止担任御前侍卫的宗室与大臣及闲散宗室交往；乾隆十一年（1746年）九月，禁止宗室命名使用内廷所拟之字；乾隆十八年（1753年）六月，严厉禁止宗室诸王与臣下往来，并令各部院及八旗衙门各录此旨，写在各自的墙壁上。

为了抑制宗室的势力，乾隆把宗室排斥在权要机构之外，哪怕才德兼优的同窗好友，他也不予重用。

乾隆即位以后，宗室中除了重用庄亲王允禄、果亲王允礼之外，第三位重要人物，当属平郡王福彭。

福彭，是努尔哈赤的八世孙，代善、岳托父子之后。岳托始封克勤郡王，后改封平郡王，是清代世袭的八大铁帽王之一。福彭虽是宗室中的远支，却受到康雍乾三朝皇帝的赏识。

福彭年长乾隆3岁，早在乾隆为皇子时，两人就结为同窗挚友。福彭在康熙时就养育在皇宫中，雍正六年（1728年）又奉旨读书内廷。弘历认为福彭器量宽宏，才德优长，把他视为自己的生死兄弟。

雍正十三年（1735年），乾隆继承了皇位。他没有忘记远在边疆的福彭，立即召他回京，命他协办总理政务。于是，福彭成了宗室王公中仅次于庄亲王允禄、果亲王允礼的第三号人物，即使为总理事务大臣的鄂尔泰、张廷玉，也不得不对福彭礼遇有加。这不仅仅因为他是王爷，更主要的是福彭曾是皇帝旧日的同窗好友，摆在福彭面前的当是无可限量的政治前程。

然而，福彭的政治生命注定了要从属于专制政治的需要。尽管福彭年轻有为，而乾隆又在用人之际，但乾隆鉴于皇家祸变的惨痛教训，已经决心把所有的亲王、郡王，统统排斥在权要机构之外，连自己的知己福彭也不例外。福彭的才德和能力，只在乾隆初政时留下了昙花一现的影响，随后便成了乾隆废弃亲贵政治的殉葬品。

自乾隆二年（1737年），福彭便随着总理事务处的裁撤，开始在政治舞台上销声匿迹。虽然，此后他被授命管理过正黄旗、正白旗的旗务，却始终不曾被大用，直到乾隆十三年（1748年），福彭病逝。为了表达对这位同窗的歉情，乾隆命皇长子携茶酒前往奠祭，又命辍朝两日以示哀悼。

深受皇室之祸震惊的乾隆在心有余悸的同时，不但限制宗室加入权要机构，而且对自己的弟弟也多加提防。

乾隆排行第四，大哥二哥早亡，雍正五年（1727年），三哥弘时削爵身死后，他便成了雍正帝最大的儿子，在他之后，本来还有三个弟弟，到他即位时，也只剩下五弟弘昼和幼弟弘曕。

弘昼小乾隆三个月，生母耿氏，封裕妃。在乾隆的诸兄弟中，他与这位和他同龄的五弟最为亲密，两人从小生活在一起，同吃同住，同师读书。长大以后，两人同尊同荣，所享受的政治和生活待遇也是相等的。雍正九年（1731年），兄弟俩同时受封，弘历（乾隆）封和硕宝亲王，弘昼封和硕和亲王。雍正十三年（1735年），又一同担任苗疆事务大臣，参与政务。所以，两兄弟实际是皇位继承的潜在竞争对手。

历史上，皇帝的御座，不知诱发了多少同室操戈的悲剧，使多少骨肉至亲反目成仇。乾隆与弘昼之间，不曾发生这种流血的冲突。从现有的史籍中，我们甚至找不到在乾隆即位前二人有过嫌隙的记载。然而，这并不等于弘昼没有成龙的愿望和野心，也不能说明他是心甘情愿地看着皇位为兄长所得，而没有一丝妒忌和怨恨，生长在深宫中的皇子们，又有哪一个不是盯着御座、眼睛发红的"野心家"呢？只是皇家子弟，历来只有服从的本分，没有抱怨的权力。从雍正的言语行动中，不但大臣们已猜测到皇位的继承人，身为皇子的弘昼也有所察觉。但他没有口出妄言，也没有自暴自弃，仍和以往一样，孝敬父皇，友爱兄长。直到雍正去世以前，他们始终是友情颇深的好兄弟。然而，一旦乾隆成了皇帝，一切都变了样。昔日纯粹的兄弟之情，又多了一层君臣关系。既是兄弟，又是君臣，地位、身份、关系的骤然变化，已经预示着二人之间的矛盾冲突不可避免。

弘昼性格内向，为人孤傲，满朝文武均不放在眼中。一次，在议政时，他和军机大臣讷亲发生冲突，竟在众目睽睽之下，举拳相向。乾隆虽然未作申饬，但对弘昼当众殴辱大臣，很是反感。

又有一次，朝廷举行八旗科目考试。弘昼奉命在乾清宫正大光明殿殿试八旗子弟。时至中午，弘昼请乾隆退朝歇息用膳，由他继续监考。乾隆是个事必躬亲的人，他担心旗人士子挟私作弊，迟迟没有退朝。谁知弘昼竟因此十分不快，对乾隆说："你难道连我也不信，怕我被士子买通了吗？"乾隆大为不满，二话没说退了朝。第二天，当弘昼如梦初醒，诚惶诚恐地向乾隆请罪时，乾隆也毫不客气地告诫他："昨天，如果我答复一句，双方顶撞起来，你该粉身碎骨。你的话虽然不好听，但我知道你内心友爱，故而原谅了你。今后你要谨慎，不要再说这种话了。"

自此，弘昼开始收敛。他谨言慎行，时时检点，不再有从前那种盛气凌人的样子了。但是，他仍然不时受到皇帝借题发挥的敲打。

一次，弘昼与幼弟弘瞻一起到皇太后宫中请安，跪坐在皇太后座旁的藤席上，此座正是乾隆跪坐的地方。乾隆立时责备两个弟弟于皇太后前跪坐没有样子。弘昼因此被罚俸三年。

乾隆十七年（1752年），弘昼与庄亲王允禄、履亲王允祹、慎郡王允禧等人奉命一起清点仓储。这些饱食终日的王爷，平日懒懒散散，无所用心，因而干起事来，草率马虎，敷衍了事。想不到，这微不足道的小错，在皇帝眼里却成了无视皇命、未能尽心的大过，要议他们的罪。宗人府岂敢得罪这些王爷，便以或革诸王所兼都统，或罚所兼都统俸禄，两议上奏。乾隆最忌臣僚顾及情面，宗人府的模棱两可，使他怒从心起，下令将宗人府王公严加惩处，将原案交与都察院审理。

都察院战战兢兢地接过了这个案子，却不知比照哪条律例议罚，揣摩之下，只好从严处置，统统革去王爵。不料，这又惹恼了乾隆，他大发脾气，声称："王公等没有什么大的过错，从来没有革去王爵、降为庶人的道理？"他又责备都察院："为自全之术，无以实心为国家任事者。"下令将都察院官员革职留任，诸王被罚俸一年。

皇帝威慑四海，掌握生杀大权。乾隆一会儿怪宗人府顾及情面，罚罪过轻，一会儿又怪都察院不遵守朝廷体制，议处太重。天威莫测，无非是警告这些傲慢的王公大臣要在皇权面前俯首帖耳。

强权之下，弘昼不得不低头，然而，他内心中却痛苦不堪。为了排解心中的郁闷，打发无所事事的生活，他整日出入戏院，醉心于戏曲，尤其偏爱卞阳腔，并在家中养起戏班子，排练由他自己改写的戏文。或许由于改写的水平太低，来客不得不掩起耳朵，借故逃走。

弘昼以另一种方式无言地发泄着心中的不满，那就是自己装成死人，由家人演习丧礼。经常是，弘昼高坐院中假死，由王府的护卫侍从，陈设好各种乐器，供上祭品哭奠，而他自己则吃着供用，以此为娱。这种变态的举止，给人一种在长期压抑下精神失常的感觉。

弘昼死于乾隆三十年（1765年）。

在乾隆仁慈的另一面，是对威胁到自己地位的对手进行无情的打击。这些对手中有威胁自己权力的臣子，有威胁到他地位的其他阿哥。无论是谁，只要对乾隆手中的权力造成了哪怕是一小点威胁，乾隆都穷追烂打，不把对手彻底击溃不罢休。

弘瞻是乾隆最小的弟弟，自小就受到乾隆的宠爱。但这种宠爱并没有为他带来幸运。相反，在乾隆的宠爱下，他变得游手好闲、无所事事，成为真正的纨绔子弟，干的坏事也越来越多、越来越大，结果把自己推进了火坑。

弘瞻生于雍正十一年（1733年），比乾隆和弘昼小23岁。雍正帝死时，弘瞻只有两岁。因而，在弘瞻的记忆中，他的一切都是由乾隆这位皇兄安排的。

乾隆对他幼弟颇多关照。弘瞻长大以后，善作诗词，又好藏书，这同乾隆令当时颇负盛名的诗人沈德潜做他的师傅有直接的关系，而且乾隆还将弘瞻过继给果亲王允礼，允礼在诸王中较为殷富，弘瞻得嗣封为果亲王，租税所入，给用以外，每年的盈余可以累积达到数万。

皇家子弟，多纨绔成习。弘瞻倚仗御弟的身份，有恃无恐，放荡不羁。

一次，皇帝令他前往盛京，恭送玉牒。他却上奏要求先去打猎，然后再去盛京。

又有一次，圆明园"九州清宴"失火，诸王都赶到园中救火，住处最近的弘瞻不但来得最晚，且和皇子们嘻嘻哈哈，好似此事与他无关。

还有一次，弘瞻的母亲做寿，乾隆没有称祝加赐。弘瞻以皇帝薄待自己的生母，微词讥讽，怨愤之情，形之于色。

弘瞻如此放纵失检，乾隆对他十分不满，多次申饬。但弘瞻却不知收敛，胆子越来越大。他贵为亲王，巨富无比，却生性吝啬，敛财聚货无所顾忌。不但开设煤窑，强行霸占民人产业，而且还常向母亲索要财物。这种贪得无厌的劣性，终于为他惹下了大祸。

乾隆二十八年（1763年）五月，两淮盐政高恒代京师王公大臣贩卖人参牟取暴利一事被告发，弘瞻是被指控的王公之一。在乾隆的眼里，弘瞻"一向不安分守己，往往向人请托，习气最陋"，干出这等事来不足为怪，他命将弘瞻收捕，交军机大臣审讯。

弘瞻没有见过这种"阵势"，他被哥哥的皇威镇服了。在审讯的过程中，弘瞻供出，他因欠了商人江起镨的钱，派王府护卫带江起镨到高恒处托售人参，牟利以偿还欠债。

身为亲王，弘瞻干出如此有伤体面的事情，乾隆大为恼火。他对弘瞻的任性放纵，一直采取宽容的态度，但弘瞻却始终不知检点，屡蹈愆尤，反把事情闹大，乾隆决意借此对弘瞻加以惩治。接着，乾隆又查出弘瞻以低价令各处织造、关差购买朝衣、刺绣、古玩、优伶等，并有私自请托军机大臣阿里衮选任王府门下私人为朝廷官吏之事。

乾隆为改变清朝前期宗室王公干预朝政的恶习，对皇亲国戚，包括自己的弟弟在内，虽给予很高的名位、优隆的待遇，却绝对禁止他们干政。弘瞻不但以聚敛好财尽失御弟身份，且又违犯朝规，干预朝廷选拔官员，乾隆不能再容忍了。他厉声责备说："弘瞻想要干预朝政，毫无顾忌，已经到了很厉害的程度。此风一长，内务府旗员也将会效法，这样的话，外面满汉职官，内而部院司寺，都将纷纷步其后尘，无法阻挡了。想到这里，我实在是寒心啊。"于是，乾隆将其旧过新犯一总清算，诸罪俱发后，弘瞻被革去亲王的一切差事，永远停俸。

这是乾隆第一次以如此严厉的态度对待他的幼弟，弘瞻大为意外。平时，他以洒脱自居，此时只有大势已去的伤感。从此，他居家不出。郁郁之下，竟然一病不起。病危时，乾隆临榻前视疾，弘瞻在被褥间叩首谢罪。乾隆似乎被弘瞻的软弱和屈从所感动，唤起了他的手足之情。他呜咽失声，泪流满面，拉着弘瞻的手说："我因你年少，故而稍加处分，以改变你的脾气，想不到你会因此得这样重的病。"乾隆立即恢复了弘瞻的爵位。

两年之后，弘瞻仍然死去了。乾隆失去了幼弟，却使皇权更加独尊。

作为一名封建君王，乾隆深深懂得欲治天下，先治宗室、内宫的道理。尽管为了政治安定的考虑，乾隆继位后在政治方针上采取了宽仁的一面，昭雪、平反、安顿了不少皇亲国戚、亲王宗室，但皇权斗争毕竟是残酷的，乾隆断然采取了"整顿机制，施政有纲"这一策略，防止宗室、宦官、外戚干政专权。

为了不使母亲干预政务，即位后的第三天，乾隆就发出一道谕旨，告诫宫内太监女子："凡国家政事，关系重大，不许闻风妄行传说。恐太后闻之，宫禁之中，凡有外言，不过太监等得之市井传闻，多有舛误，设或妄传至皇太后前，向朕说知其事，如合皇考之心，朕自然遵行。若少有违，关系甚钜，重劳皇太后圣心，于事无益。尔等严行传谕，嗣后凡外间闲话无故向内廷传说者，即为背法之人，终难逃朕之觉察，或查出，或犯出，定行正法。陈福、张保系派出侍奉皇太后之人，乃其之责，并令知之。"这个命令看似是乾隆爱护母亲倍加，感情笃深，其实是为了使皇权独尊，不受母后干扰，避免历史上太后乱政之嫌。皇太后既然彻底与外世隔绝，当然也就不可能有什么作为了。

乾隆继位不久遇到一件事，引发了他的思考。一次，太后让乾隆把顺天府东一座废弃的庙宇修葺一下，事虽不大，乾隆却意识到了问题：太后在深宫之内怎么会想起来修庙宇呢？乾隆虽然母命难违，派人修了庙宇，却对在太后身边的太监们提出了严重的警告。后来，好事的太监将悟真庵的尼姑引入大内，又带领太后的弟弟进宫，这些都是违反后宫规章的。乾隆碍于情面不好训诫母后，但毫不留情地训斥了太监们的多事非礼。乾隆对母后的亲戚非常优待，常常赏赐他们，但是不允许他们依权欺人，以权干政。头等承恩公、散秩大臣伊松阿乃太后的亲侄、乾隆的表兄弟，长年患病，不能供职，本应该罢任，乾隆念他是太后的亲戚，"是以特加优封"。但是他的俸禄却减少了一半。在此严厉的监督和规章制度之下，外戚根本没有参政的机会。乾隆对整个后宫的管束也比较严格，规定皇后只能管理六宫之事，不得干预外廷政事。他还用历史上著名的有德行的后妃为例，作"宫训图"十二帧，每到年节就在后宫张挂，作为嫔妃们的榜样。其中有"徐妃直谏""曹后重农""樊姬谏猎""马后练衣""西陵教蚕"等。在宫中举行宴会时，乾隆还让后妃们以"宫训图"中的人物为内容，联句赋诗。后妃的娘家中人虽不时蒙得赏赉，也不乏高官显宦，但都不敢过于弄权。

对于宫内宦官，乾隆更是防微杜渐，极力防范。

历史上宦官弄权的教训不少。明代宦官多数都精通文墨，弄权干政使明代败落，其中魏忠贤之祸更是到处流传。乾隆鉴于宦官之祸，改除旧制，将原来教习宦官读书习字的内书堂废掉。他说，内监的职责就是听命行事，只要略识几个字就行了，何必派词臣给他们讲文义呢？明代宦官弄权，原因就在这里。自乾隆三十四年（1769年）以后，内宫便不再有词臣教习宦官了。

乾隆还有一个禁止宦官纵权的措施，就是让凡当差奏事的宦官，一律都要改姓为王。这样一来，外廷官员就难以分辨仔细，避免了他们之间的相互勾结乱政。如果发现太监们有所非为，定处不饶。有个太监是乾隆的贴身之人，因对乾隆说了几句有关外廷官员是非的话，乾隆马上命令将其处死。乾隆还发谕旨说：凡内监在外边滋扰生事者，外廷官员可以随时处置行罚。宫中有个太监，经常在乾隆耳边赞扬刑部尚书张照，贬斥户部尚书梁诗正，说梁诗正"太冷"。乾隆讨厌太监干政，并洞烛其真伪。事实终于弄清，原来张照舍得花银两破费钱财结交太监，而梁诗正却廉洁自持，不善于笼络太监，所以那个太监"喜张而恶梁"。乾隆得知了真相，写诗称赞梁诗正说："持身恪且勤，居家俭而省。内廷行星久，交接一以屏。不似张挥霍，故率称其冷。翻以是嘉之，吾岂蔽近幸。"为此，乾隆毫不客气地惩治了那个太监，并降旨要宦官们引以为戒。还有一个在御前听差的太监，被乾隆直呼为"秦赵高"。其实这个太监也并没有做下什么大逆不道、弄权使坏的事，乾隆之所以这样称呼他，只是为了向他示警，不要向赵高学习，要安守本分。

正是由于乾隆对太监管束严格，清朝再也没有出现像明朝那样太监乱政之事。

作为一位年轻的皇帝,乾隆在变幻莫测的官僚政治旋涡中总揽王权,在位六十年,没有谁可以威胁皇位安危,没有后宫作祟,没有宗室内讧,没有皇子争位,没有朋党聚结乱政,这其中的奥秘就在于乾隆改革和完善了各种制度,使母后、太后、兄弟、叔父、外戚、太监等均受到约束和牵制,把皇权巩固到无以复加的地步。

第三节 前朝遗老

乾隆继位之初,朝中大臣大权在握,皇帝年轻势弱。乾隆以潜移默化的方式,削弱前朝老臣的权势,平息了宫内的朋党争斗,组建起自己的势力,实行"宽严相济"的新政。

雍正弥留之际,遗诏庄亲王允禄、果亲王允礼和大学士鄂尔泰、张廷玉四人辅佐弘历。这既为乾隆在继位之初留下了可用之臣,也为乾隆开创大业留下了掣肘之患。

乾隆初年,在他所任用的雍正旧臣中,以鄂尔泰、张廷玉的地位最高。自恢复军机处、宗室王公被排斥在权要机构之外后,鄂尔泰为首席军机大臣,张廷玉居其次,他们均是位居宰相的重臣。二人虽然各树门户,朋比结党,相互倾轧,但却不曾威胁到皇权的稳定。因而,乾隆在初政的过程中,虽不时给以告诫,却仍倚寄颇深,优容包涵。所以,鄂尔泰和张廷玉均权势显赫,并在朝廷内外负有盛名。

在清人袁枚为鄂尔泰所撰的行略中有这样的记载:

"乾隆元年,每推行一个措施,下达一个诏令,全国都欢呼,载歌载舞,认为像尧舜这样贤明的君主又出来了。"

乾隆二年（1737年），朝鲜使臣回国后的奏报中也称誉说："新皇帝政令没有大的失误。阁老张廷玉负天下众望，要求告老回乡，乾隆不答应，人们都认为只要有张阁老在，天下就不会发生大事。"

毫无疑问，鄂尔泰和张廷玉在乾隆推行新政的过程中，起了举足轻重的作用。

乾隆孤身置于先朝的老臣中，尽管周围有着数不清的欢呼，乾隆仍然从那一张张陌生的面孔中，观察到了变幻莫测的官场，感受到了盘根错节的党派关系。一个尴尬的事实：乾隆从父亲手里接过了皇位，却没有属于自己的心腹之人。

党争是官僚政治的痛疾。明末以来，官场相互援引，攀附成风。而各个林立的党派之间，你攻我伐，相互倾轧，搞得乌烟瘴气。在清人的眼里，明朝的灭亡，在很大程度上源于这种自相残杀的"窝里斗"，因而清朝的统治者最忌党争，顺治、康熙、雍正，屡屡颁诏戒谕，并对官僚士子结党立派的行径进行了不折不扣的打击。然而。这种分门植党，官官相护的恶习，却有相当广泛的社会基础，由师生、同年（同年考中进士）、同僚官员所形成的特殊关系，竟是那样的牢不可破，往往是旧的朋党铲除了，又结成新的朋党。

尽管乾隆屡次表示党争是他所深恶痛绝的，朝廷还是出现了鄂尔泰与张廷玉两党的分野。乾隆即位时，朝廷上已形成鄂张两党。鄂张二相国秉政，嗜好不齐，门下士互相推奉，渐至分朋引类，阴为角斗。鄂尔泰、张廷玉皆为前朝遗老，又均有拥戴之功，两人分门立户，相互攻讦，因此，影响了朝政的统一、最高统治阶层内部的稳定，也为初政的新皇帝尽快地熟悉政务、巩固和加强他的皇权，制造了无形的障碍。乾隆周旋于两党之间，既要打击鄂尔泰、张廷玉的势力，又要在自己没有培植起亲信股肱之前，倚靠二人帮助自己处理国政，

第二章 弘历亲政

使国家机器能够正常地运转。这使乾隆煞费苦心，几乎成了他的一块心病。

鄂尔泰最先形成势力，是在他发迹于云贵总督的时候。

鄂尔泰对待属下颇有长者、前辈的风度，对周围的臣僚部将，凡有一善一技，他均过目不忘，及时给予奖励提拔，所谓"知人善任，赏罚明肃"。因而，在他节制西南的几年中，文武官员张广泗、张允随、元展成、哈元生、韩勋、董芳等人均乐为其用，并皆在平定贵州苗民的叛乱中立功。他们被鄂尔泰的才干所折服，也为他的赏识而感恩。这种特殊的上下级关系，使他们固结一体。

雍正的宠眷和重用，使鄂尔泰的威望在朝野大增。雍正皇帝为了嘉奖鄂尔泰的忠诚，曾颁旨天下说："我有时自信不如鄂尔泰专一。"而且，雍正事无大小多委鄂尔泰督办，所以，鄂尔泰所到之处，巡抚以下官员出城很远来拜见他。久而久之，在鄂尔泰周围便聚集起一帮趋炎附势之人。

到了乾隆即位前后，鄂尔泰在朝廷内外已结成以他为首的党派。依附他的著名人物有史贻直、尹继善、仲永檀等人。

同时，鄂尔泰的家族也越来越有势力。鄂尔泰的家族是一个显赫的家族，自从入关，多人得到封侯拜将。鄂尔泰的发迹，使这个家族更为显赫，鄂尔泰的弟弟鄂尔奇，官居户部尚书、步军统领。他的长子鄂容安开始担任军机章京一职，后任封疆大吏，为河南巡抚，两江总督，在西征时任参赞大臣。次子鄂实也是参赞大臣。二人均死于西征准噶尔的战场。三子鄂弼为山西巡抚，出任西安将军。四子鄂宁也是巡抚一级的大官。五子鄂忻是庄亲王允禄的女婿。鄂尔泰的女儿嫁给了宁郡王弘晈。侄儿鄂昌担任过湖北、甘肃巡抚。如此一个满门贵胄的家族，本身就有一种咄咄逼人之势，何况还有位居首臣的鄂尔泰。

相比之下，张廷玉似有在鄂尔泰下风之势，但张廷玉的发迹和所获雍正帝的宠爱，却比鄂尔泰早得多。

张廷玉，安徽桐城人，字衡臣，康熙年间中进士，任内阁学士、吏部侍郎。至雍正朝累迁至保和殿大学士、军机大臣，兼管吏、户二部，并任翰林院掌院学士。

与鄂尔泰不同，张廷玉出生于书香世宦之家。张廷玉一门朱紫，他的父亲张英以文学之才获宠于康熙皇帝，最早入直南书房，成为康熙身边的宠臣，累官至大学士，死后赐谥"文端"。张廷玉是张英的次子，他的长兄张廷瑑官拜詹事府少詹事，弟弟张廷璐官拜礼部侍郎。张廷玉的七个儿子也都拜官。长子张若霭、次子张若澄均值南书房，为内阁学士。少子张若渟亦自内阁学士起家，历任军机章京、侍郎、尚书等职，堪称满门贵胄。张廷玉历事三朝，蒙恩得以荫袭、议叙之子侄姻戚，更是不乏其人。因此，乾隆六年（1741年），左都御史刘统勋上书指责说："官场舆论都掌握在桐城张姚二姓手上，朝廷官僚半数出自他们的门下。现在张氏做高官者有张廷璐等十九人，姚氏与张氏一直都是亲家，姚家做官的人也有姚孔鍈等十人。"足见张廷玉势力之大，党羽之众。

张廷玉和鄂尔泰各自形成了势力强大的朋党集团，双方势同水火，而两家子弟宾客，更是钩心斗角，起了推波助澜的作用。当时的情况，就像乾隆指出的那样："满洲则都想着依附鄂尔泰，汉人则都想着依附张廷玉。"所以鄂、张两党在一定程度上反映了满汉官僚之间的矛盾。

为了争权夺势，两派每天都在暗中较劲。据传，鄂尔泰与张廷玉同朝十余年，往往一天都不说一句话。张廷玉向以谦虚自居，但对鄂尔泰却是寸步不让。本来鄂尔泰一直外任封疆，而张廷玉官居京城，两人互不相扰。但自雍正十年（1732年），鄂尔泰内召还京，以首席军机大臣班次在张廷玉之前，张廷玉大为不快。而后，鄂尔泰偶有过失，张廷玉必冷嘲热讽，使其不得自容。

实际上，张廷玉虽然在咬文嚼字上比鄂尔泰高出一筹，常常以口角获胜，但由于清政府的大权操纵在满族上层的手中，乾隆的重满轻汉、袒护满族官员的倾向较为明显，所以更多的情况下，还是鄂党占上风。

鄂尔泰与张廷玉两派早在雍正统治期间就多有较量。在朝廷处理苗民反叛的过程中，鄂、张两派的势力是此消彼长。

雍正四年（1726年）至雍正九年（1731年），朝廷收复了黔省苗族4万户。在云贵总督鄂尔泰的多次奏请后，当地实行"改土归流"。改土归流的政策就是取消土司世袭制度，设立府、厅、州、县，派遣有一定任期的流官进行管理。苗族地区由"无君上，不相统属"到设官建制，显然是一种社会进步。但是官军驻扎该地后，修城、建署、筑碉、开驿等，大量无偿役使苗民，加之繁重的赋税和各种名目的摊派，苗民不堪忍受，反抗情绪日益高涨。

雍正十二年（1734年），黎平人包利到苗疆腹地古州，以"苗王出世"相号召，大造反清舆论。三月二十一日，包利率众包围台拱番招地汛城。五月初至六月中旬，苗众先后攻占凯里、重安、黄平等府。雍正谕令允礼、鄂尔泰、张廷玉等筹划用兵事宜，并调兵围剿。苗众见清军云集，弃城回寨。

雍正十三年（1735年），苗民再次反叛，爆发了大规模的反清斗争。雍正帝怒形于色，颇有怪罪鄂尔泰"改土归流"不当之意。

实际上，苗民反叛的原因是多方面的。这一带改土归流最晚，而且由于鄂尔泰、张广泗等得力大员相继调离,归流的工作很是草率,除了添设流官派驻军队之外,未对原有土司势力做应有的触动。而后,随着新派流官横征暴敛、擅作威福,原有的土司势力便利用苗民的不满,鼓动反清。

雍正以果亲王允礼、宝亲王弘历(乾隆)、和亲王弘昼、大学士鄂尔泰、张廷玉等人为办理苗疆事务大臣,专门负责平叛。

鄂尔泰曾向雍正帝夸下海口,声称西南改土归流后,可保百年无事。然而,不过几年工夫,苗事再起。鄂尔泰自觉心亏理短,便以从前管理苗疆筹划布置未周具疏请罪,并请罢免官职,回家养病。雍正帝正在气头上,再加上朝廷中反对鄂尔泰的呼声颇高,他便以鄂尔泰有病需要调养为由,解去他大学士之职,并削去爵位。

鄂尔泰被革职夺爵,意味着鄂党的势力受到严重的打击,而张党正在得势。这时,雍正帝又偏偏用了属于张党的张照为抚定苗疆大臣,前往贵州主持平叛。张照见鄂尔泰失宠于皇帝,以为时机已到,可趁机报复,于是,自荐前往贵州督理苗事。

鄂、张两派在苗族事件上的第一次较量便从张派的张照督苗开始了。

张照一心想给鄂尔泰以致命的一击,他甚至没有为自己留退路,因为他既不知兵,又无帅才,手里唯一的一张王牌,便是他得知雍正有放弃苗疆的想法,一旦战败,他可以上奏请求调回。在张照看来,只要能将鄂尔泰的"改土归流"方针否定,不仅可以使雍正下定放弃苗疆的决心,免去这场战争,而且他还可以一泄私愤,在鄂尔泰站起来的地方扳倒他。所以,张照一到贵州,便为鄂尔泰罗织罪状,每次上奏都说陈改土归流不是可行之策。张照的用心在于推翻改土归流,敦促皇帝赶快废弃此策。

张照把心思都用在整治鄂尔泰身上了,在军事上却一筹莫展。他毫无用兵经验,一到贵州便提出了错误的"分地分兵进剿"之策。张照命将军哈元生率滇黔兵马,副将军董芳领楚粤兵马,分两头进剿。这一大调兵几乎用了半月的时间,几万大军调动,先已消耗了自己,将士苦于奔波,怨声四起。

在用兵上,张照又犯了分兵太重、有守无攻的兵家大忌。哈元生为了保护营地不失守,沿路分兵把守,以至数万军队,用以攻剿之师不过一两千人。董芳完全听命于张照,所以,张照对董芳极力称善,而指责哈元生的错误,导致哈元生与董芳之间相互攻击。将帅不和,已是失败的先兆。

自张照出任苗疆大臣后,整个苗疆地区局势极其糟糕。

雍正死后,这一切改变了。乾隆即位的第二天,便下令召张照还京,命张广泗为经略,代张照督理苗疆。这表明了乾隆对苗疆一事的态度与雍正完全不同。

乾隆早在为皇子时就开始参与机务,对国事有自己的看法。而且他曾以宝亲王的身份奉命督理苗疆,对苗疆之事的始末,也是一清二楚。他并不赞成父亲对苗疆一事的处理,反而从心里肯定鄂尔泰改土归流的正确性。因而,他在批阅张照奏折时,立即感到了问题的严重性。

雍正十三年(1735年)九月,乾隆颁旨指责张照的奏折说:"你对目前用兵情形,收复与未收复之地的状况,以及日后的用兵方略等均未能一一分析陈奏,连篇累牍的奏折,竟然以巧词猜度,有意迎合。"接着痛斥张照:"你说新开辟的苗疆地区因为叛乱不断而要求我下旨放弃,实在是错误之极。"

张照的错谬还远不止于此。乾隆从奏折中完全洞悉了张照的门户之见，严厉斥责说："从前，管理苗疆的事务都是由鄂尔泰单独完成的，后来苗人叛乱，你在京时，看到了父皇训斥鄂尔泰，那是因为他总是没有将这件事情处理完备，接着你又见到父皇发出解除鄂尔泰职务的圣旨，因而你以此私下里揣测父皇的意思，落井下石，言辞过于激烈了吧。"接着，乾隆又说："鄂尔泰解任的理由，主要在疾病而不在有过错。况且是鄂尔泰自请解职，并不是被革职的，鄂尔泰的功过，待将来事情完成之后，自有定论，你们就不要再妄自议论了。"

十一月，乾隆便以"挟诈怀私，扰乱军机，罪过多端"的罪名，下令将张照革职下狱。于是，鄂、张两派的第一回合因为乾隆洞悉张照的私心，以张党的失势而告终。

与此同时，鄂派的势力有所抬头。雍正临终前原谅了鄂尔泰在苗疆的失误，使他仍以大学士身份，辅佐新皇帝。乾隆在治张照的同时，将鄂尔泰的得力心腹张广泗派往贵州。一时之间，鄂党的势力甚嚣尘上。鄂党摆开了全面反攻之势，并以牙还牙，借机罗织罪名，制造大狱，将张照置于死地，以达到彻底铲除张党的目的。

鄂、张两党较量的第二个回合主要是鄂派的张广泗趁机打击张照。

张广泗，汉军旗人，隶属镶红旗。他没有科举正途的名分，康熙末年由监生捐得了知府的官衔，便一直任职西南，先是在贵州思州府，雍正四年（1726年）又调任云南楚雄，正碰上鄂尔泰在云贵地区的改土归流刚刚开始。于是熟知苗情的张广泗为鄂尔泰所赏识，成为其左右手。从此，张广泗以平苗之功，累迁贵州按察使、贵州巡抚，后至湖广总督，并以才优干练闻名朝野。

张广泗是鄂尔泰部下，与鄂尔泰共事多年。后来，鄂尔泰内召还京，张广泗也调任湖广。改土归流虽出自鄂尔泰的运筹和设计，但在执行上，却有张广泗不少的思索和规划。所以，张照攻击鄂尔泰经略苗疆不善，否定改土归流，实际上也是在打击张广泗。因而，这次奉命到贵州接替张照，他是绝不肯轻易放过对方的。

张广泗到贵州，对战事做了重新部署。张广泗以他对苗疆军务的熟谙和干练，仅用半年时间，便将各地起义镇压下去。

繁忙的军务并没有使张广泗忘记对张照的还击，而乾隆的称许和嘉奖更使他得意忘形。乾隆元年（1736年），张广泗借乾隆的倚重，开始落井下石，奏称"贵州省的军需银两，张照任意浪费，现在马上就要用完了"。

这是一发重炮。

张照督理苗疆时，户部拨解军费100万两。张照将这笔军费收藏在贵东道库，一直不让贵州藩司经手，这使地方官十分不满。当巡抚因军需请张照协济时，张照却说："此事与汝毫不相干。"这种妄自尊大、傲慢无礼，又不负责任的态度，成了张广泗攻击他的把柄。张广泗上奏，乾隆下令让张照赔偿十分之八，并命户部查明严追。

在乾隆看来，张照作为国家经略大臣，非但没有军功，反而挟私败事，即使处以死刑也不为过。然而，乾隆却不能如此。他清楚地知道，在这场事端的背后，是鄂尔泰与张廷玉两大党派之间的较量。所以，当廷议处张照死刑时，乾隆下令将张照宽免释放。而且，在皇帝的关照下，张照出狱未久，便奉命在武英殿修书。乾隆二年（1737年）二月授内阁学士，入直南书房，乾隆五年（1740年）又授刑部侍郎，次年，官复原职，仍居刑部尚书之位。

在这一过程中，乾隆为张照洗清了冤情。

原来，张广泗弹劾张照的百万两军费用完了。张照上奏辩解说："由他经手的钱粮只有十三万，都派拨各府，其余与他无关。"乾隆立即令张广泗前去核查落实。张广泗想诬陷张照，给张照重罚，所以，他借故拖延，直到乾隆四年（1739年）正月，在朝廷的屡屡催促下，才不得不以"张照经手银两为二十五万两"汇报给户部。乾隆看到张广泗的汇报十分气愤："此奏折与原折完全不相符，且推迟了两年才得到回复，显然有回护原参、阻碍处理的地方。"一语道破了张广泗的动机。乾隆随即颁旨："张照经手的二十五万两，都分发给各路为军需之用，本无应赔之项。"

在鄂、张两派的第二次较量中，鄂派的张广泗诬陷张照失败，以鄂派失势而告终。

通过苗族反叛事件，鄂、张两派在较量中各有胜负，而调节两派势力的，则是乾隆的平衡措施。乾隆在张照得势时给张派以适当的压制，提高鄂派的势力；在张广泗打击张照时，又为张照翻冤，提升张派的势力。在这一个左右权衡的过程中，乾隆始终把握着平衡协调的利剑，不让任何一派独占鳌头，让皇权在两派之间起着决定性的权威作用。

在处理前朝遗留的两派势力时，乾隆采取势力均衡的措施，对鄂、张两派平衡驾驭，让两派势力互相牵制，为己所用。

第四节　张鄂党争

在乾隆的心里，清代绝不能像明朝那样盛行门户党援，他必须肃清纲纪。乾隆一方面采用平衡手段，另一方面又适时削弱两派的实力。

乾隆不时对大小臣僚发出警告，禁止朋比结党。他说："如果一定想要依附逢迎鄂尔泰、张廷玉，日积月累，实在是一种危害啊！"

他又警告鄂、张二人说："你们两人应该体谅我的心思，更加小心谨慎。"

然而，冰冻三尺，非一日之寒。鄂、张两党的长期对立，嫌隙日深，绝不是皇帝的几道谕旨就能使数年的积怨烟消云散的，而官僚政治为了个人的利害得失，相互倾轧，往往是无孔不入，从而使官场上的尔虞我诈更加司空见惯。

乾隆六年（1741年），鄂、张两党的矛盾日益尖锐化。

事情发端于陕西道监察御史仲永檀的一份奏疏。三月，仲永檀上奏说："步军统领鄂善接受京城富民俞氏贿银一万两。俞氏丧葬出钱请九卿吊丧。礼部侍郎吴家骐因参加俞氏葬礼，受吊丧谢仪银五百两，又侵吞分送给九卿的炭金两千两。詹事陈浩在俞家陪吊，奔走许多天，而且，前往俞家吊丧的不止九卿，大学士张廷玉差人送帖，徐本、赵国麟都亲自前往那里。"这一丑闻的揭露，矛头直接指向了张廷玉及其党羽。因事关贪赃，张党狼狈不堪。仲永檀为鄂党立了一功。

仲永檀是山东济宁人，乾隆元年进士，曾以敢言闻名。仲永檀虽为汉人，却投到了鄂党的门下，在鄂张两党的斗争中不遗余力。此次，他终于看准了时机，状告张党受贿。

张党何以会受贿呢？俞氏富民又是怎样的人呢？俞氏，曾为工部凿匠，钻营至巨富，然而，却命中无子，只好过继了一个孙子。不料没过数年，俞君偶染小疾，竟致一病不起，没过多久便呜呼哀哉。于是，他留下来的家产便成了导火索。俞君还有一个义女，女婿许秉义乃是贪财好利之徒。许秉义欺负俞家嗣孙年纪小，图谋争夺家产，便利用为俞家办丧事的时机，行贿于与他同宗的内阁学士许王猷，让他遍邀九卿到俞家致吊，凡参加吊丧之人都给以重金酬谢，以为这样就可以凭借朝官的势力，达到独霸产业的目的。

许秉义意图重金收买的事很快被朝廷知道了，乾隆大怒，下令将行贿者许秉义逮捕下狱，严加审讯，镇以国法，并将许秉义的同宗、内阁学士许王猷革职查办，然后申斥九卿各官，严禁到俞家吊丧。但是，重金之下，必有勇夫。虽然皇帝申饬戒谕，仍有礼部侍郎吴家骐等人前往。

仲永檀给了张廷玉的党徒重重的一击，但他认为这还不够，又接着弹劾张党泄密。他说："向来密奏留中事件，外面很快就能够知道。这一定有人串通自己左右，暗地里泄露出去了。要是权要有耳目，朝廷将不再有耳目了。"仲永檀所说的"权要"就是张廷玉。在这里，仲永檀是暗喻张廷玉的党羽，将密奏留中之事私下透露给张廷玉。而所谓的密奏留中，是大臣们以奏折的形式向皇帝陈奏的机密。按照规制，皇帝阅后，封缄留存，除了皇帝本人之外，任何人不能知道。

仲永檀密折参了两案，两案皆事关重大，涉及权要。乾隆阅后为之一惊。但仲永檀气势逼人，倒使他提高了警觉，他意识到这是党争的信号，必须妥善处理。但是，授权谁去处理呢？乾隆一时找不到合适的人选。因为，张党中的主要大臣几乎都被牵扯到此案中，在这种情况下，如果再派某个人单独承办此案，不论他是鄂党，还是张党，都无法脱去利用个人恩怨搞乱是非的嫌疑。

乾隆思前想后，想出成立一个七人办案组的主意，命怡亲王、和亲王、大学士鄂尔泰、张廷玉、徐本、讷亲、来保共同查审此案。这样，既可避免有人做手脚，又可令人信服。

乾隆布置停当，想要穷追到底，但他仍怀疑有诬陷之嫌。他说："如果这件事情属实，那么鄂善罪不容辞；如果纯属捏造，那么仲永檀自有应得之罪。此事关系重大，如果不明晰辩理，判其黑白，则我将何以任用大臣？大臣又将何以身任国家之事呢？"至于仲永檀指称有人泄密，在皇帝身边弄权，乾隆视为妄词。他批复说："所谓权要串通左右的言词，我看此时并没有可串通的左右，也没有可串通左右的权要。"他下令让仲永檀明白问奏，并指示办案大臣秉公查清。

然而，查审的结果，却完全出乎乾隆的意料。

数日以后，在王大臣们的严厉质讯下，鄂善及其家人，供认了曾接受俞氏嗣孙贿银1000两，鄂善被革职送交刑部。鄂善是乾隆重用之人，他如此欺君枉法，令乾隆大失所望。且新皇帝更看重自己的声誉，在他看来：鄂善一人违法所涉及的问题很小，但皇帝用人不当的过失则关系重大；如果再不明彰国法，则人心将会散失殆尽？于是，乾隆赐令鄂善自尽。

这是乾隆登基以来，第一次如此严厉地处置大臣。他是那样的痛心疾首，一个多月，食不甘味，寝不安席。但比起法办鄂善来，张廷玉等大学士更难处置。内心中，乾隆不愿自己所任用的大臣一个个都是欺君罔上的奸臣。如果不是有干国法，乾隆绝不允许他们在这场涉嫌党争的案狱中受到倾轧。因而，在处理了鄂善之后，乾隆只将礼部侍郎吴家骐和詹事陈浩革职，其余均从宽开脱。并颁旨："仲永檀奏折里面提到的大学士等到俞家送帖吊奠一事，今查询明白，全属子虚乌有。"

实际上乾隆明明知道，所谓大学士送帖吊奠一案，根本无法查实。因为仲永檀早就声称："大学士等人已于皇上申斥九卿时，毁掉原帖，送帖吊奠的证据不复存在。"乾隆是何等的精明，他怎会不知呢？而且，在他挑选办理此案的7名大臣中，就有张廷玉、徐本二人是仲永檀点名参劾之人。以当事人办理自己的案件，其结果更是可想而知了。乾隆不予追究，又有谁还敢再查呢？

实际上，仲永檀所劾密奏留中泄密于权要之事，并不是无的放矢，他举出御史吴士功弹劾尚书史贻直密奏曾被宣扬于外。

吴士功是张廷玉的门生，河南光州人，字惟亮。雍正十一年（1733年）中进士，颇具才气。由于吴士功与张廷玉的特殊关系，仲永檀所参吴士功泄密，并串通权臣，毫无疑问地指的是张廷玉。而史贻直又与鄂尔泰交好。因而，这件案子所表现出的门户党派之争，实在是太明显了。虽然，乾隆清楚地记得，吴士功去年确有密奏，而且确实被宣扬于外，但他决定放下此事。

对乾隆来说，这种处置，实在是个特例。乾隆最痛恨臣僚泄露机密，常说："大臣们报告事情，应当谨慎严密，如果有弹劾的奏折，都应当采取密折这种形式，不能泄露给外人，以擅自做主。"凡是臣下泄密，乾隆往往严惩不贷。但这一次，乾隆的态度却完全不同。他颁旨说："御史吴士功奏参尚书史贻直一折，我现在姑且不究。让他们二人阅看后，封入内阁。如果你们将来不知改过，再有过错，特此取出，一并从重处置。"如此重大的泄密事件，就这样被乾隆压了下来，史贻直没有因为被人弹劾受到审查，吴士功、张廷玉也没有因为相互串通、泄露机密，受到惩处。

乾隆置身于两党之间，竭力保持公允，不使双方失于均衡。他并非不愿消灭党争，而是实在不愿在朝廷中形成一派独占之势头，从而构成对皇权的威胁。所以，他小心谨慎，在翦除朋党的时机尚未成熟的情况下，仍使双方维持势均力敌，以收到相互牵制之效。

在张党受贿和泄密案件中，乾隆庇护了张廷玉集团，只为了起到牵制鄂党的效果。但是，张党的无视朝廷的做法也更坚定了乾隆的打击两党、收归大权的决心。

在鄂、张两党的争斗中，鄂党一直处于上风。乾隆针对这种状况，不断地对鄂派势力从警告到控制，防止鄂派势力的极度膨胀。

在乾隆看来，鄂尔泰生来喜欢虚誉而近乎骄横，张廷玉则善于自我批评而近乎懦弱。所以，乾隆尤其注意对鄂尔泰的压制。正如他自己后来说的那样："鄂尔泰活着的时候，我多次降旨训斥他，与张廷玉比较，对鄂尔泰更为严厉。"

清代满族贵族一直在政治上享有特权。鄂尔泰在雍正所留下的一班大臣中位居魁首、权势倾朝，而他的骄倨傲慢，更给人以权臣震主的感觉，因此乾隆不断地打击鄂尔泰的锋芒。

雍正生前，曾有意要将他为雍亲王时居住的藩邸旧居改建为庙宇。雍正帝死后，搬出皇宫另辟新居的和亲王弘昼向乾隆索要原雍亲王府旧邸时，鄂尔泰为博得皇帝之弟的欢心，主张将王府赐给弘昼。赏罚只有皇帝能决定，乾隆绝不允许大臣自作主张，何况乾隆本来就认为此府为龙腾所在，不宜再作王府。因而，他断然拒绝了鄂尔泰的建议，将原雍亲王府改为礼佛的喇嘛庙，称"雍和宫"。

乾隆三年（1738年），朝廷议"三老五更"，这是复行古帝王敬礼老者之意。在古代，以年在八十以上的老者称"三老"。"五更"主要指乡宦的名称。相传，古代设"三老五更"，以尊养年老的官员，而能被选入"三老五更"的人，皆是德高望重之辈。以后，历代间有沿袭此礼者，但年龄则放宽到60岁左右。其时，鄂尔泰、张廷玉俱可当三老之位，但张廷玉遇事谦退，不愿招摇。他以"典礼隆重，名难实副"为由，坚决反对举行此礼，所谓"以为不可行"，后来作《三老五更说》陈说己见。但鄂尔泰的态度却不一样。他依然我行我素，以耆老自命，并希望由此博取美名。这件事引起乾隆的反感，甚至在多年以后，乾隆见到张廷玉当年所作的《三老五更说》时，仍然感触颇深，撰文题记，指责鄂尔泰"因好虚荣，近于骄者"。

在审理永州镇总兵崔起潜的案子时，乾隆因崔起潜所参有损皇帝的尊严，本想严加惩处，但后来又降旨从宽发落。诏旨下达后，朝廷内外立时纷传这是鄂尔泰上疏所奏，而鄂尔泰在拟罪具题时，确实有疏陈将崔起潜宽释的密折。乾隆明白，"如果不是鄂尔泰把这件事情泄露给外人，其他的人怎么能知道这件事呢？"乾隆虽然对鄂尔泰这种邀买人心的做法十分不满，但在尚需倚用这些前朝遗老的情况下，未加追究。然而，几年以后，乾隆却旧事重提，当众抖出鄂尔泰泄密买好，有丢颜面的事情，并且公开说："人情好为揣摩，而反躬亦当缜密……鄂尔泰缜密之处，不如张廷玉。"

乾隆直接拿鄂尔泰与张廷玉作比较，对鄂尔泰不能不是一个极大的刺激。而在一抑一扬之间，失势与得势已有分晓。这实在是个敏感的信号，乾隆的确是第一次以如此严厉的态度对待鄂尔泰，也是第一次历数他的过犯，并点名指责他。而乾隆这样做，无非是因为鄂尔泰在朝廷内外勾结过甚，已经超出了皇帝所能包容的限度。

乾隆是个大权独揽的皇帝，作为宰相的鄂尔泰即使谨小慎微，君权和相权的矛盾，也要迟早爆发。乾隆六年（1741年），鄂尔泰终于惹恼了乾隆。乾隆与鄂尔泰君权与相权的权力矛盾终于爆发出来。

事端起于乾隆赏识的大臣黄廷桂。黄廷桂是汉军旗人，出身世宦之家，康熙末年，由监生袭曾祖世职，为侍卫。雍正年间，任总兵、提督、四川总督。乾隆元年，西部边疆军务基本结束，朝廷裁撤四川总督，黄廷桂降为提督。

乾隆六年（1741年）夏，乾隆出边行围来到古北口，按照惯例检阅当地的军队。当乾隆看到古北口镇的官兵"队伍整齐、技艺娴熟"的演习后，十分满意，称赞不已。乾隆认为，这一切都是由于统率有方、将弁兵丁勤于练习，当即赐赏黄廷桂战马两匹。两个月后，乾隆返回京城，便授黄廷桂为甘肃巡抚。

可天下的事情，偏偏有那么多巧合。就在乾隆于北部边地对黄廷桂备加称道、大有识拔太晚的时候，奉命留京办事的鄂尔泰，却以黄廷桂滥举匪人的罪名，按例议处，降二级调用。于是，君权与相权之间冲突起来。

原来，古北口守备和尔敦钻营行贿部院被人告发，而黄廷桂又曾经为和尔敦疏陈用为守备，故而黄廷桂也被怀疑接受了和尔敦的贿赂，有贪赃的行为。

鄂尔泰一向讨厌黄廷桂，正好抓住把柄。鄂尔泰是主管兵部的大学士，于是他下令兵部对和尔敦进行严审，兵部审后又交刑部，欲借机整治黄廷桂。可是，虽经两部反复审讯和尔敦却始终供称，不曾有钻营恳请黄廷桂之事。鄂尔泰抓不到黄廷桂贪污赃私的证据，只好给他安了一个"滥举匪人""将劣员蛆越保留"的罪名，议罚降调。

而且，鄂尔泰为了不使皇帝出面干预，他勾结刑部官员，以最快的速度赶在乾隆出巡返京之前审理结案，并上奏题覆。在鄂尔泰看来，乾隆远在古北口外，批阅本章绝不会比在京城仔细，定能蒙混过关。

乾隆岂是能被人欺瞒之主？奏本送到他手中，他就发现了问题。乾隆意识到这是鄂尔泰利用他出巡未归，挟嫌报复，先发制人。他气愤地说："黄廷桂不过因我出口行围，路经古北，防备守御事务需人料理，是以将和尔敦请调，并非荐举升迁，也不是保举和尔敦久留此任。办理此事的大臣与黄廷桂有不睦之处，说不是挟嫌报复，谁会相信呢？"

乾隆早已对鄂尔泰不满，此事尤其让乾隆反感，认为鄂尔泰非但不识抬举，且欺君揽权，所以不点名地数落他说："如此办理已经辜负了我以诚待大臣的本意，况且这些事情本来我早就知道其中的详情，而你却仍要一意孤行，是不把我放在眼里啊。这样擅自行事的人，竟然都出自我以前十分信任的大臣，你们这样做是把我当成一个什么皇帝呢？"

乾隆越说越气，先时一直没有提到鄂尔泰的名字，这时干脆点名道姓，下令说："将办理此案的大学士鄂尔泰等人严行申饬。"并对黄廷桂免除处分。

对鄂尔泰来说，这是一次严厉的惩处。鄂尔泰从权臣到被皇帝申饬，他的骄纵之气受到了严重的打击。鄂尔泰像被人猛击了一掌，开始清醒起来。自雍正末年以来，鄂尔泰位至极品，新皇帝在他眼里也不过是个涉世未深的雏儿，虽说天资聪颖超绝，但终归在深宫里长大，阅历有限，在官场政界的风云迷雾中，不能与他这个久经历练的老臣相比。鄂尔泰没有想到，就在他以老臣自居的时候，他的一举一动都没有逃过乾隆的眼睛，以权泄愤之事，被乾隆全盘抖了出来。鄂尔泰为之震惊，从心里佩服乾隆的精明。从此，他开始敛迹修身，做起太平宰相来。

正所谓"树欲静而风不止"，宦海中从没有平静的港湾。不管鄂尔泰糊涂还是不糊涂，真糊涂还是假糊涂，太平宰相都不是那么容易当的。虽然鄂尔泰畏于皇帝的天威，甘于淡泊，不再兜揽事权，但是，依附在他周围的党徒却不甘寂寞。

乾隆七年（1742年）十二月，仲永檀与鄂尔泰的长子鄂容安串通泄密，陷害异己的事情败露，又累及鄂尔泰。

仲永檀因在乾隆六年（1741年）弹劾步军统领鄂善贪赃、御史吴士功泄密两案皆实，加官晋爵，由御史授至左副都御史，成为三品大臣，和鄂尔泰的关系也更加密切。

乾隆七年（1742年）二月，仲永檀担任会试副考官，由贵州赶赴京师，一路仗势欺人，令家人鞭打平民，被河南巡抚雅尔图参劾，处以罚俸。但这小小的惩罚,并没有使仲永檀引以为戒,他仍然毫无顾忌地为所欲为,在京期间,与鄂尔泰的长子鄂容安商量谋陷他人之事。仲永檀的所为很快被人告发。事发后,两人俱被革职拿问,交大臣会审。

在审理的过程中,仲永檀像泄了气的皮球,与鄂容安一一供出他们相互串通,在参奏别人之前,先行商谋,参奏之后,又相互照会的事实。这种无视法网、朝纲,明知故犯的结党营私行为,令乾隆感到发指。乾隆一针见血地指责说:"仲永檀受我的深恩,由御史被提升到左副都御史。可他却依附师门,将密奏密参之事无不预先商酌,暗结党援,排挤与自己不和的人,罪恶实在是重大。鄂容安在内廷行走,且是大学士的儿子,理应小心供职,他却向言官商量密奏之事,罪恶也是不小啊!"

仲永檀与鄂容安,一个是鄂尔泰的门生,另一个则是他的儿子,两人皆与鄂尔泰关系密切。且鄂尔泰不止一次地在乾隆面前奏称仲永檀端正直率、可为大用。因而,乾隆对鄂尔泰的不满,也形于辞色。他指责鄂尔泰既"不能择门生之贤否",也"不能训子以谨慎",有营私党庇之过。

见乾隆对鄂党一派动了怒,张党图谋报复,要求刑讯仲永檀和鄂容安,并逮问鄂尔泰。乾隆深知:"一国的政治都在于皇帝的贤明。"乾隆明知此事于鄂尔泰罪名重大,如果查个水落石出,鄂尔泰承受不起,故不予深究,从宽了结此案。除仲永檀下狱,后病死狱中外,鄂容安退出南书房,鄂尔泰交部察议,以示薄惩。

乾隆不愿造成一党得势的局面,因而竭力维持两党的均势。而已知收敛的鄂尔泰,在雍正的一班旧臣中是一个熟悉政务的能臣。这一点,更为乾隆所看中,正如他自己所说:"如果将鄂尔泰革职拿问,而国家少一能办事的大臣。"鄂尔泰被乾隆宽释了,但乾隆并没有忘记告诫他:"我也不能多次赦免。"言外之意,鄂尔泰如若再有过犯,定会严惩不贷。

只是,鄂尔泰没有等到那一天。自乾隆九年(1744年)入冬以后,他便卧病在床,手脚不能动弹,好像患了中风偏瘫之症。乾隆十年(1745年)就病故了。遗书上达后,乾隆颁旨说:"大学士鄂尔泰公忠体国,直谅持躬,久任边疆,懋著惠绩。简与机务,思日赞襄。才裕经纶,学有根柢。不愧国家之柱石,允为文武之仪型。"这是对他一生的盖棺之论。乾隆还亲至鄂尔泰府第品酒,准予配享太庙,入贤良祠堂,并赐谥"文端",恩礼俱为隆盛。

鄂尔泰的去世给鄂派势力以沉重的打击,鄂党群龙无首,在朝廷中的势力大不如从前。

鄂尔泰一死,张派想趁机置鄂派余党于死地。在乾隆的平衡策略下,鄂派势力并未受到彻底的打击,还出现了以史贻直为首的另外一些鄂派头领。

乾隆十一年(1746年)九月,有人弹劾鄂尔泰的弟弟、户部尚书、步军统领鄂尔奇有提拿越控、滥用部牌、庇护私人、坏法扰民等罪名,鄂尔奇被革职罢官。但经过诸王大臣会审核实后,他们提出应加倍治罪。乾隆不容张党趁机倾陷,他虽然认为鄂尔奇理应从重治罪,但仍然声称"我思念鄂尔泰对于国家政事益处很多,以此可以抵消他的弟弟的罪过",因此,乾隆免去了鄂尔奇加倍治罪。两年之后,鄂尔奇死。

鄂尔泰兄弟虽相继死去,但鄂党的势力却固结不散,大有百足之虫死而不僵之势。朝廷内有大学士史贻直固持门户之私,朝廷外又有鄂尔泰的子侄和门生故吏相邀相聚,他们朋比徇私、倾轧异己、继续党争，于是大学士史贻直又引起了乾隆的注意。

史贻直，字儆弦，江苏溧阳人，康熙三十九年（1700年）进士，历任吏部、工部、户部侍郎，署理福建、两江、湖广、直隶等省总督，乾隆年间累迁至尚书、协办大学士、文渊阁大学士，可谓出将入相的老臣。

有关史贻直善于辞令的传闻，以当年他与雍正皇帝的一段对话为最有趣。那是雍正初年，年羹尧获罪被诛以后。雍正诛戮年党不遗余力，史贻直与年羹尧同年进士，又为年羹尧所荐，所以雍正帝问他："你也是由年羹尧所推荐的吗？"这本来带有问罪之意，史贻直却不慌不忙，十分平静地答道："推荐我的是年羹尧，使用我的却是皇上您啊。"一句话，为自己摆脱了干系。当然，雍正不加治罪，反而用他，并非缘于他的巧辩，主要还是因为他有可用之处。

乾隆即位以后，史贻直仍以老臣身份得到重用。在汉人大学士中，除了朱轼之外，就数张廷玉和史贻直的资历最老。而朱轼卒于乾隆元年，福敏于乾隆十年（1745年）以疾解任。其余徐本、赵国麟、陈世倌等人虽比史贻直早晋大学士，但徐本在乾隆九年（1744年）致仕，赵国麟早在乾隆八年（1743年）去职。所以，自乾隆十年以后，汉人大学士除张廷玉而外，便以史贻直、陈世倌居于望位，汪由敦、梁诗正等皆其晚辈，陈世倌虽位在史贻直之先，但科举功名却在史贻直之后，且其属于不好生事的一类。于是，史贻直的所为便突出起来。

史称史贻直"器量宏大，风度端凝"，这或许是文人的溢美之言，也或许是只看到史贻直的一时一事，事实上这并非他的一贯作风。

官场上，汉人历来重视科举功名，将其视为为官的本钱和论资排辈的依据。史贻直功名早就，与张廷玉为同科进士，随后一同考选庶吉士，一同被钦点为翰林，雍正元年又一同入直南书房。只是自此以后，两人的官运便有了明显的不同，距离拉大了。张廷玉是平步青云、扶摇直上，官至翰林院掌院学士、户部、吏部尚书，以大学士出任军机大臣，综理枢要，出纳王命，成了皇帝的心腹大臣。而史贻直只是官居侍郎，外放署理总督，直到乾隆七年（1742年）才晋为协办大学士，且始终没有入直军机处。这或许是史贻直与张廷玉结怨的潜在原因，而史贻直出于嫉妒，不甘居于张廷玉之后，转而投到与张廷玉对立的鄂尔泰门下。

自被隶属张党的御史吴士功弹劾后，史贻直便耿耿于怀，伺机报复。只是由于鄂尔泰在，诸事轮不到史贻直出头露面，他才未能如愿。乾隆十年（1745年），鄂尔泰一死，朝廷中便俨然形成了史贻直与张廷玉对峙的局面。

自乾隆十三年（1748年），张廷玉上疏请求致仕归田，史贻直便开始就张廷玉配享太庙一事大做文章。他四处宣扬张廷玉于清王朝无有大功，不当配享太庙之荣，并多次在乾隆面前陈说其词，欲达到使乾隆改变雍正遗命、罢张廷玉配享太庙的目的。

乾隆深晓史贻直的用心，虽然他对张廷玉配享太庙素有成见，而张廷玉不亲至朝廷谢恩，这种对皇帝不尊不信又带要挟的态度令乾隆不能忍受，但乾隆还是奉行不为大臣左右的原则。乾隆仅削去了张廷玉的伯爵，没有从史贻直罢配享之请，反而在申斥张廷玉的同时，点了史贻直的名，说："张廷玉与史贻直一直不和，史贻直久曾在我前奏张廷玉将来不应配享太庙，史贻直本不应如此陈奏，而那个时候我就不听他的话。史贻直与张廷玉不和，又怎么能够在我的面前加之倾陷呢？"

在乾隆独操国柄、明察秋毫的政治气氛中，史贻直虽有行私之心，却始终不得逞志。

在鄂派势力日渐削弱的时候，乾隆加强了对以张廷玉为首的张派集团的抑制。

张廷玉之所以能与那些满族的"英贤"等量齐观，不过是因为他具有超乎常人的好手笔。张廷玉正是凭着自己的好手笔，参与了雍正一朝的最高机密，划策决疑，为雍正皇帝定天下立有大功。因此，雍正帝对张廷玉是备加称道，视若股肱，赏赐甚厚。在雍正临朝的十三年中曾6次赐金带给张廷玉，每次赏赐都以万计。张廷玉为感激皇帝的恩宠，也为了炫耀自己的体面，将自家花园命名为"赐金园"。

然而，张廷玉虽为雍正帝所宠，却不为乾隆所宠爱。在乾隆的眼里，张廷玉在雍正时仅以撰写谕旨为职责，这是靠文墨为生的文人的资本。对此，乾隆有着他自己的理解，他说："我之所以能够容忍张廷玉，不过是因为他担任朝廷重臣有一定的年数了，就好比放在柜子里的古董那样，仅仅是一种陈设罢了。"

乾隆满汉之见极深。张廷玉虽以汉人久居高位，却得不到他的信任，只因乾隆深恶朋党，在对鄂尔泰集团势力多方裁制的同时，为了保持派系之间的力量均衡，收相互牵制之效，不得不庇护张廷玉，但也不时给予裁抑。

乾隆即位之初，张廷玉与鄂尔泰同封伯爵，加号"勤宣"。张廷玉以此为荣，乾隆七年（1742年），他请求将伯爵由其长子张若霭承袭，乾隆没有答应。为抑制张氏家族势力过分膨胀，也为了裁抑张廷玉本人，乾隆令伯爵衔只封张廷玉本人，到他死为止。

其时，张廷玉年逾花甲，已是老人。乾隆准其在紫禁城内骑马，又允其不上早朝。这一方面是出自对老臣的关照，但另一方面，却不无排斥之意，从而形成了由讷亲独自面承圣旨的局面。

乾隆十一年（1746年），张廷玉的长子内阁学士张若霭病故，这对张廷玉实在是个意外的打击，白发人为黑发人送终，不能不使他倍觉伤心，更引起了他的思乡之情。这年他已是老翁了，虽不时上朝奏事，但内廷行走，已是步履蹒跚，需要人来扶持了。乾隆特意命令其次子庶吉士张若澄在南书房行走，以便照料。但皇帝的关照，却无法阻止他的归隐之心，乞归的念头越来越强烈。

乾隆十三年（1748年）正月，张廷玉上疏乞求退休，理由是：年纪大了，请求能够荣归故里。这本是人之常情，但在专制君主的眼里，却有不肯尽忠之嫌。乾隆认为，人臣事君，只应鞠躬尽瘁，死而后已。他对张廷玉说："你受两朝厚恩，而且奉我父皇的遗命，将来配享太庙，岂有回归故乡终老的道理？"

乾隆不批准他的请求，而张廷玉极力陈奏，以至说到动情之处不觉泪流满面。尽管乾隆反复讲明他不应该引退的道理，张廷玉还是不断争辩、不甘罢休。结果是张廷玉被迫留下了，却惹得乾隆不悦。

在张廷玉再三表达请辞的决心后，乾隆终于答应了他的请求。而张廷玉此时却一心考虑自己的配享太庙的问题，这反而惹恼了乾隆。

乾隆十三年（1748年）十一月，乾隆见他仍然归心热切，且老态日增，精神大减，故而动了恻隐之心。乾隆觉得强留不近人情，他经过长时间的斟酌，派人到张廷玉的府邸，将自己对他依依不舍但又不愿强人所难的意思告诉了他，让他自行抉择。

张廷玉见乾隆恩准还乡，喜出望外，当即表示："仰蒙体恤垂询，请得暂辞阙廷，于后年江宁迎驾南巡。"

如果张廷玉就此与乾隆一别，便可以荣归故里，以享晚福了。谁知他自取其辱，反落得蓬头垢面的下场。原来，张廷玉在得遂初衷后，又顾虑起身后能否得到配享太庙的问题了。

太庙，是封建帝王祭奠列祖列宗的庙宇。而帝王至尊，不仅生前要有文武百官俯首听命，即使死后，也要有佐命功臣陪伴。因而，得以身后配享太庙，便成了大臣们无与伦比的殊荣。雍正十三年（1735年）八月，弥留之际的雍正皇帝临终留下了令鄂尔泰、张廷玉配享太庙的遗诏。嗜爵如命的张廷玉尤其看重这配享的隆遇，视为光宗耀祖的殊荣，因为在整个清朝配享太庙的12名异姓大臣中，他是唯一的汉人。

张廷玉担心自己回乡后配享太庙可能会落空，于是犹豫不决。他唯恐身后不得蒙荣，进宫面见皇帝，请乾隆赐给自己一个文书凭据。

乾隆因配享出自雍正的遗诏，久成定命，并无收回之意。见张廷玉对自己如此防备，提出这近似要挟的请求，他心中十分不快。但乾隆还是勉从所请，答应了张廷玉并写诗一首：

> 造膝陈情乞一辞，动予矜恻动予悲；
> 先皇遗诏惟钦此，去国余思或过之。
> 可例青田原侑庙，漫愁郑国竟摧碑；
> 吾非尧舜谁皋契，汗简评论且听伊。

这是一首寓意颇深的诗句，它一方面重申了雍正帝的遗命，同意张廷玉配享太庙，并以唐朝开国功臣的身后之荣作比，声称对他的恩典会超过那些唐朝的功臣。但另一方面，更浸透了皇帝对张廷玉的不满和警告。所谓"漫愁郑国竟摧碑"，是说他可以像唐太宗那样给魏征（封郑国公）树碑立传，也可同样效法太宗仆碑毁文。而"吾非尧舜谁皋契，汗简评论且听伊"更是直截了当，说张廷玉的功德不比皋契，实不应配享，将来历史自有评论。

这首诗对张廷玉来说不是好兆头。张廷玉以三朝元老重臣，久经政治风雨，应该完全知道为官是如临深渊、如履薄冰的道理。可是他一时糊涂，在得到恩准配享的谕旨后，只是具折谢恩，并以年老天寒为由不亲赴殿廷，让儿子张若澄代往。

乾隆动怒了，他认为这是张廷玉对自己的不敬。恰逢这年由于内忧外困，乾隆心态大变。先是皇后富察氏病逝，乾隆失掉爱妻。继之，又是大臣辱命，金川败绩。乾隆受到张廷玉这一刺激，不由得大发雷霆。他让军机大臣传旨，令张廷玉第二天回奏。

军机大臣承旨的是傅恒和汪由敦。汪由敦出自张廷玉的门下，浙江钱塘人，雍正二年（1724年）进士。乾隆即位以后，汪由敦受知于新皇帝，入直南书房，为内阁学士。而后，累迁至侍读学士、尚书、左都御史。乾隆十一年（1746年），为军机大臣。

汪由敦顾及师生之情分，看到乾隆对张廷玉的事情发怒，当即免冠叩头为张廷玉求情。但乾隆怒气正盛，对汪由敦的请求毫不理睬。汪由敦无奈，又不忍负师生之谊，便不顾军机处的规矩，将乾隆发怒的消息报与师门。

乾隆龙颜大怒，张廷玉已知此番非同小可。第二天一大早，他便赶到宫廷跪叩请罪。不料，这亡羊补牢之举，非但没有任何用处，反而授人以柄。乾隆明知，张廷玉的"请罪"并非出自真情，而是汪由敦泄露了消息，因而更加恼怒，对张廷玉大加责罚，历数他的罪状。

第一，配享太庙，乃非常恩典。张廷玉不亲自至宫廷谢恩，是视配享为应得之分。乾隆质问张廷玉说："你就住在京郊，即使衰病不堪，也应该亲自来表示一下谢意呀。只是写个奏折，竟然不到朝廷中来，你将我给你的如此大的恩惠，看为是你应该得到的，这个道理在哪里呢？"乾隆指出张廷玉这样做是认为皇帝配享之言既出，自无反悔之理，而自己以后再无可视之恩，也无复加之罪了，因而无需顾及君臣之情了。

第二，张廷玉要求兑现雍正的遗言，请乾隆重申配享太庙的恩典，是信不过新君。所以乾隆说："张廷玉的罪过，本来不在于他不亲至朝廷向我谢恩，而在于他屡次请求按照先皇的遗诏给自己配享。他这样做，是完全不信任我这个新皇帝。"

第三，张廷玉归心似箭，多次上奏皇帝。乾隆认为，张廷玉在尚未龙钟衰老之时，就图谋思退，这是因为自己的门生亲戚不能由于自己的推荐而获得官位或者提拔，采取的一种以退为进的手段，是对新皇帝的要挟。张廷玉这样一而再、再而三地请求回归故里的举动显然是对新君不予重用的不满。

第四，张廷玉不能亲至朝廷谢恩，却于次日黎明赴朝请罪。汪由敦以师生之情，先是舍身向皇帝请命，后又不顾朝规泄密露情，更加深了乾隆的成见。乾隆痛斥说："张廷玉，你的得意门生在朝廷替你当耳目，虽然你退出朝廷但却跟自己在朝廷时一样消息灵通，这样的伎俩能瞒得过我吗？你试着想想大学士是什么官，怎么可以徇私引荐自己的门生做官呢？你再想想我是什么样的皇帝，又怎么能容忍我的大臣们植党树私呢？"

专制帝王最容不得大臣"震主"和"欺主"，张廷玉对乾隆已经犯有不信、不等，外加欺蒙之罪，乾隆忿忿地说："我大清朝纲独断，我即位至今十四年了，事无大小，哪一件事情不是由我来独断。即便是选拔一个县令这样的小事情，都由我来仔细斟酌选择。哪有大学士这样高的官职我不慎重详审，却听凭你张廷玉去安排自己的门生呢？你这个做大臣的，难道就不能做些收敛吗？"

乾隆于盛怒之下，出言威厉，大有倾覆张廷玉之势。但是，为示宽容，乾隆下令让张廷玉仍以大学士衔休致，身后仍准配享太庙，只是削去了伯爵。而被牵连的汪由敦却被革去协办大学士和尚书衔，令在尚书任上赎罪。

张廷玉在遭到乾隆的训斥后，便遵照乾隆的"明春回乡"的旨意，奏请启程。但是，这时正碰上定亲王永璜去世。

乾隆十五年（1750年）三月，乾隆的长子定亲王永璜逝世，而作为永璜老师的张廷玉，在永璜刚过初祭，就急请辞官回乡，这令乾隆非常不快。

乾隆不喜爱永璜，对永璜不予重用。乾隆十三年（1748年）孝贤皇后大丧时，永璜又因礼节疏简被乾隆痛斥，声称绝不立永璜为太子。但父子感情多少还是有的，永璜在遭到冷遇后两年即病死，乾隆深感内疚。因而在永璜死后，乾隆一反切责的态度，丧礼仪典甚优，礼部奏请辍朝3天，乾隆下令改为5天，而且乾隆也在永璜初奠时亲临现场。在初祭完成之后，丧服未完，张廷玉便匆匆告归，乾隆觉得张廷玉不近人情。

本来乾隆对张廷玉加恩，宽留原职，准其配享。而张廷玉却是刚过永璜的初祭，就奏请南还，乾隆非常不满："想想你曾经教过我读书，又作为亲王师傅，却对他的死如此漠然无情，你的人情味都到哪里去了呢？"

或许也是张廷玉的官运到了劫数，这时，恰好蒙古额附、超勇亲王策凌病故。策凌能征惯战，为清王朝开疆土，守护边陲立有大功，临终时又留下"自己死后，请求陪葬到公主园寝"的遗言。乾隆听后，大加赞赏，称赞说："死后还不忘自己的职责，他一生实心为国由此可知。"乾隆于是下令侍卫德山与策凌之子成衮扎布护送其遗体进京，赏银万两办理丧事，照宗室亲王典礼进行。随后，乾隆又下令让策凌配享太庙，开蒙古亲藩配享太庙之先。对于乾隆来说，令一个屡立战功的蒙古亲王配享太庙，不足为怪。只是他如此慷慨地把配享的殊荣赐给一个并不为他平日称道的大臣，是对张廷玉邀恩的一种嘲讽和鄙视。

乾隆十五年四月颁布上谕，乾隆列举张廷玉不得配享太庙的理由。他毫不掩饰地指出，凡得配享太庙的均为立有汗马之功的佐命元勋，鄂尔泰尚有开辟苗疆经略边陲之功，配享已属过优。张廷玉仅以缮写谕旨为职，为文墨者所为，于经国赞襄毫无建树，配享实在过分。

乾隆不客气地对张廷玉说："明朝的刘基，原来是辅佐朱元璋的助手，有重大的贡献，而当时给他配享还曾引起许多人的非议。现在张廷玉你扪心自问，你的贡献能比得上刘基吗？"接着，乾隆下令将此旨并清朝配享诸臣名单一同交给张廷玉看，让他自己思考一下，看能否与配享诸臣比肩并列。

张廷玉一心想着配享太庙，却遭到了乾隆的否决。到此时，他才如梦方醒，知道如若再行坚持，则不仅自身受辱，还会祸及家门。于是，张廷玉战战兢兢地具折请罪：

"我老眼昏花，不自量力，在太庙配享大典上，妄自上书陈奏要求配享。皇上详加训斥，如梦方醒，惶恐不安。现在再次看看配享诸臣名单，我诵读多次，惭愧不堪。想想我既无开疆汗马之力，又无经国赞襄之益，只知道耍笔杆子。因此我郑重地请求皇上罢免我的配享，并治我的罪。"

乾隆以大学士九卿议奏的名义，修改了雍正皇帝的遗诏，宣布罢免张廷玉的身后配享。

解决了配享问题之后，张廷玉终于告老还乡，回到了桐城老家。

遭逢不际，祸患相寻。刚刚归里的张廷玉，又有祸事跟踪而来。他的儿女亲家朱荃获罪，牵连到他。

朱荃官至四川学政，被御史参劾匿丧赴任，贿卖生童，罢官回籍。乾隆十五年三月，行至巴东，于船上投水而死。这种畏罪自杀的行为，自然瞒不过明察的乾隆，他认为这其中定有情弊，于是下令对朱荃的亲戚严加审讯，并让四川总督策楞、湖广总督永兴、巡抚唐绥祖协助审理此案。

在乾隆的督责下，督抚闻风而动。七月，湖广总督永兴具折上奏，声称朱荃家人供出，御史所劾朱荃之罪件件属实。原来，朱荃有家人过世，他接到讣告时，正值地方科举考试临近。按照规定，朱荃该丁忧守制，以尽孝道。但他为了不失掉监考官的肥缺，当即将讣告焚毁，匿丧不报，历考嘉定等三郡一府。当时，地方"童试"两考，本县为初试，学政"按临"为院试，以府为单位，分两场，一场正试，一场复试，取中者都是生员，俗称秀才。朱荃从中贿卖生童9名，贪得银两、貂衣等物。朱荃的弟弟朱英等人也供出，朱荃勒索新进门生规礼有四五千两。随后，相关人员又查出朱荃原为吕留良、严鸿逵文字狱大案中获罪之人。

诸罪齐发，朱荃劣迹累累，赃私狼藉，乾隆气愤至极。因为，这不仅关系到他用人的脸面，更主要的是在朱荃一事上他确有被人欺骗之处，张廷玉、梁诗正、汪由敦等人都先后举荐、包庇过朱荃。张廷玉在京察大典时，曾把朱荃列为一等，直到被引见时，才被乾隆降为二等。他的党羽门徒也处处关照朱荃。汪由敦曾在试差人员中力保朱荃。梁诗正在朱荃交部审议时，声称"功令森严，无人更敢作弊"，言外之意是朱荃被人诬陷。

这种明目张胆的党庇行径，令乾隆震怒。他本对张廷玉余怒未息，于是怒责张廷玉说："你竟然肆无忌惮到如此地步，难道你忘记了先皇给予你的恩赐了吗？你这样藐视我又是为了什么呢？张廷玉你如果还在任上的话，我一定将你革去大学士交刑部严审治罪。现在既然批准你回籍，就由两江总督黄廷桂于司道大员内派员前往传旨询问你吧。"随后又将张廷玉罚款15000两，追缴从前赐给的御笔、书籍及一切官物，查抄其在京官邸。兴师动众，严追严查，大有穷治张党之势，张党的重要人物梁诗正交部察议，汪由敦被贬为侍郎，均为包庇朱荃获罪。

经过这场问罪，张党完全被击垮。张廷玉以垂老之躯几遭乾隆的严厉谴责，已经是奄奄一息，门生故吏各寻出路，树倒猢狲散。至此，乾隆打击前朝勋臣严禁朋党之患的斗争以皇权的独尊进入尾声。

乾隆二十年（1755年）三月，张廷玉病逝，乾隆宽恕了张廷玉的过失，令仍配享太庙，声称："张廷玉所请求对他宽恕的罪过虽然是他咎由自取，但是父皇的遗诏我是不忍心违背的。况且张廷玉于先皇在位时，勤慎赞理，小心书谕，原属旧臣，应该给予优厚的抚恤，所以我仍然谨遵遗诏，将他配享太庙，以彰示我国酬奖勤劳的盛典。"乾隆下旨要求对张廷玉的祭葬按照旧例办理，并给他的谥号是"文和"。直到死后，张廷玉才为自己挽回了一点面子。

鄂、张两党的衅争，随着鄂尔泰、张廷玉一死一去，已经不能再掀起朝廷的大波澜了，但是，十几年的统治经验使乾隆意识到，只要朋党的势力还在，便有滋生的可能，他必须严刑峻法，达到朝野震怖的目的。尤其是鄂党，他们蠢蠢欲动，大有复起之势。于是，乾隆选中了胡中藻，从他的集子《坚磨生集》下手，开始罗织罪名。

胡中藻，江西新建人，乾隆元年的进士，官任内阁学士，兼侍郎衔，鄂尔泰的得意门生，自夸为西林第一门生（因鄂尔泰姓西林觉罗氏）。与鄂尔泰的侄子、官居地方大员的鄂昌关系密切，勾结往来。

乾隆十八年（1753年），乾隆接到下臣秘密进呈的《坚磨生集》，便命令户部尚书协办大学士蒋溥暗中查办胡中藻诗集一事。乾隆二十年（1755年）初，又密谕广西巡抚卫哲治"将胡中藻任广西学政时所出试题、与人唱和诗文"并一切恶迹查出速奏。

乾隆首先在《坚磨生集》的书名上找岔子，他说："'坚磨'出自《鲁论》……胡中藻以此自号，是何居心！"乾隆把"坚磨"解释为《论语》中"磨涅"，套进了一段历史典故。"坚磨"语出《论语·阳货》中的"不曰坚乎，磨而不磷；不曰白乎，涅而不缁"。这句话是有其背景的，晋国赵简子攻打范中行，范的家臣在中牟反叛，孔子打算到中牟，子路坚决反对，孔子对他解释说自己虽然到中牟，但是自己是坚而磨不破的，白而染不黑的，是不会与叛乱者同流合污的。而乾隆强加意思为胡中藻把自己比作孔子，把乾隆比作反叛者，居心险恶之极。

在胡中藻的《坚磨生集》中，有"逸舌狠张箕""青蝇投昊肯容辞"之句，这是指责张廷玉及其党羽在乾隆面前搬弄是非。乾隆向以朝纲独断自命，最忌臣下对朝政有权臣当道、欺君弄权的评论。因而，胡中藻诗中的"逸舌青蝇"之语，不仅是他攻击张党的罪证，也有指责皇权旁落之嫌。于是，乾隆质问说："试问此时在我跟前进逸言的人是谁？你在鄂尔泰门下依草附木、攀援门户，恬不知耻。"不仅点出了鄂尔泰的名字，而且抓住胡中藻诗中有"记出西林第一门"之句，对胡中藻以西林觉罗氏鄂尔泰第一弟子自封的行径大加痛责。

见到胡中藻诗中还有"一把心肠论浊清"之句，乾隆批道："加'浊'字于国号之前，是何肺腑！"其实，这个"浊清"是来比喻人品的卑污与高尚的，而乾隆把它歪曲为污骂大清国，实在是故意冤枉胡中藻。在其诗文中有些歌颂清朝盛世的诗歌也被认为是反诗，比如"天所照临皆日月，地无道理计西东。诸公五岳诸侯渎，一百年来俯首同"之句，形象描绘了清朝一统天下，四海威服的政治局势，分明是赞扬国力的强盛。可是乾隆却说此诗是对清朝统治汉人不满。

在此诗集中还有"那是偏灾今降雨，况如平日燃佛灯"一句诗，以甘霖、佛灯比喻皇帝普免苛税、拯救生灵的善政。而乾隆却认为它"谤及朕躬"，说："朕一闻灾歉，立加赈恤，何乃谓如'佛灯'之难见耶？"意思是说，我乾隆一听说有灾情就马上赈恤百姓，怎么能说赈恤百姓像"佛灯"一样罕见呢？在胡中藻所出的试题中有"乾三爻不像龙说"一题。乾隆说："乾隆是我的年号，'龙'与'隆'同音，其诋毁之意可知！"此外，乾隆还在诗集中找出"又降一世""亦天之子""与一吐争在丑夷"等数十句。

虽然臣子朋党比起攻击大清王朝的悖逆之罪来，实在微不足道，但是乾隆似乎更想借此打击群臣的朋党恶习，在面谕群臣的最后，他声色俱厉地申饬说："我见其诗，已经很多年了，而在大臣及言官中并无一人参奏，足见相习成风、牢不可破。我更不得不正我国法，正尔嚣风，仿效父皇诛杀查嗣庭的办法。"

四月，胡中藻被处以斩决，但案情却越牵越广。

在审理胡中藻一案中，乾隆发现胡中藻与鄂尔泰之侄、甘肃巡抚鄂昌来往密切，命令协办陕甘总督刘统勋亲往甘肃巡抚鄂昌署中，将其"与胡中藻往来应酬之诗文书信严行搜查，并将他与别人往来文字中有涉及讥讽和结交同党之类书信等搜查和查封，然后进送到京都"。

鄂昌被革职罢官，锁解京师，因为，鄂昌不仅平日里与胡中藻叙门谊、论杯酒、诗词唱和、引为同调，而且陕甘总督刘统勋又从他的书籍和信札中查出所作诗篇《塞上吟》有悖逆之词，诗中称蒙古为"胡儿"，并对其从弟鄂容安被差往西北前线不满，发出"奈何，奈何"的感叹。

在乾隆看来，鄂昌身为满族人，世受国恩，任广西巡抚时，就看到了胡中藻的《坚磨生集》，本应对其"大逆"之词愤恨谴责，但鄂昌反而与之往复唱和。这是沾染了汉人分朋引类、以浮夸相向的恶习，而丢掉了满族的尊君亲上、朴诚忠敬为根本的古朴风俗，说穿了就是鄂昌丢掉了皇权至上的思想。因而，他斥责鄂昌是"丧心已极""悖谬之甚者"，而且胆敢把与满族一体的蒙古称为"胡儿"，自加诋毁，不是忘本又是什么？再加上不愿其弟从军，破坏了满族尚武的精神，乾隆痛骂鄂昌，认为"满洲旧俗，遇有行师，必踊跃争先，以不预为耻，而鄂昌不愿其弟从军西征，实为破坏满族勇敢尚武风气之'败类'，理当治罪"。最后，乾隆赐令鄂昌自尽。

鄂昌以封疆重臣，与逆犯胡中藻勾结，成了乾隆整饬满族士风，以树君主之威的牺牲品。在处理鄂昌的两个月中，乾隆两次传谕八旗官兵，令其务必保持满族古朴风俗，尊君亲上，杜绝玩物丧志的汉人陋习，并警告说："今后如果有与汉人互相唱和，较论同年行辈往来之人，一律依照处理鄂昌的办法严惩不贷！"

鄂昌被处以重典，受到株连的鄂党也逐个被人指参。大学士史贻直首先难脱干系。史贻直是继鄂尔泰之后鄂党中的核心人物，他与鄂昌的伯父鄂尔泰为同年举人，鄂昌便效汉人之习，称史贻直也为"伯父"，交往极厚。史贻直见原任甘肃布政使出任河道官职，便向任甘肃巡抚的"侄儿"鄂昌去书请托，替自己的儿子史奕昂谋个布政使之职，书中有"鼎力玉成"之语，而颇重门谊的鄂昌也果真鼎力玉成，为他这位伯父了却望子成龙的心愿。在刑讯的过程中，鄂昌供出了他与史贻直之间的徇私之情，但史贻直却被乾隆杀气腾腾的阵势吓昏了头，在鄂昌供认不讳的情况下，死不认账。这又如何骗得了明察秋毫的皇帝呢？史贻直以"为子请托于前，又不据实陈奏以图掩饰"的罪名，被勒令以大学士原品退休回家了。两年之后，乾隆南巡，史贻直至沂州迎驾，乾隆赐诗给他，仍然旧事重提，颇带讥讽。在诗中乾隆已经原谅了史贻直当年的护犊之私，而前提是因为史贻直知错能改，足见乾隆杀人立威，以儆臣僚手段的成功，致使老于官场，以临事不改常态闻名的史贻直也成了战战兢兢、服服帖帖的"安静之人"了。乾隆的目的达到了，是年三月，他颁布谕旨宣称：史贻直"两年以来，家居安静，业已改悔，著仍补授大学士。"

除了史贻直外，乾隆对鄂党的打击，不遗余力，大有不达目的绝不罢休之势，甚至连奔赴黄泉多年的鄂尔泰也没有放过。他指责鄂尔泰过去曾对胡中藻大加赞赏，以致胡中藻肆无忌惮，鄂尔泰对酿成此等大逆之案负有无可推卸之责，下令将鄂尔泰撤出贤良祠。乾隆声称："假使鄂尔泰此时还活着，必将他革职重治其罪，作为意图结党营私的大臣的借鉴。"而任西征军参赞大臣的鄂尔泰长子鄂容安，在清军平定伊犁、朝廷恩赏官兵时，却不给分毫之赐。不久，鄂容安与其弟鄂实相继在平定准噶尔的战事中阵亡，才算保住了晚节。乾隆赐谥"刚烈"，亲临奠祭，命入昭忠祠。

乾隆利用胡中藻一案给了鄂党致命的一击，他那五雷轰顶之势，不仅使鄂党为之倾覆，即便张党的内外臣工，也无不为之震惊敛绝。

经过胡中藻一案，党争之祸至此宣告结束，正如礼亲王昭梿所说："时局为之一变。"乾隆终于收拾了前朝遗留的两派势力，把权力集于一身了。

第五节 一朝天子一朝臣

历史上，伴随着封建王朝的鼎革交替和帝王的父死子继，必是文武百官政治命运的大起大落，有的人一朝显贵，通达王侯，而有的人则一落千丈，粪土不如。这就是沉浮的宦海，也是人们常说的"一朝天子一朝臣"。

乾隆破格起用傅恒，这是乾隆摆脱前朝老臣的掣肘之后，培植御用大臣的开始。

乾隆上台之际，没有属于自己的心腹之臣，他承袭的是父亲的统治格局，任用父亲留下的人马，在一群老臣的包围中开始自己的帝王生涯。然而，当他在初政的甘苦中迈出艰辛的第一步，当他以过人的圣明英断建立起慑服群臣的皇权独尊地位时，他同时也培养起一代新的臣僚。

俗话说："铁打的衙门，流水的官。"自鄂尔泰、张廷玉两党的势力物故星移，朝廷中年富力强的大臣将帅相继而起，满族中有傅恒、舒赫德、兆惠、策楞、富德、阿里衮等，汉人中有刘统勋、刘纶、蒋溥、于敏中等，连原来张党中的汪由敦、梁诗正也因洗心革面，为乾隆重用。

乾隆登上帝位以后，要做的最重要的事就是安排好自己的人，把他们放在重要的职位上。这些人可以不是文武全才，可以不是进士出身，可以不是皇亲贵戚，但必须听从乾隆的号令。

在清除了鄂张朋党势力之后，最能得到乾隆信任的是傅恒。

傅恒，字春和，满族镶黄旗人，出身于显赫世族富察氏家族，是孝贤纯皇后的弟弟，乾隆的小舅子。这个比乾隆小的年轻人，他的发迹似乎全凭皇帝的一言九鼎。同满族大多数官员一样，傅恒没有科甲的头衔，以侍卫登上仕途，于乾隆五年（1740年）被用为蓝翎侍卫，为六品以下的官员，两年之后为内务府大臣，乾隆十年（1745年）命在军机处行走。乾隆十四年（1749年）讷亲被杀，傅恒代替他为首席军机大臣，其时年不过二十多岁，可称之为历史上最年轻的宰辅。

当时，满朝文武，都年长于皇帝，已有主少国疑的危机，作为一个对朝政尚未熟练的皇帝，理应选拔一个年辈较高、威望较重的大臣执掌相权。但乾隆却异乎寻常地起用了资历尚浅的傅恒。这种越格的提拔和任用，在当时确实引来一些非议！忠君之士为此而忧虑，奸猾之人也在人前人后搬弄口舌。因为傅恒确实太年轻，他那短浅的为官资历，确实不足以服众。然而，乾隆看中傅恒的恰恰就是这一点。傅恒当上宰相，他不会有那些老臣的奸猾和世故，皇帝无需从那些堆满皱纹的脸上去察看他们的心理，无需从那些废话连篇的奏词中辨别利害，也无需再迁就倚老卖老的陈请和要挟。而傅恒为官不久的经历，更使皇帝不必为群臣的趋炎附势、朋比为奸而忧烦。

如果说乾隆十三年（1748年）对于皇帝和他的大臣们是个难以逃脱的厄运之年。对傅恒来说，这是个时来运转、飞黄腾达的一年，是他一生命运的转折点，而他的幸运与成功，是因为他紧紧抓住了这个千载难逢的机会。

在傅恒之前，最得乾隆宠信的是讷亲。乾隆曾不止一次地说："我自从登基以来，最亲近的人莫过于讷亲了。讷亲受到我特殊的恩宠，朝廷中的大臣没有谁能够超过他的，这是大家都知道的事情。"出身于钮祜禄氏的讷亲，为开国元勋之后，先天优越，而讷亲本人，又少壮显赫，仕途得意。因而，他养成了孤傲的性情，遇事傲慢倔强，待人严苛无情。傲慢，为皇帝所忌；苛严，又被同僚嫉恨。久之，讷亲在朝廷中的地位开始动摇。

乾隆十二年（1747年）开始，乾隆开始平定大小金川。由于大将张广泗指挥不当，清军屡屡失利。

金川战争失利以后，讷亲作为股肱大臣被派往前线，负有力挽狂澜的重任，乾隆寄希望于栋梁之才讷亲，希望他扭转败局，早传平定金川的佳音。然而，讷亲办事不力，致使金川之役一败再败。这固然有他不谙兵事的原因，但更深层次的，恐怕还有宠久而骄和贪生怕死等方面的因素。无论如何，讷亲都是彻底地"栽"到金川之役上了，他的种种弱点暴露无遗。骄横、专横的个性加上用兵的无能，使他在乾隆面前不仅尽失往日的风采，且成了一个毫无用处的酒囊饭袋。

在乾隆看来，大臣与君主休戚与共，君主对大臣的衡量标准也是"唯于重大紧要之关键，方足以见报国之实心"。讷亲恰恰在关键时刻表现出自己的无用和不忠，他的政治生命的完结是注定的。乾隆可以不测之威，使跟从多年的大臣毙命致死，自然也可用逾格之恩令亲信平步青云。

当讷亲以一人之身，兼理数职，操柄军政大权之时，傅恒只不过是个蓝翎侍卫，在讷亲成了军机首辅之后，傅恒才刚进入军机处。然而，在傅恒进入军机处之后的三年中，讷亲与乾隆的关系发生了微妙的变化，傅恒以他敏锐的政治嗅觉和皇亲国戚的特殊身份，或者感受到，或者得到了乾隆的某些暗示，总之，他已经预感到仕官生涯将发生巨大的变化。因而，乾隆十三年（1748年），当金川失利的消息令乾隆辗转反侧、忧心如焚之际，傅恒首先请命前往疆场。这份为国分忧、为君解难的"挚情"，又怎能不令乾隆感动呢？只是乾隆权衡再三，还是以讷亲久任枢要、位高望重，授以金川经略。

讷亲刚刚离京，傅恒便加官晋爵，由领侍卫内大臣升至协办大学士，加太子太保，开始出纳王命。对于傅恒的一跃而起，举朝上下是有目共睹的。讷亲作为皇帝身边的近臣，尤其清楚乾隆的用意，他已经想到，在他之后奉命督师的必是傅恒。

乾隆十三年（1748年）九月，傅恒前往金川。在乾隆的大力扶助和将士的辅助下，傅恒捷报频传。乾隆十四年（1749年）一月，金川土司莎罗奔等因久战乏力，畏死乞降。傅恒既为乾隆解除了金川战争的沉重压力，又为乾隆争回了张广泗和讷亲战败失去的面子，成为功臣。

傅恒终于功成名就，于乾隆十四年（1749年）二月胜利班师。捷报奏至，乾隆喜出望外，连连称赞傅恒，下令按照开国元勋超勇公的待遇加赐他豹尾枪两杆，亲军两名，以显示对他的恩宠，并公开宣称："我这次奖赏，实在是出于公心，而且具有深意。"

乾隆十四年（1749年）三月，傅恒凯旋，乾隆又举行了最隆重的迎接典礼，命皇长子率诸王大臣等郊劳将士于黄新庄，还朝后使傅恒上御殿受贺。不久，乾隆又下旨按照勋臣额亦都、佟国维的先例，建立傅家宗祠，春秋两季用官礼祭祀，并赐傅恒一栋新宅于东安门内。

从此，傅恒便以本朝第一功臣的地位，在朝廷中树立起权威的形象。他不仅完全取代了讷亲的地位，以保和殿大学士太保一等忠勇公的头衔，担任军机处领班大臣，而且备受宠眷，是一个名副其实的乾隆朝宰辅大臣。一直到傅恒病死，他在朝中执掌权柄多年。

傅恒秉性宽厚谨慎，为人雍容谦和，他不仅临事有道，而且尤其能揣摩皇帝的意旨，很得皇帝的欢心。因而，乾隆对他的关注也非比寻常。傅恒作为椒房贵戚，早年入侍禁庭，论阅历比不得那些起自微官末秩的达官贵人。如果说他的能力和识见高人一等的话，那只能说他有着卓绝的天资。傅恒非科举出身，却能在那些出自文宗士子之手的文翰中找出漏洞，以至连以文学才子自负的赵翼也心服，足见傅恒的精明和干练。傅恒从不谈诗论文，却能修改文豪笔下的诗文。一次，他为两江总督尹继善在乾隆南巡时增华扬丽之事，命司属代作诗文相嘲，其属员诗中有"名胜前番已绝伦，闻公搜访更争新"之句，傅恒闻后，将"公"字改作"今"字，使人更觉严谨。

对于傅恒的天分之高，乾隆也不讳言。在清代帝王中，乾隆对大臣是颇为挑剔的一个，但他对博恒却也是极尽称道。乾隆十三年（1748年）十二月，傅恒自金川奏报前线军情，乾隆览后，竟抑制不住内心的激动，赞不绝口地夸起傅恒来。他说："今日接到经略大学士傅恒所奏料敌情形一折，筹划详细，思虑周到，识见高远。经略大学士随朕办事数年，平日深知其明敏练达，初不意竟能至此。即朕自为筹划，亦恐尚有未周，朕心深为喜悦，经略大学士为有福之大臣。"最后这一句，乾隆尤其没有说错。傅恒的确是个有福的宰相。当别人在战战兢兢、时时担心横祸飞来之际，唯独他开始飞黄腾达，不时承受冠世的殊宠，不仅轻而易举地成了紫光阁群英图的第一功臣，而且成了名副其实的太平宰相。

或许由于傅恒是继讷亲之后，乾隆所倚重的第二个名相，因而时人总好自觉与不自觉地将两人作比较。两人同为能臣，均练达有为。但比起讷亲的骄横来，傅恒却以谦和有礼深得人心。

兵部尚书舒赫德因准噶尔之役办理军务不当，被革职查办，黑龙江家产亦被籍没，这是舒赫德最为晦气、众人亦皆远避的时候，傅恒却暗中为他赎回了府第，待他官复原职返京之日，回赠于他。

吏部尚书汪由敦病故，傅恒眷念故人，为其子代请恩荫，赵翼以知情人的身份，十分细致地记下了当时的情景。

先是汪由敦之子汪承儒给赵翼寄书告讣。赵翼出自汪由敦之门，与汪师生相称，情谊甚厚。所以，当讣告寄来后，赵翼于悲痛中竟然想到以大臣身份邀赐恤典，为老师争些余宠。因为赵翼清楚地知道，汪由敦共有三子，唯长子蒙恩荫官职，却是早早病死，其余二子均为监生，未第。所以，汪由敦一死，其子嗣中便再也没有登仕籍之人。

为老师计，赵翼函复汪承儒，使其以皇帝有御赐祭葬的恩典赴京谢恩，希冀此举能感动皇帝，皇帝万一眷念老臣，或可再得一恩荫之职，当个内阁中书的京官等。于是，汪承儒欣然从赵翼之言，贸贸然奔赴京师，来朝谢恩。

官场上，向来只讲交易，不论友情，最是世态炎凉之地。汪由敦已死，权势不复存在，其子突然来京，非但无人周济，反而成为势利之人纳凉闲谈时的笑柄。事实上，这种赖以老臣故吏的情分到皇帝门下乞讨残恩的行径，也实在有失体面。

傅恒从赵翼处听说汪家二子来京的实情后，与众人的冷嘲热讽相反，傅恒先是对赵翼所出的主意拍手叫绝，随后便于第二天上朝时，为汪家二子请荫。遗憾的是，乾隆却没有傅恒那么热心。他在召见了汪由敦的二子后，感到他们的学问平常，无意赐官，告诉他们于明年参加地方会考，若试而未中再来。傅恒知道这是乾隆的托词，便赶紧尾随奏称，明年为省级会试，而二人皆为监生，没资格考试。乾隆见被说破，不便拒绝，只好对汪由敦二子各赏一个举人。但傅恒却犹以为不足。他心中的目标，是想给汪由敦之子争个内阁中书。于是他又奏称，汪家二子中，大儿子书法似其父。乾隆嗜好诗词字画，亦珍爱书法。傅恒终于以汪承儒的这一特技打动了乾隆，乾隆命将从前赏给汪由敦长子的荫官赐给汪承儒，于是汪家二子，一个得了户部主事的头衔，一个捐了举人的功名。一时之间，满朝大小臣工无不将傅恒垂悯故人子弟的事传为佳话。

对于傅恒来说，类似的事例不胜枚举。赵翼在军机司员中是最贫寒的一个，但却以才学出众、办事敏捷，为傅恒所爱。一天黎明，于隆宗门外小值房当班的傅恒将赵翼召到近前，从怀中掏出50两银给他，是给他买新帽子过年的。原来，赵翼头上戴的一顶貂帽已经三年有余，帽不成帽，像是刺猬毛。傅恒看在眼里，记在心上，并不计宰相之尊，解囊相助。其时正值残腊岁末之际，赵翼一家资金告罄，50两银子正好派上用场。所以第二天入直，赵翼仍旧破帽照戴，而傅恒只付以一笑而已。

傅恒的谦和个性，使乾隆时期的政治风格为之一新。赵翼曾讲述过这样一件事：军机大臣一同觐见乾隆，从傅恒开始。乾隆初年，只有讷亲一人承旨。讷亲记忆力强，但对于奏疏的文字意思不太了解，每次传旨，他就命令汪由敦撰拟。讷亲唯恐不得当，勒令再撰，有多次修改后而还用初稿者。一稿敲定，又传一旨，改动又跟上次一样。汪由敦十分苦恼，又不敢跟他争辩，当时傅恒在一边暗自鸣不平。恰逢他扫平金川回来，按功居于首位，就说要记的东西太多了，担心会有遗忘，要求各位军机大臣一同觐见，于是成为常例。赵翼曾经做过汪由敦的幕僚，所记当为汪由敦的亲身经历和切实感受。当时，汪由敦以左都御史命在军机处行走，但实际做的却是军机章京的撰拟工作，在讷亲的独断之下，心中不满是可想而知的。

傅恒与汪由敦先后入直军机处，他虽贵为皇亲国戚，却能为汪由敦暗抱不平，这使有口难言的汪由敦心感慰藉。傅恒为首辅之后，立即改弦更张，使军机诸大臣一同面承圣旨，无形之中提高了群臣的地位。这在专讲等级利禄、人人都巴望获宠晋级的官场上也是一绝。而且，傅恒还以军机首辅的身份，改革一些旧的规章制度，命令军机章京具稿以进，既减轻了一些老臣的手笔之劳，又使微末之员因参与机密而担任了重要的角色。这些举措无疑成了傅恒得到同僚及下属另眼相看的原因。傅恒的礼贤下士、恭敬事上的作风，不仅使同朝的大臣们有亲切感觉，即使是高高在上的皇帝对他也信任有加。

傅恒非但没有骄横之态，不揽权生事，难能可贵的是，他在皇帝面前，诸事谦退，唯命是从，真正是以帝心为心，以帝意为意。

在傅恒建议军机大臣共同觐见皇帝以后，乾隆仍然最信任傅恒。乾隆每天晚上进完晚膳后单独召见傅恒，他们就批阅过程中发现的问题进行商榷，其时称作"晚面"。晚面独对使傅恒位在权要。傅恒虽居权要之位，却非专权之人。如果说他能给皇帝以一定的影响，并非靠他手中的权力，而是以他对皇帝的耿耿忠心。

傅恒为官多年，由他荐举的官员不计其数。但最能说明他为人的，是他起用了"废员"孙嘉淦和岳钟琪。

孙嘉淦是当时有名的骨鲠之士，连对清王朝不满的人也用他的名字对朝政进行攻击，制造了轰动一时的伪奏稿。傅恒因钦佩孙嘉淦的直性和耿介，对这位前辈颇多关照。

乾隆八年（1743年），孙嘉淦奉命审理湖南巡抚许容参奏粮道谢济世一案失实，照例革职，回了老家。在朝廷上，接到革职的谕旨，便是皇帝对大臣的严厉苛责。何况乾隆在谕旨中，又口口声声指责孙嘉淦"瞻徇""唯事虚文"。这使孙嘉淦心灰意冷，求仕之意索然。所以，乾隆十年（1745年）虽经皇帝开恩宽释前罪，给孙嘉淦补了个左副都御史的官衔，但两年之后孙嘉淦仍以年老为由致仕还家，而乾隆也没有挽留，可见乾隆并不喜欢这位耿直的老臣。但在乾隆十四年（1749年），孙嘉淦又突然被召来京，而后官职累进，由侍郎、尚书、翰林院掌院学士,直到进入内阁为协办大学士。乾隆也开始对孙嘉淦满口称道,说他"老成端庄,学问渊博"。这一明显的变化,就是傅恒为之周旋的结果。

岳钟琪是傅恒重用的又一个被废弃的能臣。

岳钟琪是四川成都人。康熙年间由捐纳同知改武职,官至四川提督,雍正初年以平定青海之功,授三等公,赐黄带,官川陕总督,成为朝臣中颇负盛名的封疆大吏。他以沉毅多谋和忠诚被雍正帝赏识,是清代以汉臣拜大将军专征、满族将士受其节制的唯一一人。

然而,宦海中骤起的暴风雨,随时都能吞噬任何一个达官贵胄,无论他曾经有过怎样的高功显绩。雍正九年(1731年),清廷发兵准噶尔,岳钟琪为大将军奉命督师。次年兵败丧师。大学士鄂尔泰、总督张广泗先后弹劾,交兵部拘禁,两年之后定罪斩监候,被打入了死牢,直至乾隆二年(1737年),新皇帝大赦天下,岳钟琪才回到家中。

逃过了这场劫难,岳钟琪并没有立即被起用,在度过了几乎没有指望的十年乡村田园生活后,却又因金川之役的失利,被召回朝来,以总兵衔随师西征。至前线又授四川提督,赐孔雀翎。但乾隆的起用,没有改变岳钟琪的处境。当时,金川前线的两员主帅均不把他放在眼里,讷亲刚愎自用,张广泗专横,岳钟琪的用兵之策均不为采纳。直到傅恒出任经略,岳钟琪才得以一展军事才能。这位久经沙场的老臣,不仅以赫赫战功,迫使金川土司俯首就范,且为自己赢得了晚年的前程,找回了曾经失去的高官厚禄。乾隆为嘉奖他,加衔太子太保,复封三等公,赐号"威信",并荫及其子。乾隆在御制诗中,将岳钟琪列入了五功臣中,称他为"三朝武臣之臣"。但如果没有傅恒的鼎力相助,岳钟琪也无法以其残烛之年成就辉煌大业。

傅恒在相位二十余年,为他赏识和重用的将士不计其数,如毕沅、孙士毅、阿尔泰、阿桂等位至封疆、官拜宰辅的大吏皆其一手提拔。因而，随着他久执枢垣，拜相年久，在他身边也聚集起奔赴往来的势力，阿附之人比比皆是。

数年之后，傅恒已是名副其实的国家重臣，他的首席宰辅的权势和地位，更使他举手投足都成了众人关注的目标。与傅恒同时的赵翼记载了这样一件事：

在傅恒跟从皇帝避暑于热河期间，其兄傅成去世。傅恒乞假返京治丧。这期间，傅成家的讣告已遍及京城故旧之家。但在傅家受吊的三天中，前两天竟无一人来吊。第三天，傅恒到京，大小官员无不争先恐后趋势赴吊，以至傅家周围方圆数里之内挤得水泄不通。

大树底下好乘凉，不仅登仕途者俯首于傅恒的权势，就是傅恒的家婢奴仆也倚势横行，干起狐假虎威的事来。可见，傅恒虽以忠谨传家，并能够得到皇帝的宠幸，但却无法抵御官僚政治中惯有的个人势力膨胀，而傅恒的豪门出身，也使他摆脱不了性喜奢侈的恶习。据说，傅恒的这些作为遭到了以严直闻名的孙嘉淦的指责。当时，孙嘉淦应邀入府，未等入座，即急趋离府。傅恒大惑不解追问其故，孙嘉淦直言不讳，说傅恒不宜居此，并要上疏弹劾。傅恒主动请罪，立改其制，孙嘉淦乃入席，欢饮而归。

傅恒以奢侈违制逾常格，这在等级森严的专制政治中，已有僭越之嫌。但他却能二十余年如一日，始终得到乾隆的宠信，其中的奥秘除了他能以平和待人，不树政敌之外，更主要的是傅恒牢牢把握了皇权独尊的信条和原则。

继傅恒之后，乾隆又同时宠信了阿桂与和珅。

阿桂，字广庭，姓章佳氏，初为满洲正蓝旗人，因驻伊犁期间治事有功，改隶正白旗。作为满族人，阿桂不仅出身满洲世族之家，又以武功受知于乾隆，而且通文学，仕出科举功名，为乾隆三年（1738年）举人。

阿桂性情沉稳、端重，却不失为机敏。先是以荫生授职为大理寺丞，累迁至吏部员外郎。乾隆八年（1743年）升任郎中，命在军机处行走。但阿桂很快仕途受挫，先是因失察库项银物被降调，接着乾隆十三年（1748年）的政治风暴，又波及他，阿桂被投入了大牢。第二年，这场突发的风暴到了烟消云散的时候，阿桂才因父亲年老，只有自己这一个独生儿子，而罪过又与贻误军机不同，获释回家。

在阿桂的一生中，作为战争统帅的业绩似乎比他任宰辅还要辉煌。阿桂作为大学士之子获释后，很快官复原职，仍在军机处行走，乾隆十七年（1752年）继任江西按察使，次年，召补内阁侍读学士，乾隆二十年（1755年）为内阁侍读学士。但其时正在进行的准噶尔战争，又将阿桂卷入了戎伍的行列。阿桂先是奉命赴乌里雅苏台督理台站。遇父之丧，回京丁忧，旋即又返回前线，以参赞大臣、镶黄旗蒙古副都统驻守科布多。乌里雅苏台和科布多皆为清朝的重要驻防之地，足见阿桂此时已开始为皇帝所重视。但这次战役，阿桂虽然得到花翎之赏，却也因"观望"受到责备。

如果说战争为阿桂提供了发迹的契机，那么，阿桂受知于乾隆当在乾隆二十五年（1760年）。这一年，他因镇守回疆、屯田有功得到了乾隆的称许，在平定回部的功劳中排名第十七位。

此后，阿桂似乎与战争结下了缘分。自乾隆二十九年（1764年），阿桂奉命署伊犁将军，到乾隆三十二年（1767年）实授，中间又一度署理四川总督，阿桂皆以封疆大吏的身份镇守边疆、弹压叛乱。在缅甸之役开始后，阿桂很快又作为扭转败局的能将，与阿里衮同为副将军随大学士傅恒征缅。然而，这是一场得不偿失的战争，清廷虽然是最终的胜利者，但却付出了沉重的代价。在那小小的弹丸之地大清不仅丢下了数以万计的官兵尸骨，而且，阿里衮卒于军，傅恒也染疾身亡。

阿桂成了三名主将中的唯一幸存者，俗话说："大难不死，必有后福。"这句话用在阿桂身上也极为合适。缅甸之役之后，阿桂作为云贵总督留驻云南，却因不合机宜地上疏恳请大举征缅，被夺官留军效力，这是乾隆三十六年（1771年）。就在这年，金川之役再起，阿桂奉命随副将军温福进讨。但金川之役也是一场蹩脚的战争，清军连连失利，乾隆三十八年（1773年），援军在木果木大败。危难之中，乾隆和在朝的大臣们几乎同时想到了阿桂。于是，于军中屡立战功的阿桂，官阶由提督、副将军、尚书，升到指挥这场战争的前线统帅定西将军。

乾隆四十一年（1776年），金川之役告捷，清廷第二次于紫光阁图功臣像，在50人中阿桂居首。阿桂的地位由此一跃而上。是年，阿桂因功记封一等诚谋英勇公，晋封协办大学士，次年五月，又官拜武英殿大学士，管理吏部，行走班次居为首位。

而后，阿桂又三次在紫光阁中图像，但不再以军功，而是以赞襄筹划之劳。第二次是乾隆五十三年（1788年），于清朝平定台湾林爽文起义后。第三次图像虽然领兵大臣为福康安，但阿桂仍以指示方略，位居功臣之首。第四次是平定廓尔喀入侵西藏后。阿桂作为朝中的老臣，有协谋大劳，本应居于首功，但"阿桂自以此次未临行阵，奏让福康安为首功"，自己甘居第二。因此，乾隆称赞他"从不言功"。而实际上，在乾隆的十大武功之役中，阿桂几乎是唯一的一个每役都参与的功臣。

阿桂为相不失国体，对属下亦宽仁大度。阿桂得势之后，最不安的是岳钟琪。岳钟琪在第一次金川之役时，以一张奏疏，使阿桂身陷囹圄，丢官解职。数年后，当阿桂出任云贵总督时，岳钟琪降补云南提督，恰好受阿桂节制。因担心阿桂挟嫌报复，岳钟琪整日提心吊胆，惴惴不安。但阿桂却心无芥蒂，解除了岳钟琪心中的疑惧。

有关阿桂用兵的传奇，在史书上不乏记载，而尤以金川之役为多，其中的每一个传奇故事，皆展现阿桂的勇敢形象，也可反证乾隆的知人善任。

据说，征金川时，一日大军安营已定，但阿桂却突然莫名其妙地传令迁营。官兵人困马乏，诸将皆以天晚力阻。阿桂见众不从，使出令箭为示，声称"违者立斩"。诸将虽被迫从命，却不免怨声不绝。等到入夜以后，大雨滂沱，从前所居的营地已被雨水淹没，水深达一丈多。众人皆为阿桂的神机妙算感到惊诧，而阿桂却谦和而率直地告诉众人，他只不过看到群蚁搬家，知道天势将雨，因营地低洼才强令众人移营，并非有何异术。

由此可见，阿桂虽然赋性机敏，却不讲权术，又胸无城府。或许阿桂的这种个性也是他日后对奸猾的和珅无可奈何的原因之一吧。

阿桂虽然对人不善于心计，但在用兵上，却常常有出奇之举。木果木失事后，阿桂奉命为大将军，代为统帅。其时，战局尚未扭转，清军仍处敌优我劣之势。一天，太阳西下，阿桂率十余骑登高处侦察敌营，被敌军发现。敌骑数百从四周呈环形之势包围上来。阿桂急命随从官兵下马，脱掉身上的衣服。当众人大惑不解地于匆忙之中脱掉身上所有的衣裤，并将衣裤撕裂挂到高坡的树上后，阿桂再率众人上马朝另一个方向悄声驰去。这时夜幕降临，当赶到近前的敌兵，见到那些破碎的衣裤随风抖动时，还以为援兵已到，勒马返回。阿桂能在丨倍于己的敌人眼皮底下得以逃脱，足见其智勇均非常人所及。

阿桂不仅善于用兵，是个帅才，而且遇事善于筹划，深谋远虑。在清军平定回疆之后，朝廷中就其如何治理的问题产生了分歧，有人主张照内地之制设立郡县，但阿桂却主张因俗而治，认为"回部性顽，难治以汉法，宜择邑建国，而驻大将军于乌鲁木齐责其贡赋。"否则，遇有清朝派驻的官员贪婪横行，便会激起变乱，并预计"不过六十年后，终当有变"。而后的张格尔之乱，证明了阿桂的远见卓识。

出将入相，对阿桂来说，可谓当之无愧。作为宰相，阿桂凛然一身正气，令人敬畏。有一件事颇能说明阿桂气度不凡。

缅甸之役以后，西南诸属国安于称臣纳贡。唯安南时有蠢动，双方见以兵戎。两国停战后，安南国王阮光平于乾隆五十五年（1790年）至京，为乾隆祝寿，遣其陪臣拜见阿桂，并赠以土仪方物，阿桂只礼节性地收下其中一两件，其余全部退回，然后正色对陪臣说："汝国王既诚心朝觐，其优资厚宠皆出自皇上体恤远人之意，莫谓中朝相公不识顺逆二字也。"言语中的警告和震慑力，令陪臣汗流浃背，归告其主说："这都是阿桂宰相的话。"

乾隆用阿桂，可谓他晚年的一个英明抉择。然而，盛极而衰，封建统治周而复始的轮回规律告诉人们，在乾隆引以为荣的盛世中已经潜伏着衰微的因素，而好大喜功、刚愎自用的乾隆，又在某种程度上助长了这一趋势。

对大清王朝来说，和珅是个一等一的奸臣，他中饱私囊，贪污受贿；而对乾隆来说，和珅却是他贴心的小棉袄。

和珅，字致斋，姓钮祜禄氏，满族正红旗人，其家世颇难考订。钮祜禄氏为满族八大贵族之一，其先祖是当年追随清太祖努尔哈赤入关的额亦都，额亦都有十六子，以幼子遏必隆最贵。

和珅踏上仕途是在乾隆三十四年（1769年），这一年他承袭三等轻车都尉，开始有了接近皇帝的机会，很快，他被授为三等侍卫，旋即又被委以重任。可见，和珅入仕伊始，就非庸碌之才可比。

乾隆四十年（1775年），和珅被授为御前侍卫，直乾清门，于是，他等到了一生中最难得的机运。

有一次，乾隆出宫到北海游赏春光，和珅与众多侍卫陪同侍驾。正行间，忽见一侍卫纵马飞驰而来，翻身下马，急急走到舆前报道："云南急呈奏本，缅甸要犯逃脱。"

乾隆很生气，谕令停舆，接过奏章，龙颜大怒，骂道："废物！"众侍卫见此情景，刷的一声，全部跪倒，不敢抬头。只听乾隆怒道："虎兕出于柙，龟玉毁于椟中，谁之过欤？"这是引用《论语》中的一句话，来责问"罪犯逃脱，是谁的过错"。一连问了几声，那些扈从侍卫一个个惊慌失措，不知皇上所言为何。

突然，只听见一人口齿清晰地应声答道："典守者不得辞其责也！"这句答话，正好也是《四书》中对上句话的注解"岂非典守者之过邪？"被做了巧妙的变通，用在这个场合，显得自然贴切。乾隆吃惊道："什么人答话？站起身来。"一人答道："奴才和珅冲撞皇上，罪该万死！"乾隆道："正是可以得到褒奖的，怎能说是冲撞呢？你且站起来。"乾隆看着从一大片下跪的人中突然站起一人，犹如鹤立鸡群；再看这个出语不凡的年轻人，相貌俊秀，举止合度。乾隆问起了和珅的出身和学业，见和珅是生员出身，知书达理，于是颇为器重。从那以后，乾隆就让和珅总管仪仗队。乾隆四十年（1775年），又升为御前侍卫兼副都统，宫中的琐碎事务，诸如仪仗的排列，护从的派遣，车马的准备，以及宫中膳食等事宜，差不多都由他管理。从此，和珅得到乾隆赏识，官运亨通，青云直上。

乾隆四十五年（1780年）正月，和珅接受了一项重要任务，就是远赴云南查办李侍尧贪污案。和珅一到云南，首先拘审李侍尧的管家，取得实据后，迫使精明强干的李侍尧不得不认罪。和珅从接受这个任务，到乾隆下御旨处置李侍尧，前后只用了两个多月。和珅这次查办李侍尧贪污案办得很出色，确实表现了他出众的才华和干练。所以和珅在回京途中，就被提升为户部尚书。

和珅依靠乾隆掌握着朝中的大权，又利用手中的大权拉帮结派，扩大自己的势力。他的弟弟和琳几年之内就从一个内阁小官升为四川总督。他又拉拢军机大臣福长安。福长安是乾隆孝贤皇后的亲侄子，福长安的父亲傅恒和哥哥福康安都曾经任军机大臣等高官，他本人没有什么本事，但对和珅言听计从。和珅门下的吴省钦和吴省兰，以及只会溜须拍马的山东巡抚伊江阿等都成了和珅的亲信。

和珅对那些正直大臣，加以排挤和打击。如大学士松筠在和珅面前从来不屈服，所以松筠就被久留边远地区任职，"在藏凡五年"。据记载：和珅执掌大权愈久，对皇上的心思揣摩得愈透。他就借此来作威作福，凡是不顺从他的人，他就找机会挑拨激怒皇上，借皇上的手去整那个人；而向他行贿的，他却尽量帮着掩饰，或者故意把事情拖到皇上消了气，就大事化小、小事化了。

为了稳固自己的地位，和珅联姻皇亲，投其所好。乾隆给和珅的儿子赐名丰绅殷德。不久，乾隆又将自己最宠爱的小女儿皇十女固伦和孝公主，指配和珅之子丰绅殷德。皇十女固伦和孝公主，生母为受宠的惇妃。按照清朝制度，妃嫔所生之女，应封为和硕公主，但由于十公主深得乾隆宠爱，所以在小时候被破例封为固伦公主。十公主长得很像乾隆，乾隆曾对她说："汝若为皇子，朕必立汝储也！"十公主被乾隆视为掌上明珠，并于乾隆五十四年（1789年）下嫁丰绅殷德。完婚时，乾隆赐给大量财物。据朝鲜使臣记载："宠爱之隆，妆奁之侈，十倍于前驸马福隆安时。自过婚翌日，辇送器玩于主第者，概论其值，殆过数百万金。二十七日，皇女于归，特赐帑银三十万。大官之手奉如意珠贝，拜辞于皇女轿前者，无虑千百。虽以首阁阿桂之年老位尊，亦复不免云。"

从此，和珅和乾隆的关系，不仅是主仆关系，也不仅是君臣关系，而且是姻亲关系。乾隆是和珅的保护伞，和珅更加为所欲为。

乾隆一方面宠信和珅，另一方面又对他加以管控。

乾隆五十一年（1786年），御史曹锡宝在弹劾和珅时受到乾隆的申斥，并以虚词妄奏被驳回。乾隆虽然明显地站在偏袒和珅的立场上，但他仍然指示复查此案的王大臣说："不可误会我的旨意，对曹锡宝给以脸色，有意吹毛求疵，使原告转成被告。"同时乾隆指示办案大臣"不可因为和珅而存在丝毫的回护行为"。事后，虽未查出和珅有营私舞弊问题，但这仍然引起了乾隆的深思，他意识到曹锡宝弹劾和珅肯定事出有因。于是，他在授予和珅为文华殿大学士的同时，免去其崇文门税务监督的职衔。

尽管和珅多次从中作祟，却始终不敢公然凌驾皇权。一次，和珅保举部员湛露出任广信州府，但当湛露被引见后，乾隆见其年纪轻轻，人不压众，语不惊人，便以其不能独当一方，斥责和珅随意滥保，并下令降和珅官职二级留任。

在和珅当权期间，诸如此类的申斥和警告经常会有。而且，和珅还不止一次地受到降罚。而就在乾隆六十年（1795年），和珅受到的降罚也最多。

乾隆六十年（1795年）四月，理藩院在处理蒙古台吉图巴扎布凶残一案时没有先行报告，受到查处。和珅作为理藩院尚书责任重大，他凭借皇帝的恩宠，此次也想蒙混过关，结果被乾隆训斥"始终回护"，命令降官职三级留任。还是这年的十月，廷试武举。乾隆命军机大臣查询实录，但实录按照惯例不收藏武举试题，而和珅却坚持实录应该有这一项，结果惹恼了乾隆，乾隆以护过饰非，严厉地斥责了和珅，并命革职留任。这是乾隆对和珅处罚最重的一次，却也没有过轻罚重之嫌。可想而知，此时的和珅，因志得意满而有些忘乎所以，骄矜狂妄之气在乾隆面前也时有暴露，终于引起了乾隆的不满，欲给予警告。

嘉庆二年（1797年），阿桂亡故，和珅继任为首席军机大臣。然而，就在和珅为凤愿以偿而自鸣得意之时，乾隆又给他当头泼下一盆冷水。乾隆于万寿山召见军机大臣，就军机处书旨列名对和珅指示说："阿桂担任这个职务已经有年头，且有战功，你原来同他一起署名在军机处发布的公文上，还是情有可原的。现在阿桂已经病故了，而单独署上你的名字，地方官不知道事情原委，一定会怀疑军机处的事情都是你一个人决定的，甚至把你当成阿桂，你认为合适吗？"这番声色俱厉且寓意深刻的"圣谕"，恐怕也是和珅第一次自乾隆那儿听到。为了防止出任军机首辅的和珅专权称相，他取消了和珅于军机处所发的谕旨上列名的职权。乾隆此举，尽管可以看成是他防止大臣专权的一贯手段，但却不无对和珅的贬斥之言，而声称阿桂有功，实则暗喻和珅的无功。

在乾隆晚年的统治中，老皇帝并没有独宠和珅。除了阿桂与和珅这一贤一奸之外，还有王杰、董诰、刘墉、嵇璜等人，其皆以廉能方正有闻于时。所以，在老皇帝的中枢府衙中，实在是奸贤同朝、极不相和。阿桂自担任军机处首席军机大臣以来，直到嘉庆二年病逝，居首辅之位达二十年之久。而和珅则始终位在其后，不管这是否出于老皇帝的精心安排，以德高望重而又安于职分的阿挂压在和珅之上，这都是使和珅之奸弊不能得逞的一个重要因素。

古人云："举贤任能，是政治的根本。"政治是一种极其复杂的事业，绝非一个人所能独任。乾隆通过人事变革，培养了自己的亲信，他以独特的用人眼光和得力的驭下之术物色了一批忠臣干将，巩固了自己的统治。

第六节　改革祖制

乾隆九年（1744年），一向自称"敬天法祖""以皇祖之心为心"的乾隆竟然宣布了一个会令他的列祖列宗吃惊的谕旨，这就是变更祖制，释放皇庄壮丁为平民。

说起皇庄壮丁，还得从历代清帝崇尚节俭来说起。从历史教训上说，明朝末年的奢侈浪费是很惊人的。康熙皇帝就曾宣称，说明朝宫廷一天的费用可以够他一个月所用，事实上也是如此。明朝宫内每年花费金银90多万两，而在康熙时户部拨银仅有3万两，其他的薪炭所用的费用也比明朝少得多，而且没有明朝宫中脂粉钱40万两，供应银数百万两。

从康熙、雍正、乾隆三朝执政期间的情况来看，他们的确很注重节俭，宫中费用也大为减少，但这与清帝拥有的大量皇庄有直接的关系。这些皇庄数量，远比明朝皇庄多上几倍。皇庄能够提供皇帝大部分的消费用品，减少了向户部要银和向民间征派的扰累。

在乾隆时，口内、盛京、锦州、热河等处的许多庄园归内务府管辖，为清帝所私有，这些庄园即称为皇庄。清朝的皇庄起源于进关之前清太祖努尔哈赤之时，清朝入关之后，顺治帝和康熙帝又采取圈占民田、调拨官地、逼民带地投充、垦拓官荒等方式占据了大量土地，设立了名目繁多的庄园，如银庄、粮庄、果园、瓜菜园、牧场、盐庄等有近两千座。在里面供劳役的人就被称为壮丁，多是一些获罪之人或关外旧奴等。乾隆初期皇庄壮丁共有7万多名，加上一家老小总人数达二三十万以上。清帝靠这数百万亩自留田地、大量牧场及壮丁，收入颇丰，每年都有米、豆、谷、蔬菜、麦、芝麻、棉花、瓜、果、鸡、鱼、鹿、油、草、炭等一百多个品种的进贡，这些都为清帝"躬行俭约"提供了雄厚的物质条件。也就是说，节约是官样文章，而不是实质。

在前清的几代中，皇庄采取了农奴制的经营方式，即壮丁在庄头的指挥下，耕种官地，缴纳皇粮，并遭受皇室子弟的残酷压迫。这种落后的生产关系和剥削方式，随着时代的发展已不适合当时生产力的发展，壮丁们开始有组织、有力量地进行了反抗。到了乾隆时期，不少壮丁闹事，并且受汉族地租制的影响，庄头们不得不大量出租庄地和典卖庄地，向封建地主方向演变。

乾隆初年，皇庄采取庄头招民佃种的租佃制已非常盛行，但是皇庄里成千上万的壮丁却成了庄头无法解脱的累赘，他们无地可种，无力可下，还需要庄头养活，很多庄头因不堪重负，便不再赡养壮丁。在这种情况下，壮丁们又不愿意坐受饥寒，由此引起的争端已迫使农奴制走向了穷途末路。

这种情形日益突出，乾隆便果断地做出了变更祖制的决定，对旧有的皇庄制度进行大胆改革。乾隆规定：内务府所属的庄园，除庄头亲生子弟及有罪在身的壮丁、鳏寡老幼、残疾壮丁、长期在庄内务农的壮丁必须"留养"外，其他的壮丁可以由庄头移交给地方官载入民籍，听任其各谋生计。

乾隆批准释放大量壮丁为平民以后，很多皇庄普遍实行了封建租佃制的经营方式，佃农成为皇庄的主要劳动力，大大地提高了劳动生产力。那些被释放改籍为民的壮丁摆脱农奴制的枷锁，成为自耕农或佃农，人身有了很大的自由，生活境况也有较大改善。至此，自太祖努尔哈赤时始的清朝皇庄壮丁制度宣告结束。

乾隆这一明智之举，虽然破坏了祖制，但这种改革对满族的内部矛盾有积极的缓和作用，并且也促进了满族的进步和发展。

第七节　宽严得当

乾隆即位后，一改雍正在位时的苛严政治，采用"宽严相济"的新政。

乾隆指出："宽大"就是要爱民，与民休息、去民之累、去民之忧。他告诫臣下要把宽大与废弛区别开来，他分析说："宽大与废弛，相似而实不同。不顾民生，事物变化，乐于赈济，外表看似振作，而实际上是废弛。勤于了解百姓情况、与民休息，这不是废弛的举措，而是真正能够振作的实际行动。"

乾隆一再强调，自己倡导的"宽仁"是有原则性、有针对性的。他说："宽厚二字，不可以一概而论。厚民生，舒民力，加惠于兵，施恩于百姓，这才是宽厚。我所以仰承先志而日夜孜孜于此，并不是为了姑息以养奸，优柔以纵恶，听任那些书吏损害百姓利益和危害国家政治，而是为了给予百姓安居乐业的生活环境和清明的国家政治。"

雍正时清政府查禁私盐很严格，小民往往触犯法令。乾隆初政后即大发慈悲，允许老百姓携带和贩运少量食盐，他下命令说："贫穷老少的人，如果挑的重量在四十斤以下，一概不许逮捕。"不料命令颁布不久，天津就有许多人以奉旨为名，肩挑背负，贩运私盐。镇江、广州等地很多人借口自己是贫民，公然贩卖私盐，成群结党，目无法纪。这使盐商的经营和政府的收入大受影响，幸亏总督李卫采取措施，及时纠偏，使得这些人免害地方。乾隆由此认为："像私盐这样的问题，我本来想放宽国家的禁令，以帮助老百姓，然而奸民乘机钻空子，成群结党，以前一直不敢违反法律的人，现在则肆无忌惮。看到这样的情形，他们都是奸顽的刁民，不容许我实行宽大的政治。"他声称自己岂能姑息养奸，影响社会风气。乾隆警告说："远近百姓，你们都好好反省自己的行为，洗心革面，一定要做奉公守法的良好公民。"此外，乾隆还训斥了地方大臣的过错，对总理事务王公大臣们说："天下的大道理，只是一个中庸，中庸强调做事不要过头，这是宽严并用的基本原则。臣子侍奉君主，一味地迎合揣摩，便是具有私心。然而现在失去中庸准则的事情还是很多啊。"他列举自己即位以来，为了消除雍正时期的繁苛，与民休息，而诸臣误以为他的意思就在一个"宽"字，于是便相互纵弛，使得有些地方又出现了盗贼赌博之类的端倪。有鉴于此，他恳切告诫各位大臣说："从现在开始必须抛弃以往心存私心的陋习，都以中庸的处事原则，辅佐我来办理天下的事务，让平安富足的政治局面永远存在。"

乾隆还严厉警告臣子，说："管理朝廷事务，贵在君臣上下孜孜不倦、互相勉励。"他进一步指出："我以宽政为主时，而诸王、大臣应该严明振作，以辅佐我的宽政，然后政和事理，这样才能使我可以常用这样的宽政，而收到宽政带来的效益，这也是诸臣子帮忙的功劳。如果不能这样，恐怕互相推诿，必至人心玩忽，事务废弛，促使我不得不采取严酷的政治措施，这就不仅是你们这些臣子的不幸,也是天下百姓的不幸,更是我的不幸了。"为了防止这些弊端重新出现,乾隆希望能和大臣们相互勉励、相互促进。在这里,乾隆并不排除随时用严酷政治的可能性,乾隆知道:天下的事情,有一利必有一害;凡人之情,有所矫必有所偏,是以中道最难。所以,他反复宣称:"办理事务,宽严适当,那种严酷到苛刻的程度,宽大到废弛的程度,都不是宽严相济之道。"又说:"宽大不是宽纵的意思,严厉不是严酷的意思,只要不张不弛,无怠无荒,大中至正,要不了多久就可以使国家走向富强。"他公开强调:"为政必须像古代圣帝明王,随时随事以义理为权衡,而得其中,才可以类万物之情,成天下之务,所以宽大不是宽纵的意思,严厉不是严酷的意思,我害怕刻薄对民生有害处,也害怕纵弛对国事有妨碍,因此各位大臣要戒之、慎之。"

乾隆常常说:"对于贪官污吏、恶棍奸民是不能宽大的,如果对这样的人行使宽大,必然会造成社会和政治上的混乱,使人民陷于不幸。为政者如果对贪官污吏一律包容,恶棍奸民一概从宽处理,以示宽大,就好像促使稻田里的空壳谷子滋生而妨碍好谷子快速生长一样,这是放纵虎狼以残害善良的行为,残忍酷虐没有达到这样的,这哪里还谈得上宽大啊!"乾隆进一步补充说:"抚恤百姓与惩处奸恶之人,二者本来就是相济为用,想要抚恤百姓就不可不惩罚奸恶,而不惩罚奸恶就不可抚恤百姓。一定要宽严并济,惩劝兼施,抛弃因循的积弊,去除平庸的浮风"。

为此,乾隆提出警告说:"如果各级臣僚不当宽而宽,我一定给予他们以废弛的罪名;不当严而严,我又一定给予他们以严酷的罪名。"后因某些坏现象发生,乾隆果然以内外臣民"不明白我的意思,于是称法令已经宽大了,可以任意疏纵,将数年前不敢行为的事情逐渐干起来"而屡屡训诫各位大臣说："如果因为宽大而趋于废弛，以使我不得已，亦存听言观行之心，这种形势迫使我不得不用术来驾驭，殊非诸臣厚于自待之意，亦非所以仰体朕厚待诸臣之心也"。乾隆还表示："如果因为禁令稍微松弛，进而导致废弛，逐渐地使这些禁令流于形式，是各位大臣的罪过，国法都还在，难道你们的这些行为就能歪曲我宽大的本意吗？"

另外，乾隆反复强调宽而有制、宽不可恃，对待在宽仁政策下胡作非为的官吏，严加惩处。

山西主政官员喀尔钦与萨哈谅互相揭发，引发了山西官吏大案。萨哈谅怂恿手下揭发喀尔钦考场舞弊，喀尔钦不甘坐以待毙，唆使门生到喀尔吉善那里密告了萨哈谅贪贿情形。喀尔钦与萨哈谅两败俱伤，都被乾隆派去的大臣查处，乾隆下令将他们押解到北京来处理。到达北京后，喀尔钦与萨哈谅被关在一个养蜂夹道的狱神庙里。他们在山西倒台后，便没有人来搭理了，两人一天三顿荞麦面糊糊，棒子面窝窝头每顿一个，又不许家属送饭，这使他们备感凄凉。

乾隆考虑到这两人已经受了不少苦，便下令让刑部官员好好招待两人，给予他们伙食每月24两白银的标准，还经常有细米白面、好菜吃，比起在山西时不啻天壤。这让两人感激涕零。

乾隆先对他们采取了宽仁的政策，认为这两人罪行已经败露，不必让像孙嘉淦那样铁石心肠的人去办理了，于是，格外开恩，决定由史贻直接管理这个案子。然而，刑部的事其实是刘统勋实管，刘统勋是喀尔钦在山东取中的秀才。萨哈谅的靠山是允禄，喀尔钦的靠山是翰林院。

由于乾隆事先照顾喀尔钦与萨哈谅这两个罪臣的尊严，刘统勋以为皇帝也没有深究的意图，便对他们放松了看管。于是，两个人都有朋友前来探监、看望，今日一群，明日一伙轮流做东，比现任官还要吃得好。

乾隆得知这种情形后，极为不悦，下令刘统勋和钱度一起严惩这种待罪期间还放肆作乐的行为。当宽仁的政策不能取得效果的时候，乾隆便毫不犹豫地采用苛严的惩罚措施了。

这一天，喀尔钦与萨哈谅又在一起喝酒消寒，刘统勋进来了。喀尔钦与萨哈谅一看刑部大人到了，心里一颤。继而又见刘统勋没带从人，料是私人相访，于是恢复了平静。喀尔钦仗着刘统勋是自己选中的秀才，还要摆老师谱儿，说道："是延清啊！进来坐。要不忌讳，一处吃几杯。"席间，喀尔钦与萨哈谅转弯抹角地想打听案子的处理情况，刘统勋却环顾左右而言他，连连劝酒，以尽师生之谊。

用完酒菜，钱度进来向刘统勋一躬，说道："时辰到了。"于是，刘统勋展开诏书宣读圣旨：

"喀尔钦与萨哈谅均身为朝廷三品大员，乃敢知法犯法，欺心蔑理，贪墨受赃累累积万，实猪狗不如，无耻之徒，官场败类，断不可一日留于人间。即着萨哈谅绑赴刑场斩立决。喀尔钦着赐自尽，午后复命，勿待后诏。钦此！"

萨哈谅和喀尔钦这时才知大事不妙，吓得面如土色，才知皇帝以前对自己的宽容并不意味着他们可以胡作非为。

萨哈谅和喀尔钦二人伏法，正是乾隆宽严相济的政策的结果。乾隆对待臣下既可以松，也可以紧，关键要看臣下的态度，喀尔钦和萨哈谅显然不明白乾隆的真实意图，竟然把乾隆的放松当成放纵，结果反倒送了自己的性命。而乾隆也在不经意间震慑了其他大臣，让他们都明白一个道理：不要擅自揣摩皇帝的心思！

"宽严相济"是乾隆总结康、雍前两代皇帝的施政得失而总结出来的具有自己鲜明特色的政治理论，凭借这一理论，他开辟了一条自己的路，形成了自己的统治作风、特色和格局。他一生的政治实践也体现了宽严相济、刚柔兼施的智慧。这种政治方针给他提供了比较大的回旋余地，有时，他可以把政策放宽，听其自然而不加干涉，以便缓和社会矛盾；有时，他又可以严厉整饬，雷厉风行，及时查处一些逆行恶为。他运用这样的中庸之道，可真是到了炉火纯青、出神入化的境界。

在处理完贩运私盐和喀尔钦与萨哈谅这两件令乾隆感到伤心头痛的事件之后，乾隆对初期施政进行了反思："我即位之初，因为人命关天，实在是不忍心让这些人死，宁愿一味采取宽大的政策。现在经过这么多的事情，我逐渐了解了一些处理事情的根本所在，如果一味姑息纵容，就会失之懦弱，必要时必须放弃这些过宽的政策。"有鉴于此，乾隆反复告诫上下刑罚衙门："管理百姓的道理是，不重在刑治而重在德化教育。我们君臣不能采取德化教育手段是应该感到羞愧的，然而德不能化的，不用刑罚又怎么能治理好啊。如果只是为了博取宽厚的美名，而因此采取姑息态度，以至于奸匪毫无惩儆，案件日益繁多，难道这是我们对于刑罚的理解吗？"这个时期，他屡次斥责大小官员："不苟求其情罪是否适合这样的刑罚，只要不过分仁慈就可以了。"

从乾隆年间每年秋审由皇帝勾决的人数来看，乾隆在即位之初到六年这段时间，停勾的就有四年；而从六年开始到十二年，勾决的人竟比前六年多出了近1000人。也就是说，乾隆在孝贤皇后生前就已打算行严政，只是没找到合适的机会和借口罢了。

从乾隆十二年（1747年）至乾隆二十四年（1759年）时，被乾隆勾决的人数已达到了4000多人，并且一些并没有彻底达到勾决的人，也被皇帝一笔勾去，并不犹豫顾虑。这些都体现了乾隆从严施政的决心。乾隆十四年（1749年），在这一年的秋审和朝审中，乾隆一改从前作风，大批勾决死犯，并将许多"死缓"的人也列入处死范围之内，连乾隆之初期已被审决、缓决十多次的罪犯也不能免于一死。在看到湖北、江苏、山东、四川、河南等七省，由缓决改为情实而被处死的罪犯时，乾隆认为改判恰当，声称"此等凶犯断不应拟以缓决"，并对原判这些罪犯的督抚大员进行申饬。

为了严格吏治，乾隆借孝贤皇后丧事一事严厉处理了一批不畏皇权的官员，从此，乾隆的执政实现了从宽到严的转变。

乾隆十三年（1748年），孝贤皇后去世。在皇后死后一个月，乾隆发现皇后的满文册封文书，误将"皇妣"译为"先太后"，便为此勃然大怒，指斥翰林院大不敬，尤其是对管理翰林院的刑部尚书阿克敦心怀怨望，下令将其交刑部治罪。

刑部官员见皇帝盛怒，就对阿克敦加重处分，初步定为绞监候。然而，乾隆对此重处仍不满意，责备刑部有意庇护，故意宽纵，将刑部官员全都问罪，其中有盛安、汪由敦、勒尔森、兆惠、魏定国、钱陈群，全都革职留任，对阿克敦以"大不敬"议罪，斩监候，秋后处决（后得皇帝赦免）。真正是伴君如伴虎，这些严厉的处分使当时的官员胆战心惊。此后，又有大批官员遭到谴责，工部因办理皇后册宝"制造甚属粗糙"，全部被问罪，侍郎索柱官降三级；涂逢震官降四级；其他尚书侍郎以宽留任。

光禄寺因置备皇后祭礼所用的饽饽、桌张，都不洁鲜净明，光禄寺卿增寿保、沈起元、少卿德尔弼、窦启瑛俱降级调用。礼部因册谥皇后，仪礼有误，尚书海望、王安国降二级留任，其他堂官也均因此而受到处分。因皇后丧葬一事，在短短的时间内，就有刑部、工部、光禄寺、礼部的大小官员被降级处分，阿克敦闹了个死缓。此举已显然表明乾隆是有意而为的。事情至此并不算完，杀戒也由此开始了。

接着，乾隆又发现朝廷大员江南河道总督周学健和他所属的文武官员竟全部在百日内违制剃头，他大骂周学健："丧心悖逆，不只是你一个人犯法，你的属下官员同时效尤，违法乱纪，上下竟然形成了风气，实在是让我震惊。"由此又因追查出周学健有贪污行为，他深感痛心，说："我登基以来，事事推心置腹，以至诚对待臣工而还有不能感动的，如周学健这些人，那么十多年来，被你们所欺骗的事情还不知道有多少。"最后赐令周学健自尽。

因皇后丧葬而引起的大规模贬革之风不只是在京城闹得沸沸扬扬，连外省的官员也不能逃掉罪责。一般来说，皇后死后，有很多官员都要奏请来京叩拜梓棺，这虽是做做表面文章，然而，乾隆对于那些没有奏请来京叩谒的官员分外不满。乾隆将各省满族籍的督抚、将军、都统、提督、总兵凡没有来京的全部官降二级。他对这些人说："本想旗人相对亲近些，得到国家的恩惠也特别深重。一旦遇到皇后的大事，理应号痛奔赴，以尽其哀慕难已的关怀。即使是因为碍于外廷不干预宫内事务的规定，而每当想到皇上遇到如此大的变故，也应该奏请来京城请安，这也是君臣之间应该有的道义吧！"因为这件事被乾隆贬斥的总督有4名，巡抚有好多位，共有50余名满族大员。

在这次丧葬中，江西巡抚安宁因为"对孝贤皇后这样的大事上，仅仅以几篇文章来充数，全无哀敬实意"而被解任。大学士张廷玉、阿克敦、德通、文保、程景伊等也因"全不留心检点，草率塞责，殊失敬理之义"各被罚俸一年。湖北巡抚彭树葵、湖南巡抚杨锡绂因违制剃发被革职,湖广总督塞楞额因阻止彭、杨自首而被骂为"丧心病狂",赐令自尽。

在这一次事件中,大量满汉要员都因失礼而被降级、免职、赐死、处死,用官位和生命换得了服从、勤政、守敬、知礼的大教训。对清廷大员来说,之所以会有这样的大教训,原因在于缺乏自律意识,以至于在无意之中激化了皇权与官僚机器的矛盾,做了孝贤皇后的陪葬品。

孝贤皇后丧葬引起的风波涉及官员极广,乾隆似乎有意地让涉及面不断扩大,能扩多大就扩多大,于是,乾隆采用了"训惩众官,不容愚蠢"这一才智,以对每个官员都有不同的惩戒,借机整顿官员队伍。

乾隆严格对官吏的管理,主要是对高级官吏的严加审定和对低等官吏的留心考察。

乾隆十分清楚自己权力的巩固,取决于高级官员的素质和对他们的控制上。同时他也明白,如果没有对高层官吏的深入了解,就根本谈不上控制。于是,乾隆采取了"先知后制,方法得当"这一才智。

乾隆想方设法通过种种渠道了解高级官员的性格、才能、学识、政绩,还把各省督抚、藩臬道府、将军、参赞、提督、总兵的姓名写在宫殿的墙壁上,经常注意他们的言行动态。他对朝中所有高级官员的性格、优点、弱点都有所了解。他认为,国家的治乱兴衰全在于所用重臣是否合适称职上:人存则政举,人亡则政息。乾隆对各省督抚的申饬极为频繁,他认为:"督抚有表率封疆之任,不在多设科举,纷扰百姓,唯在督察属员,令其就现在举行之事,因地制宜,务以实心行实政。"所以,当他看到有些官员竟然"以官为佳合,醉浓饱鲜与秩终而已"时，十分恼怒，发出了"整吏治以戒因循，正人心以除积习，凡有恍民之责者，皆当审时务之急先，思致治之根本，而加之意焉"。

要想国家安泰，万民乐业，必须得有一批为老百姓真心实意办事的好官才行，只是，因循守旧、苟且偷安却是官僚们的通病，乾隆认为这是必须解决的一个问题。乾隆发现，有些督抚竟然还派属员常驻北京，刺探主管他们的六部及军机处，甚至是皇帝本人的动向和动作。有时候他们还串通军机处抄写档案的人，将不公开的事情抄寄各自督抚，督抚也热衷于相互间私自传递消息，以便知道京师的消息。这样做的督抚并非只是一个，曾被乾隆一次公开点名警告的就有直隶总督那苏图、安徽巡抚魏定国、福建巡抚陈大受、浙江巡抚常安、两江总督尹继善。不少州县官员打着"馈送土仪"的旗号向上级督抚送礼讨好而"开苞苴之渐"。而这些州县官员所用之资便是额外增加赋税、拖累老百姓，除此之外别无他途。乾隆自然知道这些，不断下令严禁督抚擅调地方官于谒宴会，训斥他们借送礼的机会大摆酒宴，这是浪费时间，是耗费物力于无用的地方。

清朝时，往往每两省或三省设一总督，每一省设一巡抚，除山东、山西、河南专设巡抚而不设总督，直隶、四川专设总督而不设巡抚外，其他的省份都有总督和巡抚同在一城中的现象。乾隆发现总督和巡抚之间各立门户、互相倾轧、排除异己、引用私属，面对地方的政务却互相踢皮球，让下级官员无法认真施治。新督抚一旦上任，便开始极力宣扬前一任在此任时政务如何废弛，民生多么凋敝，甚至胡编乱造、信口雌黄。如果前一任是因升迁而调走，则必大肆称颂其成绩，即使有钱粮亏空之事，也甘愿为他赔垫。督抚等诸多积习，乾隆早已经了解详细，他决定要不断地给督抚们敲敲警钟，勒紧其颈项，让一些违纪的大员悬崖勒马。

批评这些较高级的官员，乾隆总是因人而异，有针对性地严厉指出其缺点，令其汗颜失愧，从而不得不谨小慎微，唯恐大祸临头。乾隆四年（1739年），乾隆告诫四川巡抚方显说："我看你为人质朴诚实，因此被提拔为地方大员，但抚臣必须有抚臣的样子。如果任气褊狭，不识大体，就不可以。你马上就要去上任了，我只提醒你那么多，担心你会很快忘记，你好自为之吧！"乾隆又训诫河南巡抚尹会一说："因循苟且四字，实在是你的毛病，既然你自己知道，就应该努力改正，我将看你以后的行动。"他还指出方苞的弱点："我即位的初期，想到你在文坛稍微有些名气，下令让你入直南书房，而且提升你为礼部侍郎……然而你位在九卿班内，却假公济私，党同伐异，其不安静之痼习，到老不改，众所共知。"

乾隆比较讨厌只会耍嘴皮的贵州巡抚宫兆麟，曾训诫他说："看来宫兆麟之为人，应对是其所长，而在办事方面不注重实际，是以外间竟然有铁嘴的称号。"乾隆还批评江西巡抚陈宏谋说："你不怕不能办事，而思虑有坏的习惯，如果不下决心改正，下次被我教训，那有什么好处呢？"对河南巡抚图尔炳阿，则说："你慎守有余，干济不足，以后应该着实奋勉，不要重蹈前车之鉴了！"乾隆也曾警告安徽巡抚徐垣说："你原来就是特别能干的人，不要滥用你的聪明，一切应该力求务实，那么你就可以胜任这个职位而永远得到我的恩惠。"

对这些高级官员的训诫和责备，在乾隆的谕旨中有很多，每一次斥责都要给被训的官员极大的震慑力，增加了他们对皇帝的敬畏。就像赶车人用鞭抽拉车的马匹那样,使他们因疼痛而更加用力地向前奔跑,推动庞大的统治机构的车辆迅速前进。对这些地方官员,除了训诫之外,乾隆还时时要求他们"经划有方,劝课有法,使地有遗利,家有盖藏";"视百姓如赤子,察其饥寒,恤其困苦,治其田里,安其家室"。只有这样细致地发展地方经济,关心百姓疾苦,才可称得上大清朝的好官。要做到这些,地方官就应当经常深入乡村,体察民情,了解各地生产状况。

乾隆不但对高级官吏严加审定,对于一些低等官吏也留心考察。

乾隆知道,考核人才,仅凭其人之容貌形象与临时之神情应对,只能获一粗浅印象。要想得到真正的人才,必须按照一定的考核程序,长期检验。

有一次,吏部引见新任武昌同知王文裕时,他见王文裕长得相貌堂堂,回答提问声音洪亮,觉得这是个可以造就的人才,就在其名字下面写了个"府"字,意思是此人可任知府。正巧几天后,吏部请求任命安陆府知府,乾隆想起此事,就任命了王文裕。可后来乾隆发现王文裕的同知官是花钱捐的,并没历过实任,他根本就无为官经验。乾隆虽然心中十分后悔,但君无戏言,已不能改变了,他只好急忙传谕湖广总督塞楞额和湖北巡抚彭树葵对王文裕留心察看,斟酌奏闻,如果不行,还是仍授同知官为好。虽然如此,乾隆还是认为通过引见考核人才不失为一个好方法,他自信地说:"人才一般都相差不大,自从我登基到现在已经四十一年了,看过的人才非常多,也可以说选用人才十次有八九次是正确的。"

按清代官制,每三年要对官吏考核一次,京城官员的考核称为"京察",外地官员的考核称为"大计"。考核分称职、勤职和供职三等，政绩特别卓异者可引见候旨升擢。考核不及三等的官员，要纠以"八法"，即贪、酷、疲软无为、不谨、年老、有疾、浮躁和才力不及者。贪、酷者革职拿问，疲软无为和不谨者革职，年老和有疾者勒令休致，浮躁和才力不及者酌量降调。

　　乾隆重视对年老官吏的考察，担心他们倚老卖老，或者昏老无为。他要求官员要选择体力精壮，心地明白的人做官，并且还对那些因年老而故意隐瞒自己年龄的大臣给予重处。乾隆规定部员属官50岁以上的人都要详细考察；京官二、三品，年龄在65岁以上的要亲自考核，决定是否任用。对于文官中的知县和武官中的总兵年龄限制也较严格，乾隆认为知县是地方的父母官，"一切刑名、钱役经手事件，均关紧要"，所以不能让年老力衰的人充塞其中。据乾隆十年（1745年）的统计，奉天、湖北、河南、山东、山西、陕西、甘肃、四川、贵州等11个省中"年老"官员有30名，"有疾"官员22名，"不谨"官员29名，"疲软无为"官员11名，"才力不支"官员24名，"浮躁"官员9名，均被列入淘汰的名单。

　　用"京察"和"大计"来考察官员，日久已成为一种表面形式。乾隆对此很不放心，便沿用了雍正时期的办法，轮流引见文职知县以上、武职守备以上的官员，他往往在一天之内不厌其烦地召见百余名地方官员，召见时还用朱笔写下自己的想法、意见，并写出评语，以便随时任用升迁和降级。他说："每次在引见的时候，必须详细记录询问内容，仔细观察参考人员的品行素质。"这表明他对任免官员的谨慎。这种引见官吏并记录的做法，一直是乾隆识别官员的最直接途径。为此，他还说道："记名道府，用朱笔记录，这是我的父亲雍正帝留意人才，以便随时录用，实属好方法，应该永远遵守。"

乾隆对官员的评价很多，也有许多乾隆引见官员之后的评语，如评马腾蛟："结实有力，将来有出息"；评屠用中："人亦可有出色，道员似可。"还如在乾隆十七年（1752年），新任直隶景州知府侯珏被引见，乾隆评他为："观其人，似小有才而无实际，未可保其胜任无误。"

清朝知府属于四品官，是管理一个省的主要官员，掌领数县，兴利除害、决讼检奸。乾隆以为知府一职承上启下，是州县官学习的榜样。并且他还认为如果知府精明能干，熟谙政事，即使州县官平庸无能，也可以被激发起奋力向上之心。若是知府懦弱无能，驭下无方，州县官也会苟且偷安，荒废政事。同时，州县官由于职位卑下，无权被皇上引见，其到底如何还得靠知府去检查监督。于是乾隆不断强调：要选娴于政务的人担任知府，并且对在任用知府一事上非常谨慎小心，恐怕失察，而贻害地方。

乾隆也知道，以引见的方式来考核官员，仅凭他们的容貌形象和临时的神情应对，只能获得粗浅印象。但作为一种差强人意的方法，他仍认为通过引见，可以为自己选拔既有才能又忠心耿耿的臣子。

为了弥补引见时临时考核的缺点，乾隆还经常辅以进一步的调查。乾隆三十一年（1766年），新任江西袁州知府唐灿被引见，被乾隆评为："看这个人恐怕对地方政务不太熟悉！"由于对此人实在是不放心，他便命令江西巡抚吴绍诗留心考察唐灿的政绩并指示：如果唐灿"实在难以胜任，就要马上具折奏闻，不得稍存姑息"。

乾隆深知掌握任免大权的皇帝对吏治的好坏起着关键作用，责任之重大让他自己都感觉头疼。他说："人才获得是十分艰难的，例如州县等通过科举出身的那些人才，都是读书苦攻数十年，才获得这么一个官职，因此要量才录用。"这一段话也道出了乾隆在任免官吏上的苦衷实在不少，使他只能尽力而为，任免之中也难免有不妥之处。

乾隆通过宽严相济的方法管理、考核官吏，培养了一批能干的文臣武将。依靠着他们，乾隆朝实现了统治前期、中期的繁荣昌盛。

第三章 十全武功

第一节 两平准噶尔

乾隆虽然没有开国之功，却有护疆之劳。在他统治的六十多年中，乾隆平定了多起边境之乱，维护了国家的统一。

乾隆登上皇位以后，面临着朝廷内外的诸多政事。他一方面要稳固自己在朝中的地位，控制与大臣的关系，另一方面又要妥善治理边疆的少数民族，捍卫国家领土。

清兵入关以后，康熙、雍正两朝多次兴兵靖边。乾隆则重在巩固前朝疆土，他说："夫开边黩武，朕所不为，而祖宗所有疆宇，不敢少亏尺寸。"

康熙、雍正两朝都曾出兵准噶尔，但是却讨而未平。准噶尔仍然盘踞西域，并视朝廷情况蠢蠢欲动。

明末清初，蒙古族分成了漠南、漠北、漠西三大部。清采取"联蒙制汉"的方针，入关前，漠南蒙古已归附清朝；漠北、漠西蒙古也向清朝称臣纳贡。后来，漠西蒙古分为互不统属的四部，即准噶尔部、土尔扈特部、和硕特部、杜尔伯特部。准噶尔部是清代中国西北地区厄鲁特蒙古四部中最强的一部，游牧于伊犁河流域。

康熙十年（1671年），噶尔丹夺得准噶尔部汗位，他合并了和硕特、杜尔伯特部并控制了南疆维吾尔族地区，势力扩至天山南北和青海，成为一支强大的割据势力。康熙二十七年（1688年），噶尔丹率军进攻漠北的喀尔喀蒙古，迫使该部迁往漠南。康熙二十九年五月，噶尔丹以追击喀尔喀部为名，率军3万渡乌尔匝河，后挥戈南下，兵锋指向北京。

面对噶尔丹的进攻，清朝迅速调集兵力，康熙帝下诏亲征。康熙率军于康熙二十九年（1690年）和康熙三十五年（1696年）分别在乌兰布通和昭莫多大败噶尔丹。昭莫多一战，消灭了噶尔丹的主力。康熙于三十六年（1697年）二月再次出兵，迫使流窜于塔米尔河流域的噶尔丹残部投降，噶尔丹自杀。

噶尔丹败亡后，他的侄子策妄阿拉布坦取得汗位。他建帐于伊犁，并向外扩张，于康熙五十六年（1717年）出兵攻西藏，杀死拉藏汗，占据拉萨。康熙派军从四川、青海两路入藏，击败准噶尔军，迫使其撤出西藏。

雍正五年（1727年），策妄阿拉布坦死，噶尔丹策零继承汗位。雍正十年七月，噶尔丹策零率军袭击驻扎于塔米尔河的清军。八月初，清军以精骑3万夜袭准噶尔军营，准噶尔军溃逃，清军乘胜追击，将准噶尔大部歼灭于光显寺，噶尔丹策零被迫投降。

乾隆即位后，准噶尔的形势发生了变化。

乾隆十年（1745年），噶尔丹策零去世，准噶尔内乱加剧。噶尔丹策零的侄子达瓦齐自立为汗王，残暴凌虐，众叛亲离。达瓦齐的朋友阿睦尔撒纳与他不和，与达瓦齐决裂，投降清朝。

乾隆看到准噶尔内乱纷起，而且又有阿睦尔撒纳的投降军，意识到平定准噶尔的机会到了。于是，乾隆力排众议，对阿睦尔撒纳"赐之爵位，荣以华裾"，封阿睦尔撒纳为和硕亲王，准备出兵准噶尔。

乾隆十九年（1754年）五月初四日，乾隆宣布："朕意机不可失，明岁拟欲两路进兵，直抵伊犁。"但此议却遭到在朝廷大臣的一致反对。理由之一是，清朝在前线既无大军，又无粮草囤贮，战争毫无准备。这的确是事实，而仅赖这些实情而言，这场战争的确没法打。因而，群臣的反对不无道理。然而，在这众议皆以王命为非，而皇帝独持己见的情况下，傅恒表态赞成出师，这对乾隆不仅仅是欣喜，更主要的是感慨。事后，乾隆曾经回忆说："在廷诸臣，只有大学士傅恒与我协心赞画，断在必行，我心里十分欣慰啊。"

应该说，不赞成出兵准噶尔的大臣也有自己的理由。达瓦齐对清朝并无恶意，对改善与中央政府的关系也有热情。乾隆十九年，达瓦齐主动派贡使到北京，极力表现恭顺的态度，希望获得清政府的谅解，享受与噶尔丹策零同样的待遇。但是，乾隆说"堂堂大清，中外一统，而夷部乱臣，妄思视同与国"，断然拒绝。达瓦齐的恭顺态度在某种程度上引发了部分清朝大臣的同情，他们希望不启边衅，维护与准噶尔部的和议。但在乾隆心目中，达瓦齐既是"夷部乱臣"，已失人心。准噶尔部内斗激烈，这正是勘定西北边陲的大好时机。因此，一切要求维持和平局面的谏言，乾隆都予以拒绝。

自乾隆十九年五月开始，清朝积极备战。为了拉拢阿睦尔撒纳为征准噶尔卖力，十二月，乾隆在避暑山庄御行殿接待了降清者。乾隆命王公大臣皆往陪宴，从容抚慰，"并赐上驷舆之乘，亲与其分较马射，并以蒙古语询其变乱始末，赐宴而退"。

乾隆二十年（1755年），乾隆下了平定准噶尔的谕旨，并决定"以新归顺之厄鲁特攻厄鲁特"，意思是让阿睦尔撒纳率军攻打达瓦齐。

二月，乾隆派遣北、西两路大军向伊犁进军。北路军为定北将军班第率领，阿睦尔撒纳为副将；西路军为定西将军永常率领，萨赖尔为副将。两路大军旌旗飘飘，士气高涨。在进军途中，阿睦尔撒纳出力不少，由于阿睦尔撒纳熟悉情况，又对准噶尔部落加强宣传，"准噶尔部落人众，各带领鄂拓克，陆续前来投诚甚多"，"四山草木，尽助威声，诸岭风云，俱增叱咤"。四月，两路军在博尔塔拉胜利会师。

会师后，清朝大军浩浩荡荡，直逼达瓦齐的老巢伊犁。清军越过果子沟，渡过伊犁河，不少准噶尔人望风而降。达瓦齐四面楚歌，走投无路，仍不甘心于失败，且战且退，退至格登山上，负隅顽抗。清朝两路军密切配合，分别从伊犁河的固勒扎渡口翻越推墨尔里克山岭和从喀塔克渡口翻越扣门岭，两面夹击格登山，出其不意地杀进达瓦齐的兵营。达瓦齐叛军四处逃散，纷纷投降。

格登山告捷，证实乾隆用人得当，指挥无误。乾隆非常高兴，事后欣然赋诗：

救宁西极用偏军，天与人归敬受欣；
每至夜分遥檄问，所希日继喜音闻；
有征已是无交战，率附常称不变芸。
筹画两朝光烈在，觐扬惟谨敢云云。

达瓦齐逃出格登山，被乌什阿奇木伯克霍集斯擒获，押送到北京。乾隆亲自到午门受俘，达瓦齐自缚白练请求免除死罪。乾隆对准噶尔部上层人物实行了"远人归服，安之荣之"的怀柔政策，不但赦免了达瓦齐的死罪，还加封为亲王，并赐予宅第。

第一次平定准噶尔的战争至此结束。

然而，达瓦齐失败之后，战乱并未平息。阿睦尔撒纳见准噶尔地区群龙无首，于是撕下臣服清朝的假面具，又举兵对抗清兵，意图把准噶尔纳入他的统治之下。

乾隆二十年（1755年）五月，乾隆下旨，让阿睦尔撒纳在擒获达瓦齐后，到热河觐见。六月，乾隆催促阿睦尔撒纳赶快到热河，并且密令大臣班第，如果阿睦尔撒纳不肯动身，就设计将他擒拿问罪。但是，班第因为自己手下的兵力单薄，不敢贸然下手。

· 113 ·

六月二十九日，阿睦尔撒纳在扎萨克亲王的陪同下，动身觐见。阿睦尔撒纳虽然已经出发，但是却有另一手准备。乾隆曾经派额驸色布腾巴勒珠尔监视阿睦尔撒纳，阿睦尔撒纳与额驸关系很好，于是，阿睦尔撒纳请求额驸转奏乾隆，请求乾隆批准自己统领厄鲁特四部。临行前，阿睦尔撒纳与额驸约定，如果乾隆允许，额驸就于七月下旬通知阿睦尔撒纳。所以，阿睦尔撒纳在前往觐见乾隆的途中慢速前行，等待额驸的消息。

八月，阿睦尔撒纳到了乌隆古，但是仍然没有额驸传回的消息，他知道乾隆没有允许自己统领厄鲁特四部，于是，便留下乾隆曾经赐给他的左副将军的军印，不辞而别。

阿睦尔撒纳叛走，重新引起了准噶尔地区的骚动。许多不甘失败的部族前来附和，攻击进入准噶尔地区的清军。八月二十三日，班第、鄂容安在伊犁受到袭击。二十四日，清军被迫退却。二十九日，清军被围于乌兰库图勒。班第、鄂容安战败自杀。准噶尔部得而复失，清军西、北两路损兵折将，乾隆重新调兵遣将，再征准噶尔。

乾隆二十一年（1756年）正月，乾隆任命玉保担任先锋，追寻阿睦尔撒纳的踪迹。阿睦尔撒纳玩弄花招，放出台吉诺尔布等已擒获阿睦尔撒纳的谣言，玉保上当，将消息报告策楞。三天后，又有报告说阿睦尔撒纳并未被擒。乾隆得到前后两次报告，怒气冲冲，降旨将玉保和策楞革职，押到京城治罪。

乾隆二十一年（1756年）五月，乾隆任命达尔党阿为定西将军、巴里坤办事大臣，兆惠为定边右副将，前往平定准噶尔。达尔党阿与阿睦尔撒纳两军相遇，阿睦尔撒纳战败，逃入哈萨克人帐营。阿睦尔撒纳故技重施，派哈萨克人谎报已擒获阿睦尔撒纳，请求达尔党阿暂停进攻。阿睦尔撒纳又一次金蝉脱壳，得以逃脱。

乾隆二十二年（1757年）三月，乾隆派将军成衮扎布出北路，右副将军兆惠出西路，做好打恶战的准备。这时，在准噶尔地区发生了两件大事：一是参与叛乱的台吉噶勒藏多尔济被他的侄子袭击，造成了内乱；二是布鲁特各地痘疫流行，传染的人很多，叛军四处逃亡，不战自溃。

六月，哈萨克汗阿布赉汗请求归顺清朝，并表示帮助清朝擒拿阿睦尔撒纳。阿布赉汗向清朝上了表文：

哈萨克小汗臣阿布赉谨奏中国大皇帝御前，自臣祖额什木汗、扬吉尔汗以来，从未得通中国声教，今祗奉大皇帝谕旨，加恩边末部落，臣暨臣属，靡不欢忭，感慕皇仁。臣阿布赉愿率哈萨克全部，归于鸿化，永为中国臣仆，伏惟中国大皇帝睿鉴。谨遣头目七人及随役共十一人赍捧表文，恭请万安，并敬备马匹进献。谨奏。

阿睦尔撒纳闻讯，连夜向额尔齐斯河逃去，投奔沙俄。乾隆二十二年（1757年）九月，阿睦尔撒纳因患痘疫，病死在托搏尔斯克。

阿睦尔撒纳叛变未能事前制止，致使班第、鄂容安等重臣被杀，乾隆后悔防范不力，愤恨交加，穷追不舍。对于被煽动作乱、降而复叛的那些人，俘获后一律砍头。平定准噶尔后，乾隆做了一系列安民和善后工作，编建户籍，安排屯戍，兴修水利，控制流沙等，并在乌里雅苏台设将军，在科布多设参赞大臣，直接掌管蒙古各部的军政大权。

为了纪念平定准噶尔叛乱这一历史事件，以昭示后人，乾隆二十五年（1760年），乾隆下令在昭苏县格登山上建了格登山纪功碑。碑高2.95米，宽0.83米，厚0.27米。碑外还修有御碑亭。

纪功碑记录了乾隆平准噶尔的历史：

> 格登之崔嵬，贼固其垒。我师堂堂，其固自摧。格登之巀嶭，贼营其穴。我师洸洸，其营若缀。师行如流，度伊犁川。粤有前导，为我具船。渡河八日，遂抵格登。面淖背崖，藉一昏冥。日搗厥虛，日歼厥旅。岂不易易，将韬我武。将韬我武，讵日养寇？日有后谋，大功近成。彼众我臣，已有成辞。火炙昆岗，惧乘皇慈。三巴图鲁，二十二年卒，夜斫贼营，万众股栗。人各一心，孰为汝守！汝顽不灵，尚窜以走。汝窜以走，谁其纳之？缚献军门，追悔其迟！于恒有言，日东宁育。受俘赫之，光我扩度。汉置都护，唐拜将军，费赂劳众，弗服弗臣。既臣斯恩，既服斯义，勒铭格登，永诏亿世。

> 乾隆二十年，岁次乙亥，夏，五月之吉，御笔

碑文讲述了第一次平准噶尔战争中的格登山战役，并记载了兵围达瓦齐和战后处理俘虏的过程，肯定了平定准噶尔的意义。碑文大意为：过去，汉朝设立西域都护，唐朝拜将西征，但都劳民伤财而没有使敌臣服。如今既已称臣，既已归服，真可谓功逾汉唐，远超前代，所以特在格登山上刻石记功，留诸永远，以昭告于子孙万代。

清政府平定准噶部上层贵族武装叛乱的胜利，解除了长期以来准噶尔部上层贵族对相邻各部的压迫。作为这一事件的一个直接后果，是乾隆三十六年（1771年）发生的土尔扈特部的重返祖国。

土尔扈特部是中国厄鲁特蒙古四部之一，17世纪20年代以前，该部一直与其他三部共居于我国的西北地区。明朝崇祯初年，土尔扈特部因无法忍受准噶尔部的压迫而在首领和鄂尔勒克的率领下离开故

地，几经辗转之后，迁居于伏尔加河下游一带。在旅居国外一个多世纪的漫长岁月里，土尔扈特人饱受沙俄的压迫和欺凌。他们虽然身处异域，却无时无刻不在思念自己的祖国，不顾山险路长，一直与中央政府保持着密切的联系。而清政府也对远在异域的土尔扈特人表示关切。乾隆三十五年（1770年）十一月，清军平定准噶尔部上层贵族的武装叛乱不久，土尔扈特部渥巴锡汗便率领部民17万口，不顾沙俄的重重阻挠，毅然踏上归途。经过8个月的长途跋涉，克服了给养缺乏、疾病流行等难以想象的困难，他们终于在乾隆三十六年（1771年）六月进入中国境内，从而实现了他们长期以来强烈要求返回祖国的愿望。

乾隆对土尔扈特部的归来十分重视，专派陕西巡抚文绶前赴巴里坤等地，购办牛羊、衣物，接济他们的生活。不久，乾隆又指令伊犁将军舒赫德负责"分地安居，使就米谷而资耕牧"。张家口都统常青负责解送当地牧群"驱往供馈"；陕甘总督吴达善负责"发帑运茶，市羊及裘"。在安排好他们的生活之后，乾隆又在热河避暑山庄附近接见渥巴锡汗等土尔扈特部首领，分别赐封为卓礼克图汗、亲王、郡王、贝勒、贝子、辅国公、台吉等，使其"管束所属，咸务生理，延及子孙，永荷安全之福矣"。这是一件盛大的喜事，乾隆欣然提笔，亲自撰写《土尔扈特全部归顺记》《优恤土尔扈特部众记》《御制土尔扈特部纪略》等重要文章，记载土尔扈特部回归祖国的艰难历程。土尔扈特部重返祖国是乾隆经营西北边疆所取得的一项重要成就。

经过康熙、雍正、乾隆三代皇帝的努力，经过几十年的战争，清朝终于消除了准噶尔封建割据势力，控制了漠北蒙古，进而控制了天山南北。

第二节 定回部

在西北天山以南的广大地区,居住着维吾尔等族人民,他们多数信仰伊斯兰教,清朝把这些部落称为"回部"。

回部一词源于回纥。清代称以维吾尔族为首的、信奉伊斯兰教的各部落为回部,称回部聚居的天山南路为回疆。

准噶尔部强大时,回部受准噶尔贵族的欺凌与侵逼。清军平定北疆后,回部贵族试图摆脱清朝,自立一方。

乾隆时,新疆叶尔羌、喀什噶尔地区维吾尔族封建主是玛罕木特。玛罕木特有两个儿子,大儿子叫波罗尼都,人称大和卓木;小儿子名叫霍集占,被称为小和卓木。准噶尔部势力强大时,玛罕木特和两个儿子都被准噶尔蒙古部首领拘禁于伊犁。

乾隆二十年(1755年)乾隆派兵平定了准噶尔后,默罕默德父子三人都被释放出来。波罗尼都被遣回叶尔羌,霍集占仍留居伊犁。乾隆想要霍集占兄弟协助清朝统一南疆各部,但大小和卓不愿臣服清朝,于1757年举兵叛乱,自称"巴图尔汗"。

大小和卓举兵初期,南疆各地都一起响应,一时间,跟随者达数十万之多,气势浩大。乾隆认为准噶尔部平定之后,回部的势力不强,可以在短期内收服,"厄鲁特等既皆剪除,则回部自可招服",所以没有予以重视。

乾隆二十三年(1758年)四月,乾隆下旨将镇守回部的大将兆惠调回北京休整,让雅尔哈善代理回部事务。雅尔哈善是文人出身,不擅长指挥作战。《啸亭杂录》中有评论："雅固书生，未娴将略，惟听偏裨等出策，令不画一。"乾隆因为对回部的实力估计失误，让雅尔哈善指挥收服回部的战争，导致了前期战争的失利。

乾隆二十三年（1758年）五月，雅尔哈善率军进攻叛军的据点库车。当时，大小和卓正在叶尔羌，他们听到清兵进攻的消息，便率领鸟枪兵前来支援，清军以逸待劳，打败了大小和卓的鸟枪兵。大小和卓的军队伤亡4000余人，残余部队撤进库车城中坚守不出。

雅尔哈善看到叛军都进入城中，采取了只围不攻的战略。他坐守军营，想等待叛军弹尽粮绝而来主动投降。由于雅尔哈善疏于戒备，大小和卓连夜率骑兵逃脱，大和卓逃回了喀什噶尔，小和卓逃回了叶尔羌。

大小和卓逃跑后，雅尔哈善后悔没有乘胜追击，为了亡羊补牢，他命令士兵多次进攻。但是库车城墙是用沙土、柳条筑成的，十分坚固，而且库车依山傍水，易守难攻。雅尔哈善多次发动攻击，都徒劳无功，反而损兵折将。

库车战役从五月持续到八月，毫无进展，消息报到北京，乾隆心急如焚。而在每一次奏报过程中，雅尔哈善都把失败的原因归结于其他将领，他先后把战争失利的原因转嫁给副都统顺德讷和提督马得胜，这一点，让乾隆更加气愤。作为主帅，雅尔哈善不但不反思战争失败的原因，反而推卸责任，乾隆在再次接到雅尔哈善弹劾他人的报告时，终于大发雷霆。乾隆尖锐地指出：

"前后奏报，情词矛盾，惟图左枝右梧，始参顺德讷以卸过，继参马得胜以诿咎，并无一语引罪，殊不思身任元戎，指麾诸将者，谁之责欤？此而不置之于法，国宪安在！已降旨命兆惠就近前往库车一带办理回部，雅尔哈善、哈宁阿、顺德讷俱著革职，兆惠至军营日，即著拏解来京，将此先行通逾知之。"

乾隆二十四年（1759年）正月，雅尔哈善以贻误军机罪被处死。

为了改变战况，乾隆命兆惠紧急赶赴库车，指挥作战。

兆惠，字和甫，姓吴雅氏，满洲正黄旗人，康熙四十七年（1708年）生。他是雍正帝生母的族孙。父佛标，官至都统。雍正九年（1731年），兆惠初登仕途，年仅24岁，先以笔帖式的身份入直军机处，随之补授内阁中书，后几经升迁，到乾隆九年（1744年）已官至刑部侍郎，第二年，又成为正黄旗满洲副都统，乾隆十一年（1746年）再被授为镶红旗护军统领。

兆惠来到库车时，大小和卓已经决定放弃库车，叛军主力退到了阿克苏城。乾隆二十三年（1758年）八月二十日，兆惠率领军队攻打阿克苏城，由于兆惠在打准噶尔战争时颇有声望，一些回族部落的头目前来请降。消息传到北京，乾隆以为征回战争胜利在望，高兴之余，下令停止给兆惠增援。

兆惠攻下阿克苏城后，向叶尔羌进发。而这时，正碰上朝廷停止增援，正待攻城的兆惠陷入了困境。叶尔羌城中的小和卓木下令坚壁清野，命令民众将粮食全部收割到城中，清军既没有朝廷增派的粮食和援军，又没有当地回民的粮食供应，陷入了困境。小和卓木下令在叶尔羌城东北5里的地方挖掘壕沟，筑起土台，作为一个据点。同时，小和卓木又让大和卓木在喀什噶尔伺机而动。于是，叶尔羌城、城北据点和喀什噶尔三个位置形成掎角形势，互相照应，清军无法在一时间内攻克。

叶尔羌城范围很广，城的周边就有十余里长，并且有十二道门出入，兆惠没有援兵的支持，兵力不够围城，只好在城东有水草的黑水河边驻扎。兆惠一方面派副都统爱隆阿分兵800人守住喀什噶尔方向，阻挡大和卓木出兵；另一方面又积极谋求物资来补充军需。十月十三日，兆惠听部下侦察到奇盘山下有牧群，便想率兵渡过黑水河，以便获得牧群当物资。但是，当清兵大部队过桥渡河时，刚通过400人，桥梁忽然断了。小和卓木率领的叛军从城中冲出来，对清兵进行猛烈攻击，清军死伤无数。总兵高天喜、副都统三保、护军统领鄂实、监察御史何泰、侍卫特通额都在这一战役中战死。

兆惠经过这一打击，不敢轻易出兵。十七日夜，他派5名士兵分拨突围，向朝廷告急。与此同时，回军团团围住"黑水营"。回军将士慑于兆惠带兵凶悍勇猛的传言，不敢强攻，于是筑土台，围困清兵。兆惠全营士兵被困营中，又没有后援，处于弹尽粮绝的边缘。兆惠知道回人有掘地藏粮的习俗，这是因为回人曾经为了逃避准噶尔人的搜刮，所以把粮食埋在土中。于是，在军粮紧缺的情况下，兆惠下令士兵在军营中四处挖掘，幸运地得到了数百石粟米。营中缺水，碰巧这时营外围攻的回民想引水灌营，于是，这为兆惠军营提供了水源。回军又用鸟枪向城内射击，射出的铅子夹在树叶间，兆惠令士兵把这些铅子收集起来，不时用这些铅子给回军反击。就这样，清军奇迹般地坚持了3个月之久。

乾隆二十四年（1759年）正月，兆惠终于等到了朝廷的援军，清朝定边右副将军富德率领士兵3000人从乌鲁木齐前来支援。富德大军在呼尔满与叛军相遇，与叛军骑兵5000人展开了激烈的战斗，双方激战四昼夜，富德获得胜利。于是，富德率军渡过叶尔羌河，赶往黑水河救援。兆惠听说援军到了，也从营内率军突围。清军里应外合，打败了叛军。

黑水营解围之后，兆惠准备集中兵力，由阿克苏、和阗两处分兵出击叶尔羌。但是，乾隆认为大军不能只攻打叶尔羌，要同时拿下喀什噶尔。于是，乾隆下令兆惠从阿克苏取叶尔羌，而富德则由特穆尔图诺尔或乌什方向进攻喀什噶尔，分取小和卓和大和卓的大本营。

乾隆二十四年（1759年）四月，富德大军抵达额里齐，和阗所属六城的回民携酒跪迎。由于这时各路清军的位置发生了改变，乾隆命令改由富德就近攻打叶尔羌，而兆惠则前往攻打喀什噶尔。二十四年闰六月二日，小和卓木自知难敌富德大军，于是放弃叶尔羌，逃往英吉沙尔，并派人传信给大和卓木，让大和卓木将喀什噶尔城中的回民迁往巴达克山。于是，清军顺利地夺回了叶尔羌和喀什噶尔两城。十四日，兆惠率领的军队抵达喀什噶尔城，回民"献牛羊果饵，歌舞庆幸"。十八日，富德率军进入叶尔羌城，城中百姓争先恐后表示欢迎，对清军非常友好。

清军攻下大小和卓的两个叛乱基地，乾隆非常高兴，说："逆贼兄弟虽畏罪先逃，而两大城实回部著名之地，既欢迎恐后，则二贼亦可计日就擒。"

大小和卓逃走后，相约在六月二十四日会师。清军得知后集中兵力攻击。七月十日，清军与叛军在阿尔楚尔展开正面决战，富德以火器健锐营居中，分左、右、中三线出击，歼灭叛军1000余人，缴获兵器无数。六月二十七日，大小和卓逃往巴达克山界，清军乘胜追击。巴达克当地的回族首领索勒坦沙为了避免战争，将大小和卓诛杀，并通知清军。

乾隆二十四年（1759年）十月初二日，富德从巴达克山凯旋，征回战役结束。

乾隆平定回部，收复了天山南北新疆的广阔领土。为了巩固这一地区的统治，二十四年年九月，乾隆命阿桂驻防要城阿克苏，旋又移驻伊犁。其时，西域初定，人心不稳，不仅土匪还很多，而且地方又靠近沙俄，形势极为复杂。对方圆万余里的回疆如何进行统治和巩固的问题，乾隆要求统兵大臣拿出管理的办法，他们一致认为，此沙漠之地距京城遥远，牲畜已凋耗殆尽，难以驻守。

就在众人手足无措的时候，大将阿桂上屯田增兵之议，他说："守边以驻兵为先，驻兵以军食为要。"建议在水土肥沃的伊犁河以南海努克等处屯田，既以回疆民人中善于耕作者屯种，也增派驻防兵协同耕种，然后，逐渐在当地建设城市，设置台站，并筹备驼马发展交通。

阿桂的建议得到了乾隆的称许，而阿桂也就承担起在新疆屯田的重任。但在号称大沙漠的罕无人迹的回疆进行屯田，是一次对命运的挑战。持续多年的战乱使本来就很贫瘠的土地遭到了破坏，到处是一片荒芜萧条的景象，战争刚刚结束，残余的叛乱分子还不时地出来捣乱。因此，乾隆虽然认为清军必须在伊犁长期驻扎，既防止残余的叛乱分子再搞分裂割据，又能挫败早已图谋吞并伊犁的沙皇俄国的罪恶企图，但是，在这十分困难的条件下，伊犁屯田能否获得成效，能否解决驻军的军粮，他的心中还是没有把握。

乾隆二十五年（1760年）初，阿桂率满洲索伦兵500名、绿营兵100名和300名维吾尔族农民开赴伊犁，开始屯田。

八月，乾隆正式下令："以阿桂总理伊犁事务，授为都统。"乾隆的信任和支持，使阿桂感恩戴德，阿桂对伊犁驻防和屯田进行了周密的计划和安排。

九月，在给乾隆的奏文中，阿桂提出了七条建议，其大意为：

第一，增派更多的维吾尔族农民到伊犁，大力推行"回屯"。阿桂有个估计，即乾隆二十五年的300名维族农民屯田收获量，"可敷屯田回人一千户之食"，而目前在伊犁的维吾尔人数目太少，最低还应再迁移700名去，才能使"回屯"有所发展。

第二，增派数量更多的士兵，从事驻防屯田，即兵屯。阿桂把驻军分成两部分，满洲军队负责驻守，绿营兵专事屯种。根据当地自然条件和对屯田发展前景的估计，阿桂建议将驻防的满洲兵再增加600名，与此相适应的是将现有的绿营兵100名增加到1000名，这就既能完成驻守任务，又能保证驻防兵的军粮供应。

第三，在发展屯田的基础上，逐步增加驻军的数目，提出"增派官兵请随时酌量定数"。阿桂认为如屯田的维吾尔农民和绿营兵都各达到1000名，到乾隆二十七年（1762年），就可以生产出足够五六千名士兵食用的粮食。粮食足用，就可以相应增加驻军的数目，以加强对这一地区的控制。

第四，陆续修建城堡，保证屯田的顺利开展。阿桂经过实地调查知道，伊犁地区的要害地点，"河北则固勒札，河南则海努克"，"而地土肥饶之处则察罕乌苏"。因此他主张"应于海努克筑城，以回人三百名屯田，用兵数百名驻防……察罕乌苏筑城，以绿营兵一千名屯田并驻防……固勒札须筑大城，凡驻防大臣公署、仓库咸在，以为总汇"。

第五，筹集马匹和骆驼，设置沿途台站，以传递文书，运输物资。阿桂认为，伊犁现有的600匹马不敷使用，应再购买1000余匹，再从乌鲁木齐调500匹骆驼，这样便可设置多处台站，保证信息的传递和物资的运送。

第六，调运沿边粮食到伊犁，解决当前军队缺粮的困难。

第七，从流放到新疆的犯人中，选派能工巧匠赴伊犁，传授内地先进的生产技术。

阿桂的七条建议，对清朝在这一地区的统治至关重要，很快得到乾隆的批准，并付诸实施。同时，阿桂还组织人力制造农业器具和从事农业生产。由于屯田农民和士兵的辛勤劳动，伊犁屯田当年就获得丰收，"至秋丰稔，收粮皆倍，兵食以足"。这一年，清政府褒奖平定西北的功臣，以功劳大小为序，在紫光阁悬挂画像，阿桂被排在第十七位。

为了进一步发展伊犁屯田，从乾隆二十六年（1761年）起，阿桂相继采取了进一步的措施：一是在伊犁牧群蕃息之时，禁止内地人到伊犁购买马匹和骆驼，以保证当地畜牧业的发展；二是大力招徕叶尔羌、喀什噶尔、阿克苏和乌什等地的维族民众来伊犁屯垦，以扩大屯田规模。同时，他还建议朝廷在伊犁和乌鲁木齐之间的玛斯纳、库尔喀喇乌苏和晶河三处，"各酌派屯田兵，人各垦地十五亩，晶河以西归伊犁管辖，托克多以东归乌鲁木齐管辖"。由于阿桂的精心筹划和组织，乾隆二十六年（1761年），伊犁兵屯垦种地达8000余亩，收获粮食27100多石；回屯有800户，平均每户收获粮食40石，总产达到32000石左右。

在大力发展屯田的同时，乾隆还着手制定和完善制度，加强对回疆的管理。

乾隆二十三年（1758年）九月，负责征回后勤供应的陕甘总督黄廷桂在奏折中，建议回部平定后，仍应驻兵把守。乾隆认为对回部应"挑选头目，统辖城堡，总归伊犁军营节制"。

九月中旬，兆惠奏请任用库车阿奇木伯克鄂对为各回城的总管，乾隆说：

> 现在招徕新附，令鄂对暂行管理尚可，若平定叶尔羌、喀什噶尔办理安插回众时，朕意不必用回人为总管，仍循其

旧制，各城分设头目，统于驻扎伊犁之将军，再于库车派大臣一员管理。

乾隆的意思就是要沿用旧的官制名称，但是不能以回人为总管。乾隆在后来的谕令中，进一步指示：各城分设回人头目，保持原有的官职，以统辖城堡；除少数重镇外，尽量在各回城少驻或者不驻军队，让回城受制于驻扎在伊犁的将军。这就是说，乾隆要在中央政府的管辖下，让各回部自治，以回治回。

乾隆在征讨大小和卓的过程中，曾联络一批回部上层人物，利用他们在回人中的影响，分化叛军队伍，取得了很好的效果。平叛后，乾隆充分运用他们来实现"以回治回"的政策。

根据乾隆"以回治回"的思想，兆惠等人拟定了具体的措施。乾隆二十四年（1759年）七月，兆惠平定喀什噶尔后，就该地设官、定职、征粮、铸钱、驻兵分防等事情提出了建议。兆惠建议，在各城村设立以阿奇木伯克为首的政权机构，以阿奇木伯克总理一城，伊沙噶伯克协办阿奇木伯克，噶匝纳齐伯克管理地亩钱粮，商伯克管理租赋，哈子伯克管理刑名，密喇布管理水利，讷克布管理匠役，帕察沙布查拿盗贼，茂特色布承办经教，等等。乾隆同意兆惠的意见，但命令阿奇木伯克等职不得世袭。乾隆不放心大小和卓的霍集占家族，下令将他们全部迁往北京。

为了加强中央对回疆的控制，清朝在回疆派遣办事大臣、领队大臣。乾隆在喀什噶尔设参赞大臣节制南路各回城，"各城大者设办事大臣，小者设领队大臣"。其中大城主要有：西四城包括喀什噶尔、叶尔羌、英吉沙、和阗，东四城包括乌什、阿克苏、库车、辟展，东路哈密、吐鲁番、哈喇沙共十一城为中心城镇，而各城周围下辖五六个、十余个或二十余个不等的小镇，层层隶属，同时又受北路伊犁将军的管辖。

在经济上，乾隆本着"量入为出"的指导思想，不赞同从内地拨过多银两。乾隆二十五年（1760年）六月，乾隆让参赞大臣舒赫德核查新疆的租赋收入，统筹官兵经费。十月，舒赫德经过核实，报告回疆各城官兵口粮不缺，但所征腾格钱文，不够支出。乾隆指示："所奏钱文不敷支给，自应计各城钱粮，量入支出，阅所奏支给之项，不敷者十分之三，即可撤去三分兵额。"为填补"量入为出"不足的缺口，乾隆允许在南路实行新的货币和贸易政策。采取这些措施，"钱法流通，而兵丁回人衣食亦有裨益"。

乾隆"以回治回"的政策，维护了南疆地区少数上层统治集团的权益。尤其是额敏和卓、玉素布两大望族。南疆各城统治核心，几乎全是两大家庭的成员。他们居功恃宠，作恶多端，其中以乌什地区的情况最为严重。

乌什地区因乌赤山而得名。乌什伯克阿布都拉性情暴戾，对乌什人横征暴敛。清朝驻乌办事大臣苏成父子在回疆更是臭名昭著。

乾隆三十年（1765年）二月，苏成强征240名回人运送沙枣，派自己的儿子押送。苏成的儿子命令回人背运行李，还对回人挑剔鞭笞。回人不堪折磨，于是利用这个机会挑起了事变。一时间，回部各城反应强烈。叶尔羌、阿克苏、库车等城中的回人都纷纷响应。当天夜里，暴动的群众三四百人杀掉了民愤极大的阿布都拉，然后又攻入苏成的署衙，杀掉了苏成一家和随从。

乌什暴动之后，办事大臣边特哈带兵前往镇压，下令炮手向城内放炮，激怒了更多的乌什回人，事态继续扩大。乾隆三十年（1765年）四月，乾隆下令处死边特哈，并派阿桂和伊犁将军明瑞合力平叛。清军于八月十五日平定了乌什暴动。

平乱后,伊犁将军明瑞遵照乾隆的指示,拟定八条治理回疆章程,针对回民暴动的原因,在减轻赋税、差役方面作了较多的规定,解决了回部大小伯克与驻扎大臣勾结擅权、贪赃勒索等问题,进一步完善了对回部的管理。

乾隆平定了回部,加强了对天山南北的统治,巩固了对西北地区的统治。

第三节　两定大小金川

在平定北方战事的同时,乾隆也加强了对南部边境的控制。

大、小金川地处四川省西北部,山高水险,约有3万户藏民聚居其间。金川地区在隋朝时开始设置金川县,唐朝设置羁縻金川州,清初时,皇帝沿袭明朝旧制,照例颁授印信。顺治七年(1650年),以金川卜尔吉细内附,授土司职。康熙五年(1666年),以嘉勒巴归诚,授"演化禅师"印。

雍正元年(1723年),以嘉勒巴庶孙莎罗奔曾从清军平定西藏羊峒有功,授金川安抚司。莎罗奔以属地自号大金川,以旧土司泽旺为小金川。大、小金川接受清朝政府的册封后,经常打着朝廷的名号,恃强凌弱,势力日益强大,使边境不得安宁。

为了保护边境太平,乾隆决定出兵平定大、小金川。

乾隆十二年(1747年),莎罗奔起兵攻掠革布什咱和明正两土司地区。乾隆下令四川巡抚纪山派兵弹压,纪山用兵不力,反而被莎罗奔打败。于是,乾隆调任云贵总督张广泗为四川总督,统兵3万进攻大金川。张广泗曾在平叛苗疆时立有大功,所以,乾隆谕令他:"以治苗之法治蛮","务令逆酋授首,划绝根株,以期永靖边陲。"

乾隆十二年四月下旬,张广泗率军进入金川地区。进剿初期,张广泗大有进展,收复了大金川所占的毛牛、马桑等地,小金川的土司泽旺也闻风投降。张广泗自以为稳操胜券,于是向乾隆报告:"征剿大金川,现已悉心筹画,分路进兵,捣其巢穴,附近诸酋输诚纳款,则诸事业有就绪,酋首不日可以殄灭。"但是,接下来的战况却并不顺利。

大金川的主要据点是勒乌围和刮耳崖。勒乌围由莎罗奔亲自把守,刮耳崖由莎罗奔的兄长和侄子把守。这两个地方都在大金川河的东岸,相距120千米。为了攻打这两个据点,张广泗兵分两路,从西、南两个方向进攻。

张广泗布好阵势,想要一举突破。七月末,西路军打到距离刮耳崖官寨仅20里地的地方,南路军也攻占了多处碉卡,金川兵退守到独松碉寨。但是,到了八月,在大金川的碉卡面前,清军却束手无策了。

张广泗这时才意识到攻打碉卡的艰难,他在向乾隆的奏陈中写道:大金川四处皆山,陡峻无比。在隘口险要处皆建有碉楼,坚固难攻。乾隆只得传谕张广泗暂时把军队转移到开阔的地方,等第二年春天再进攻,并提出两种方案:以京兵换绿营兵作战,或者将大金川划归西藏管理。

但是,张广泗求胜建功心切,打算于九、十月进取金川。当时,莎罗奔在大军压境的形势下,几次派人求和,都被张广泗拒绝。因为莎罗奔主动求和,乾隆觉得金川的主将害怕了,正好可以乘机歼灭,于是降谕说:"况此番官兵云集,正当犁庭埽穴,痛绝根株,一劳永逸，断无以纳款受降，草率了局之理。"

就在张广泗准备进攻的时候，战争的形势突变。九月初五日，已经投降清军的金川将领恩错背叛清军，带领大金川兵抢占马邦山梁，阻断清兵的粮道。十一月，恩错又围攻副将张兴的营盘，张兴多次请兵求援，张广泗却骂他懦弱无能，不发兵救援。十二月十八日，张兴率领的部队在断粮已久的情况下，想与恩错讲和，却被大金川兵诱到右山梁沟底追杀。除三百余名士兵奔逃过河以外，包括张兴在内的五六百名官兵都丧身沟底。这次战争是张广泗用兵以来的最大败绩，而张广泗却将战败的责任全部推卸给张兴等人。由于张广泗先不发援兵，后又推卸责任，于是军中将领上下离心，更加没有斗志了。

张兴的溃败，使清军的进攻优势丧失殆尽，有一些士兵不服张广泗的做法，转而投降大金川。乾隆十三年（1748年）正月初二，大金川兵攻占江岸的噶固碉卡，守碉的八十余名士兵打开碉门，跟随大金川兵渡河而去。张广泗损兵折将，进攻大金川的计划完全破灭。

为了加强前方的指挥力量，乾隆起用了岳钟琪。岳钟琪在雍正年间曾率金川兵进攻西藏，在金川有很高的威信。乾隆十三年（1748年）二月，乾隆降旨："朕思岳钟琪，久官西蜀，素为川省所服，且夙娴军旅，熟谙番情……若任以金川之事，自属人地相宜……著张广泗会同班第商确，如有应用岳钟琪之处，即著伊二人传朕旨行文，调至军营，以总兵衔委用。"但是，张广泗反对任用岳钟琪为大将军。因此，乾隆再次降旨，让岳钟琪以提督衔赴军前效力，同时派领班首席军机大臣讷亲为经略，赴金川指挥战事。

乾隆用岳钟琪是正确的，但是，他同时任用讷亲为经略，却是重大失误。讷亲，满洲镶黄旗人，姓钮祜禄氏，是清朝开国元勋额亦都的曾孙，乾隆十一年（1746年）任首席军机大臣。乾隆把平定金川的希望寄托在了讷亲身上。作为一个行政长官，讷亲该很称职的，但他既没有带兵经验，也缺乏指挥作战的军事经验，根本没有能力指挥大规模的战役。

乾隆十三年（1748年）六月初三，讷亲到达金川。讷亲因为在皇宫时深受乾隆的喜爱，所以"自恃其才，蔑视广泗"，并不与张广泗商讨军情，而是自作主张，限令士兵3天之内攻克刮耳崖。有的将士对战争提出建议，讷亲不予理睬，而且动不动就处以军法，"三军震惧"。

六月十四日，讷亲派署总兵任举、副将唐开中、参将买国良分兵三路进攻昔岭。由于讷亲指挥不当，买国良、任举先后阵亡，唐开中身负重伤。经过这一惨败，讷亲的骄气被打掉了，他"不敢自出一令，每临战时，避于帐房中，遥为指示"，并决定转攻为守，奏请朝廷也要筑碉堡。

乾隆接到讷亲想要筑碉堡的奏报后，在批谕中详细分析了清军不宜在金川筑碉堡。首先，碉堡是用来防守的，而不是用来进攻的。金川兵筑碉堡是用来抵御清军的进攻，如果清军也筑碉堡，就像守株待兔一样，不会有什么作用。其次，清军的兵力和财力也不允许这么做。"我兵已深入贼境，地利、气候素不相习，而守碉势须留兵，多则馈运难继，少则单弱可虞……师老财匮，长此安穷？"最后，筑碉堡一事后患无穷，"将来大金川扑灭之后，其地不过仍归之番，是今劳师动众，反为助番建碉之举，恐贻灾于国人，跃冶于番部矣……今思之一夜，终非善策，不如速罢之为宜"。乾隆否定了讷亲的筑碉堡方法，建议讷亲"只宜持其大纲，督令张广泗等各施谋猷，以图速奏肤功"。于是，讷亲对大金川束手无策，不再主持军事，事事听张广泗调度，一到开战就躲到帐房之中。

八月初八，乾隆接到岳钟琪两份参奏张广泗的奏折。一是，奏陈总督张广泗调度错谬而且不分兵给他；二是，张广泗重用小金川叛逆良尔吉和汉奸王秋。同时，乾隆又接到了讷亲、张广泗战败的奏报。乾隆对讷亲、张广泗彻底失望了。九月初十，乾隆下旨召讷亲、张广泗回京，将进攻金川的事情交给岳钟琪处理。十三日，乾隆又调派尚书班第前去金川军营，协助办理军务。

从乾隆十二年到十三年，乾隆对金川用兵四万有余，耗银近千万两，却几乎没有战绩。乾隆对张广泗、讷亲完全失去了信心和耐心，他决定惩办主帅，以震军威。乾隆十三年（1748年）九月二十九日，乾隆以"玩兵养寇，贻误军机"的罪名将张广泗革职，交刑部审理。十二月七日，乾隆到瀛台亲鞫张广泗，5天后，张广泗被斩。乾隆十四年（1749年）正月，乾隆以"退缩偷安，劳师糜饷"的罪名，赐讷亲自尽。

攻打金川的战争遇到了前所未有的困境，为了加强阵前实力，乾隆于十三年（1748年）九月二十八日派协办大学士傅恒前往金川军营，负责平定金川的重任。

傅恒是乾隆一手提拔起来的得力干将。为了提高主帅的威信，乾隆在傅恒出发之前举行了隆重的授权仪式。九月，傅恒被任命暂管川陕总督，经略军务，受命于危难之中。随即，晋为保和殿大学士，位至卿相。而乾隆除了给他以高官显位之外，还给他了他异乎寻常的赞美和信任。

为了保证傅恒用兵无阻，将士听命，乾隆不吝赏赐，打破常规，赐傅恒花翎二十、蓝翎五十、白银十万两，作为嘉奖军前立功将士之用。十一月，傅恒启行，乾隆赐宴重华宫，亲至堂子行台祭典礼，并命皇子及大学士来保等送至良乡。

出师之礼的隆盛，无形之中增加了傅恒的威望。但这一切只不过是乾隆逾格恩赏傅恒的开场白。两个月后，傅恒刚抵达四川，乾隆又颁布了对他的嘉奖令，谕旨说："经略大学士傅恒，自奉命经略以来，公忠体国，兢兢业业，纪律严明，军队行动神速，兼办一切事务，咨询机务，废寝忘食，以至于彻夜不眠。为国诚心日月可鉴，像这样的大臣需要给予嘉奖和重用！"乾隆颁发谕旨后，令吏部讨论如何嘉奖的问题。吏部官员自然明白皇帝的用心，马上就商量出一个嘉奖的办法出来：傅恒晋衔太子太保，加军功三级。这已是非常破格的提拔了。但乾隆还认为不够，命晋衔太保，仍加军功三级。

乾隆十四年（1749年）正月，傅恒亲自督师攻下金川险碉数座的奏报递达京城。傅恒还表示要亲任其难，直捣巢穴，于这年四月间结束战事。但是，乾隆通过傅恒的奏报，已经知道前线缺粮缺马，军需供给极其乏力，需要速战速决。而金川叛军的碉卡又险隘林立，易守难攻。所以，当他听说傅恒要"奇正兼施，因机制胜"，誓死与金川战争相始终时，他唯恐傅恒年轻气盛，求功心切，不知深浅，陷在这场战争里。因为，对乾隆来说，用傅恒督师的真正用意，不在于克复金川，而在于历练大臣、树立威望。因而，傅恒刚刚小有奏捷，乾隆便又下令班师，召傅恒还朝。他颁旨说："傅恒自从奉命率领军队平叛以来，忠诚勤劳，已经达到预期的目的。办事则巨细周详，锄奸则威力强大，整顿军队纪律严明，鼓励士兵则群情踊跃。而且日夜督战，不避风雪，大震声威。经略大学士傅恒是朝中第一大臣，圣旨到达的时候，傅恒即刻还朝。"

乾隆如此不厌其烦地历数傅恒的劳绩，为他评功行赏，目的只有一个，就是要为年轻的傅恒树立权威，使傅恒真正成为朝廷中第一"人臣"。与此同时，乾隆又下旨进封傅恒为一等忠勇公，赏给红宝石帽顶和亲郡王才能穿用的四团龙补褂。这种频频加恩的做法，不仅令满朝文武心中惶惑不已，傅恒本人尤其感慨交集，诚惶诚恐。他上疏坚请进兵，力辞公爵。在傅恒来说，此时唯有肝脑涂地，效命疆场，方能报效皇帝的不世之恩。

傅恒没有理解乾隆的用意，这使乾隆心急如焚。他手谕傅恒，以数千之言，反复谕令傅恒班师。乾隆以"勤远劳民我不为"，表示不愿继续这场战争，并暗示傅恒返朝之后必当重用。而傅恒真可谓吉人天佑。就在傅恒踌躇再三，对班师还朝颇感勉为其难时，金川土司莎罗奔等因久战乏力，畏死乞降。

乾隆十四年（1749年）二月，金川之役以傅恒亲往誓师宣布告捷。

第一次金川之战结束，但是，金川并没有彻底安宁。

乾隆中期，大金川的土司莎罗奔已老，由他的侄子郎卡主持土司事务。郎卡很有野心，多次起兵。乾隆二十三年（1758年）郎卡攻掠小金川和革布什咱土司。

乾隆三十一年（1766年），乾隆命四川总督阿尔泰征调9个土司的兵力围攻大金川。阿尔泰一心想要息事宁人，于是从中调解，让郎卡与绰斯甲布土司联姻，又让郎卡把女儿嫁给小金川土司泽旺的儿子僧格桑，形成3个部落互为姻亲的关系。

乾隆三十六年（1771年），大金川的郎卡的儿子索诺木诱杀革布什咱土司，而小金川的僧格桑再攻鄂克什及明正土司，大小金川内乱又起。乾隆命阿尔泰进剿，阿尔泰半年内没有进展，被罢职。

为了平定大小金川战乱，乾隆命大学士温福为定边右副将军，由云南赴四川督师，派尚书桂林为四川总督，再度率兵征战。温福由汶川出西路，桂林由打箭炉出南路，夹攻小金川。清军初战顺利，连夺关隘。乾隆三十七年（1772年）五月，桂林派部将薛琮领兵三千，携带五天的军粮进攻墨龙沟，薛琮被金川兵截断后路。薛琮请求紧急援助，桂林不肯派兵前去救援，致使薛琮全军陷没。

为了改变战局，乾隆派大将阿桂前往金川。阿桂率军深入，直达小金川河南，用皮船渡江，连夺险隘，直捣小金川大营。不久，清军俘虏了小金川土司泽旺，平定了小金川。

平定了小金川后，乾隆因为大金川土司多次起兵，下令温福为定边将军，阿桂为副将军，合兵攻打大金川。但是，温福刚愎自用，他运用碉堡战法，建筑碉卡，将2万余兵零散分布。

乾隆三十八年（1773年）夏，温福屯兵于大金川东边的木果木，郎卡的儿子索诺木集兵数千人，突袭木果木军营，夺取清军炮台。清军没有防备，士兵手足无措，温福仓皇逃跑，中枪而死。索诺木率军追击，清军死伤无数，小金川得而复失。

消息传到北京，乾隆大怒，命阿桂为定西将军，征调健锐火器营兵2000名，吉林索伦兵2000名参战，征集士兵近5万人。乾隆三十八年十月，阿桂统领各路军队，兵分三路合击小金川。清军与小金川的军队激战五昼夜，直抵美诺。

乾隆三十八年（1773年）十一月初，阿桂大军再一次收复小金川，准备进攻大金川。

大金川攻坚战是在乾隆三十九年（1774）正月开始的。当时，定西将军阿桂虽然仍采取分兵三路进攻的方略，但随着战况的不同，进军路线作了相应的调整。阿桂自率一军，由中路谷噶站口进军，副将丰升额率军由凯立叶西路进军，副将明亮率队由马尔邦南路进军。后来，又根据实际需要，阿桂与丰升额合兵一路进攻勒乌围。

大金川本来就是一个兵丁勇悍、地险碉坚的地方，自从小金川被平定后，大金川更是全力抗守，增垒设险，其防护的严密程度十倍于小金川。由于大金川做了充分的防范准备工作，各险要处密布石碉，所以战事异常激烈。

乾隆三十九年（1774年）三月，海兰察、达兰泰攻罗博瓦山石碉时，率清军绕至第二、第三峰丫口下，分兵几路仰攻，山上叛军突然发起集体冲锋，幸被清军射退。等清军占领第三峰、第四峰后，叛军因后路已断，便转而窜到第一峰碉内死守不出。清军被迫先后攻下大石碉8座，大小26卡，才勉强拿下此山。阿桂进攻逊克尔宗的战斗则更为激烈。当时，阿桂派海兰察、额森特攻剿逊克尔宗官寨，叛军纷纷抛石放枪。相持一段时间后，清军撤回，而派锐兵潜伏于逊克尔宗寨旁。黎明时分，官兵直上寨墙，叛军在碉寨内抛石击打，令清兵难以跳越，就顺势在墙上尽力击射，枪箭所到之处，弹无虚发。这时，叛军援兵纷纷从四面八方尽速赶来，阿桂恐多有损伤，徐徐酌情撤退。第三天，阿桂又派海兰察、泰裴英等分队进攻。第四天，官兵一同拥进。而叛军则在寨墙下另外挖了一道壕沟，以阻截官兵的进程，并在沿沟上都设置遮木板，以防御官兵的击射。官兵进逼至墙根，叛军将墙上积石一推而下，致使清军连攻3次，都不能攻克。所幸的是，叛军在抵御露身之时因被官兵枪炮所击，也伤毙无数。可以说，几乎每一座碉堡，每一座山峰，每一座官寨，都要经过反复的浴血厮杀，才能攻下。尽管大金川险碉林立，守御极严，但乾隆懂得怎样去鼓舞士气。在皇上誓灭金川的决心的鞭策和鼓舞下，阿桂、海兰察、明亮、普尔普、福康安等将帅矢志克敌，带领满汉官兵奋勇冲杀，绰斯甲布等土司之兵也争先进剿，不断取胜，兴胜保等夺占木奚谷山梁，就是其中一例。面对清军战则必胜的决心和所向披靡的强大攻势，大金川土司索诺木设计药死僧格桑，献出僧格桑的尸体，及其侧妾和小金川头人蒙固阿什咱、曾施诈降计的七图安堵尔等人，企图故技重施，要求投降,与清军议和。

得到这一消息,乾隆马上下谕,首先嘉奖阿桂,称赞他说:"你所办理的各种事情都把握了时机,可以说是尽心筹划了,这是替我分忧解难啊!"接着,乾隆又着重指示说:"不能允许大金川投降,绝不与之讲和。"

对此,乾隆深有体会地说:"从前批准允许金川投降的往事,我十分后悔对这些叛军太姑息了。现在这些叛民竟敢如此忘恩负义,不可不急为剿灭,以除后患。"因此,他要求坚决除之而后快。对于叛军的使者如何处理,乾隆指示:"假使遇到贼人请求投降,都不必与他们交谈,如果有人押送僧格到我军大营来,马上将僧格和这些押送的人一举设法擒获,一面仍加紧进攻,贼人无计可施,自然就土崩瓦解了。"俗话说"两军交战不斩来使",而现在乾隆要求擒拿来人,充分显示朝廷绝不迁就姑息的决心。乾隆多次重申此意:"官兵既然近逼贼人的巢穴,他们必然大势已去,加上官军勇锐,贼人的头领难以坚持太久,他们会在走投无路的时候相继前来乞求投降,以希望减缓自己的灭亡,你们这些征战的将军千万不可以被他们这种假投降所迷惑,而稍微存有一丝的姑息念头。金川忘恩负义反叛朝廷,罪大恶极,自取灭亡,一定要就地正法以快人心,而震慑边境那些敢于反叛的人。况且耗费如此大的军费和力气,才得以平定其地,千万不应该以简单的受降来结束这样的战事,使各番人无所敬畏,而且不可以留下这些叛逆的余孽,让他们成为国家的后患。传令阿桂等将领,如果反叛的敌人头领索诺木及莎罗奔兄弟等人,这个时候来乞求投降,只有立即擒拿,不得有误。"

乾隆四十年(1775年)正月,阿桂率西路军开始围攻勒乌围。此时天公不作美,连降雨雪,道路泥泞不堪,士兵多伤冻,进攻受阻。

及至四月，天气转晴，士兵大振。阿桂首先派福康安、海兰察率军渡河，全歼河西之叛军。七月，阿桂与明亮合围勒乌围。勒乌围南有转经楼，面临大河，互成掎角之势。破勒乌围，清军先攻破卡栅数十重，然后又毁桥，断叛军之退路，明亮等也从河西攻入，形成四面夹击之势，叛军狼狈不堪。

八月十五日，清军发起总攻，先用大炮轰击，到八月十六日，就攻克了勒乌围及转经楼喇嘛寺，并且攻获了60座碉房、寨落、木城、石卡，杀敌数百人，夺获无数枪炮、刀矛。此时，大金川头目索诺木已提前逃往噶拉依。从九月起，阿桂率军陆续攻占了西里山梁黄草坪和科布曲山，并逐步扫清了外围的叛军。十二月，金川头人达因拉得尔瓦率500人，恩达尔率600人缴械降清。

乾隆四十一年（1776年）正月间，阿桂发起对噶拉依的总攻，明亮则攻占马尔邦，扫清西路残敌。索诺木的母亲见形势火烧眉毛，便冒险赴河西准备召兵，但看到清军已是万头攒动，形成合围之势，即知大势已去，遂携同索诺木的姑姑等姐妹投降。阿桂令索诺木母亲写信招降索诺木，同时发起进攻。

乾隆四十一年（1776年）二月初四日早晨，索诺木跪捧印信，携同兄弟、妻子及其大头人、喇嘛、大小头目两千余人出寨，乞求免除一死。大金川全境被顺利平定。

第四节 靖台湾

清朝中期以后，各种秘密会党大量出现。由于清统治者在统一全国的过程中，推行了民族高压政策，受到汉族越来越多人的反抗，有人便利用结拜弟兄的方式，组织反清团体。清政府鉴于出现的多次反清事件，特别是明代宗室也利用结拜弟兄的方式进行反清活动，加重了对会党的惩处。乾隆二十六年（1761年），提喜创立天地会，发展到江西、广东、福建等省，朝廷多次派兵搜捕天地会成员。

乾隆五十一年（1786年）十一月二十七日，天地会在台湾的首领林爽文因为清政府搜捕、杀害天地会的会员，在距彰化县20余里的大里杙庄起义。

林爽文是福建省漳州府平和县人，农民出身。乾隆三十八年（1773）随父母迁居台湾彰化县大里杙庄。当时，天地会在福建、台湾一带秘密流传。乾隆四十九年（1784年），林爽文加入天地会，为彰化地区的重要首领之一。

乾隆五十一年（1786年）十一月二十五日，彰化县知县俞峻与北路营副将赫生额、游击耿世文带领士兵来到大墩，想要捕捉当地的天地会首脑林爽文。在离林爽文的住处还有7里时，知县下令，要村民前往擒拿林爽文，如果不遵命令，就焚毁村庄，并且先"焚数小村以怵之"。村民们极端愤怒，林爽文于是趁着民怨，发动了起义。

林爽文起义后，队伍迅速发展到3000人。林爽文率领起义军夜袭大墩营盘，击毙了副将赫生额、知县俞峻及官兵数百人，随后又攻占离彰化县城40里的大肚溪，控制了水路，切断了通往彰化的交通。

十一月二十七日和二十八日，闽浙总督常青两次向朝廷上奏台湾起义事件。常青奏道：台湾府彰化县"贼匪"林爽文结党扰害地方，十一月二十七日知县俞峻在大墩"拿贼遇害，县城失陷"。臣闻信，飞咨水师提督黄仕简领兵两千，由鹿耳门飞渡进剿，并派副将、参将都司带兵分路夹攻，又派陆路提督任承恩领标兵1200名于鹿耳门前进，臣于泉州、厦门等处往来督察。

乾隆看后，认为这是台湾常有的小型械斗，不需要大动干戈，立即批示：尔等俱是"张皇失措"，岂有因一匪犯，使全岛及邻疆皆怀恐惧之理。

正在乾隆认为消灭义军易如反掌之时，林爽文、庄大田领导的起义军，却已连下彰化、凤山、诸罗三县，台湾全府丢失大半，官军困守于郡城，形势十分危急。

十二月初一日，林爽文打下竹堑。天地会会众拥戴林爽文为盟主大元帅，驻彰化县署，建元顺天，以杨振国为副元帅，王作为征北大元帅，王芬为平海大将军。十二月初六日，林爽文又破诸罗县。各地天地会会员纷起响应，连破六斗门、南投等处，声势大震。

台南凤山县庄大田也聚众起兵，于十二月十三日攻下凤山县城，自称南路辅国大元帅，或称定海将军、开南将军。台湾府一共辖有四县，现已丢失三县，只剩下台湾府城及附属的台湾县，犹如海中孤岛。十二月初七日，林爽文从水陆两路进攻府城。

为了镇压起义，乾隆派福建水师提督黄仕简、陆路提督任承恩支援台湾。虽然有13000余名援兵赶到台湾，台湾府又有驻兵12000余名，还有移民中支持清军的"义民"，清军总人数并不少于义军，而且枪炮弹药也比义军更充足，但是，这两位提督都是贪生怕死的庸将，黄仕简自称有病，在府城"卧病床榻"，任承恩困居鹿港，不敢进攻义军。官兵处于被动挨打的局面。乾隆大怒，将二人革职拿问。

乾隆把平定起义的重任放到了最先奏报台湾事件的常青身上，从三个方面提供帮助：一是授常青为将军，以福州将军恒瑞、新福建陆路提督蓝元枚为参赞，"俾事权归一，军威益振，以期迅奏荡平，绥靖海疆"；二是严肃军纪，诛戮逃将，斩总兵郝壮猷、参将瑚图里；三是允常青奏请，增派援兵七千。

乾隆五十二年（1787年）三月，常青抵达台湾府城。此时，他辖有官兵3万，还有各庄支持清军的"义民"。然而，这位被皇上重用的将军也是一个胆小怕死的懦夫。

五月二十五日，常青领兵出府城，起义军庄大田率1万余人攻击。"常青战栗，手不能举鞭，于军中大呼曰，贼砍老子头矣，即策马遁。诸将因此即退"，义军"欢跃而归"。常青入城，命令紧闭城门，请求增兵。天地会势力迅速扩展，数月之内，义军"已增十万"，将军常青、参赞恒瑞困在府城。常青吓破了胆，"日夕惟涕泣而已"，哀求和珅把他调离台湾，奏请皇上另派大臣来台。

经过和珅的活动，乾隆于六月二十日下谕，派协办大学士福康安前往台湾接替常青，派领侍卫内大臣海兰察为参赞大臣。八月初二日，他又下谕，授福康安为将军，增调湖南、湖北、贵州绿营兵6000名及四川"屯练降番兵"2000名。

使乾隆意想不到的是，福康安却呈上了一份畏难的奏折。原来，此时，绝大部分台湾州县村庄已被义军夺占，官军连遭失败，士气低下，动辄溃逃。而林爽文、庄大田领导的天地会义军已号称20万。在这种敌强我弱的形势下，十几年来连建功勋的福康安感到信心不足，向皇上呈交了"畏难"的奏折。

· 141 ·

乾隆于八月二十四日看到福康安这份"畏难"奏折后，大吃一惊，于当日及二十五、二十六日，连下三谕，讲述进剿必胜的原因，勉励福康安勇担重任，并着重强调了对福康安的宠信和关怀，专门指出，"朕之待福康安，不啻如家人父子，恩信实倍寻常"，对彼"寄以股肱心膂"。皇上推心置腹、情深意厚的晓谕，使福康安消除了疑虑，增强了勇气和责任心。

乾隆调拨白银几百万两和米100余万石运往台湾，并多次下谕，嘉奖支持清军的"义民"，招抚"胁从之民"归顺。他经过反复思考后，制定了集中精锐士卒，直攻林爽文大营的战略方针。这一切，对战局的进展起到了重大的作用。福康安奏请集中郡城常青之兵、盐水港恒瑞之兵5000，柴大纪诸罗守兵三四千，鹿港之兵数千余名，以及自己带来的5000援兵，南北夹攻，直捣大里杙庄林爽文家乡，但乾隆不允其请，责令其直抵诸罗，解围之后，攻敌巢穴。

福康安遵旨，于十一月初七日领兵5000及鹿港兵6000余名和"义民"1000余人出发，"凡遇贼庄，即行剿洗"，海兰察率巴图鲁侍卫奋勇冲杀，大败义军，林爽文率会众撤走。初八，清军进入诸罗城。福康安又率军进攻大里杙庄，打败了义军的"万炬"迎战。十一月二十五日，林爽文携眷逃入"番社"。

乾隆五十三年（1788年）正月初四日，林爽文被清军抓获，二月初五，庄大田也被俘。不久，二人被处死。林爽文、庄大田领导的天地会反清起义被镇压下去了。

第五节 服缅甸、安南

清初，中国和缅甸之间，在相当长一段时间内没有建立起正式的官方联系，但两国地域毗邻，民间往来频繁。

乾隆二十年（1755年）起，缅甸军队不断侵扰清朝边境。乾隆二十七年（1762年）冬，缅军对清朝的云南边境发动了进攻。泱泱大国，岂能受小国之辱。乾隆一向认为"我大清国全盛之势，何事不可为"，于是，便在收复失地之后，接受了云贵总督杨应琚的建议，于乾隆三十一年（1766年）出征讨伐缅甸。

乾隆三十一年（1766年）正月，清政府派大学士杨应琚从陕甘移督云南，开始征缅。杨应琚到任后，指挥军队击退了缅军的进犯，收复了失地。但杨应琚却因此而傲慢轻敌，贪功启衅，他自普洱移驻永昌后，致书缅甸国王，声言将率大军数十万征讨，要缅甸投降。缅甸起兵迎战，双方战事再起。清军数战不利，缅甸军队乘机进扰云南。乾隆闻讯大怒，谕令杨应琚进京，赐死。

乾隆三十二年（1767年），乾隆派将军明瑞分兵五路出征缅甸。战争开始的时候，清军连连告捷，很快就逼近缅甸的国都。由于清军是孤军深入，粮草不继，于第二年二月兵败，明瑞也因战败而自尽身亡。

这是一次穷兵黩武而又毫无所获的战争，先是杨应琚惨败，继之明瑞身亡，在连连受挫之下，乾隆不得不派出朝廷重臣傅恒，命傅恒为经略，阿里衮、阿桂为副将军，舒赫德为参赞大臣。毫无疑问，这是乾隆于缅甸之战抛出的最后一张王牌，是一次只能胜不能败的战争。

乾隆三十四年（1769年）二月，傅恒率满、蒙兵13600余名出征。临行时，乾隆亲自在太和殿授之敕印，并把自己用的甲胄赠给傅恒，以表示对他的信任和希望。傅恒明白此行任务之重，因而，当他抵达云南之后，便不顾当地气候的恶劣，不听众人宜待霜降瘴消之后出师的建议就马不停蹄地出兵入缅。

乾隆三十四年（1769年）三月，傅恒抵达云南。四月，傅恒到永昌、腾越察看情况，着手进行战前准备。他得知缅军防守"专恃木栅"，而"清军向来用寻常枪炮攻取，无济于事"，就"访闻茂隆厂一带有善造大炮之人，将来进兵时兵弁各带铜、铁一斤，遇攻栅时随时暗铸大炮，出其不意"。

傅恒聚集众将，商讨进兵方略。鉴于过去明瑞由陆路进兵，缅方得以集中兵力防御，明瑞遭败绩的教训，傅恒决定水陆并进。要实现水陆并进的方针，他首先要解决船的问题。早在傅恒未到云南之前，乾隆就曾有造船的打算，并派副将军阿里衮去经办此事。但阿里衮以"边外峡行湍险，舟楫不通，沿江亦无办公所奏止"。随后，傅显与佐三泰又奉命前往勘察实情，"所言与阿里衮等同"。这样，造船之事只好暂且搁下了。傅恒抵达云南以后，详细询问当地居民，获知蛮暮附近的翁古山树木较多，而位于翁古山旁边的野牛坝，气候凉爽，无瘴气之害，是建造船只的好地方，于是傅恒派傅显督工运料，令湖广工匠造船。

在兴造船只的同时，征缅的其他准备事务也陆续到位。政府增调的军队抵达云南，马匹和粮草也大体齐备。乾隆三十四年（1769年）七月，满、汉精锐之师数万余众，马骡6万余匹，以及各种火器，如京师的神机火器、河南的火箭和四川的九节铜炮等"皆刻期云集"。然而当时距霜降尚早，部下诸将以"南徼地多瘴，群议宜俟霜降后出师"。傅恒担心时间拖长了，不仅耗费物资，而且士兵也会产生松懈情绪，所以不顾部下劝阻，下令进兵。

乾隆三十四年（1769年）七月二十日，傅恒祭旗进发。副将军阿里衮已患病，傅恒要他留下养病，阿里衮坚请从征，傅恒同意了，只留阿桂督造战船。傅恒领军至戛鸠江后，征集船只，打造木筏，用10天的时间，全军渡过了戛鸠江。然后挥军西进，一路之上，孟拱、孟养两土司先后归降，并"各献驯象四，牛百头，粮数百石"。此时缅甸正值秋收季节，未集军迎战，孟拱、孟养离缅甸中心地区又较远，所以傅恒几乎是兵不血刃地就前进了两千里。但是这期间，天气十分恶劣，"惟途间忽雨忽晴，山高泥滑，一马倒，则所负粮帐尽失，军士或枵腹露宿于上淋下湿之中，以致多疾病"。而且清军人地生疏，经常迷失方向，实在是难以深入了。

面对如此险恶的困境，傅恒只得改变原先攻占木疏，由陆路直取阿瓦的计划，于同年十月回师至蛮暮，与东路阿桂军会合。傅恒因率军"奔走数千里，疲乏军力，而初无遇一贼，经略之声名遂损，因羞恚得病"。虽然如此，傅恒还是带病指挥。他见水战所需战船已造好，福建和广东水师也已到达蛮暮，就把军队重新部署，以阿里衮为西路，阿桂为东路，而自己则督舟师居中，沿伊洛瓦底江南进为中军。缅甸也集结水陆军应战，经过一番激烈交锋，缅军败退。

清军虽然一时占了上风，但阿里衮随后病亡，许多官兵负伤、患病，已经无力再向阿瓦进攻了。傅恒于是决定全力夺取阿瓦城北五百里的老官屯，以迫使缅甸投降。老官屯前临大江，缅军在江东周围二三里的地带竖立了许多高人的木栅，栅外挖了三重壕沟，沟外又横放大木头，尖利的树枝朝外成鹿砦，使人无法通过。这是缅军的惯用之法。

傅恒命令部下修筑土台，用大炮轰击。炮弹虽然击穿了木栅，但是木栅没有塌落，缅军随即又修补好了。傅恒看到这种方法不奏效，就让士兵用生革结成长绳去钩，但是绳子钩断了却没有把栅栏钩倒。傅恒又派士兵用结实的老藤挂上钩子去钩栅栏，结果，缅军用斧子砍断了老藤。傅恒于是下令施用火攻，"先以桿牌御枪炮，众挟膏薪随之，百牌齐进，逾壕抵栅，而江自四更大雾起，迄平旦始息，栅木沾润不能热，兼值反风，遂却"。最后，傅恒又派士兵挖地道，埋火药轰炸，然而火药引爆后，虽然"栅突高起丈余，贼号骇"，但随之落平，"又起落者三，遂不复动，盖栅坡迄下，而地道平进，故土厚不能迸裂也"。

清军陷入了进退两难的困境。由于当地的瘴气日趋加重，清军士兵病死无数，傅恒只好向乾隆奏报："奈因本年瘴疠过甚，交冬未减。原派各营兵三万名，满兵一千名，见计仅存一万三千余名。"部队由3万减至1万，乾隆接到奏报后知道病情严重，于是命令傅恒撤兵，并命傅恒回京，"老官屯既不可久驻，野牛坝地方尚高，酌量于该处留兵屯守，并著土司等于关外相度地势驻扎防范。令其以暂时退驻，明年再行进兵之言，宣示于众……著传谕傅恒将善后事宜交阿桂筹办，即速驰驿来京"。

战争实在无法打下去了，卧病在床的傅恒骑虎难下。虽然乾隆已有撤兵之旨，但博恒仍然觉得难以复命，犹豫不决。正在这时，缅军在清军的攻势下也感到震惧，加上阿桂的战船又截断了东西岸缅军之间的联系，他们也不愿再打下去了，于是向朝廷求和。

乾隆三十四年（1769年）十二月，缅甸答应清方提出的十年一贡的条件，请求乾隆批准协议。乾隆批准，征缅战争结束。乾隆三十五年（1770年）三月，傅恒班师还朝。七月，傅恒病死。乾隆下令以宗室镇国公例丧葬，谥号"文忠"。

乾隆五十三年（1788年），安南大乱。安南国被阮姓攻破黎城，国王黎维祁出逃，安南大臣阮辉宿、黎炯为保护王子等人被阮兵追杀。

安南位于广西、云南边界以外。上古时代，安南名南交、越裳，秦朝时在此设象郡，唐朝时朝廷在安南设置都护府。明永乐年间，朝廷在安南设置布政司，宣德年间，改封黎氏为安南国王。

明初以来，黎维祁的祖先世代为安南国王，并定期向明朝的皇帝献贡。嘉靖年间，权臣莫登庸篡位，原先的国王之孙黎维潭依靠旧臣郑、阮两家，封郑、阮二姓之长为左、右辅政，后来右辅政郑栋乘机把左辅政阮璜排挤出顺化，自号广南王，掌握国家大权，使国王徒有虚名。这样一来，阮、郑二姓就世为仇怨，争斗不已。

乾隆五十一年（1786年），郑栋去世，阮光平乘机发兵，攻破国都东京黎城，杀死郑栋的儿子郑宗，阮氏又独家执掌了军政大权。乾隆五十二年（1787年），安南老国王去世，黎维祁继位，原郑栋之臣贡整想扶黎抗阮，阮光平遂派大将阮任领兵数万攻克黎城。贡整战死后，黎维祁逃匿于民间。阮任占据东京，似乎也表现出称王的雄心壮志。于是，乾隆五十三年（1788年）夏，阮光平再次发兵东京，将阮任诛杀，假意请黎维祁复位，黎维祁知其心怀叵测，哪里敢出山？阮光平被拒，一怒之下尽毁王宫，挟子女玉帛回富春，留兵3000驻守东京。

乾隆从五十三年（1788年）六月十七日获悉安南大乱起，一直下谕强调要"兴灭继绝"，帮助安南王孙驱逐阮氏，恢复王位，但仅仅只是谕令王孙黎维祁及其安南臣民起兵逐阮。清政府以总督名义发布斥责阮氏的檄文，扬言要派大军出征，可是乾隆这时并未真正决定要出关作战，数千名官兵均在边界屯驻。直到八月二十七日，乾隆对安南的态度，有了重大的改变。

乾隆见黎维祁被阮军所逼，带着随从数人，竟然入山藏匿起来，便认为黎维祁"看来竟是一无能为之人，难望其振作恢复"，而阮光平兄弟，见到两广总督孙士毅的檄文，就"畏惧遁逃"；阮光平的心腹潘启德，一接檄文，即离开叛匪，归顺清朝，可见出兵容易成功。就这样，乾隆决定正式出兵安南，并下了出兵的圣旨。

清军向安南泰德王阮光平进攻的"兴灭继绝"之战，很快拉开了帷幕。乾隆应孙士毅的请求，批准他统领一万大军出关，作为正兵，又令云贵总督富纲派出8000士兵交付云南提督乌大经统领，作为偏师。大军将由云南蒙自出发，进攻安南的宣光、兴化等处。

决策已定，出征在即，两广总督迅速调兵遣将，筹备粮饷。乾隆深知安南正值节年荒歉，谕令设台站，从内地转运军粮。他在云南、广西两路共设下台站70余个，保证了军粮的供应。考虑到富良江地居险要，料测阮光平必定严加防守，官兵难以径渡，但该江江面辽阔，敌军不可能处处设防，因此，他指示孙士毅一面督兵佯装攻击，吸引敌军的视线，一面遣派许世亨领兵从上游或下游进击，认为只要攻其不备，敌军势必纷纷溃散。

孙士毅沿用乾隆所授的这条"偷渡之计"，果然行之有效。清军排列大炮多门，隔着缭曲的江水轰打，佯装一定要渡过此江，暗地里却由总兵张朝龙统领两千精兵，在上游20里水流缓慢处用竹筏渡江，抵达岸边，与驻守的阮军厮杀。正在这时，上游官兵已绕到敌军背后，居高临下，一起冲向敌军，声震山谷，形成前后夹攻之势。阮军不知身后的清军从何而来，顿时乱了阵容，全军崩溃，死伤者数千人。

孙士毅获胜的战绩令乾隆十分高兴，他及时对有功之臣进行赏赐，赏给孙士毅一柄玉如意，一个御用汉玉扳指，三对荷包；赐给许世亨一个御用玉扳指，三个荷包；赏张朝龙、李化龙、尚维昇各两对荷包；其他有功的将士，也分别得到了赏赐。乾隆深谙这些经他发放的小恩小惠的作用，属下有功，及时行赏嘉奖，以鼓舞士气，增加干劲，这也是他待人的智慧。过了几天，前方传来孙士毅大败阮兵攻克东京黎城的消息，乾隆很高兴，晋封孙士毅为一等谋勇公，赏戴红宝石帽顶，并答应等到他擒获阮光平将再续降恩旨，以显示对他的恩宠。

就在朝野上下欢欣鼓舞之时，安南方面情形却急转直下，清军竟转而大败，黎城失守。原来，上次孙士毅所报"阮氏望风奔窜"，却是阮光平主动后撤，待机而进，孙士毅误以为阮军惨败，清军所向披靡，其实阮军的兵力并未遭到多大的损失。此时，年迈的乾隆，在关键时刻做出了高明的决定。他说，孙士毅带兵前往安南，能生擒阮光平等人固为上策，否则只要能收复黎城亦为中策，如果情况不佳，即带兵回广西。在这里，乾隆不仅考虑到水土不服等恶劣的客观条件，要知进知退，以免陷入险境。而且，他也预见了黎维祁腐朽无能，清政府不需要也不应该坚持支持黎维祁，浪费自己的人力物力，做这种对天时、地利、人和等皆不值得的蠢事。乾隆的撤兵之旨是非常高明和及时的，如果孙士毅严格执行乾隆的旨意，那么安南的形势必然会有所好转，清军也不会落个惨败的下场。但遗憾的是，孙士毅犯了战场上将军所犯的急功冒进的通病：一心想再建功勋，生擒阮氏兄弟，竟至违抗圣旨，迟迟不肯撤兵。

在这种情况下，阮军于乾隆五十三年（1788年）岁末倾巢出袭，孙士毅毫无防备。至乾隆五十四年（1789年）正月初一，孙士毅军中置酒畅饮，正在这时，夜间突然有人来报"阮军大至"，孙士毅仓皇迎敌，但阮兵数万，声如涛涌，攻击猛烈，清军寡不敌众，在黑夜里自相踩躏。孙士毅匆忙撤退渡过了富良江，为防阮兵追击，将浮桥砍断，可怜滞留南岸的提督许世亨、总兵张朝龙等官兵夫役1万余人，因桥断无法渡江，都被阮兵砍死在江中，无一幸免。孙士毅拼命逃回镇南关后，黎维祁携其母先行逃走，云南兵因有黎维祁的下臣黄文通的导引，才得以全师返滇。

一场大规模的征安南之战，就这样以孙士毅贪功轻敌、清军惨败而悬于空中，置乾隆于万分尴尬之地。乾隆无奈之中只能一一斥责孙士毅的过失，削其封爵，将所赏红宝石帽顶一并收回。随后，他全面分析了安南形势，总结了历史经验教训，冷静思考，从大局出发，决定停止征伐安南。与此同时，安南国内的形势也不安定，民心不稳。广南的阮映福也有东山再起之势，北部的黎氏旧党也在密谋复辟。阮光平为了缓解内忧外患的危机，急着改善与清朝的关系。阮光平多次向朝廷请罪，并表示愿意称臣纳贡。乾隆想到黎维祁怯懦无能，扶也扶不起来，于是下令废掉黎维祁的国王称号，封阮光平为新的安南国王。安南国的危机到此结束。

乾隆五十四年（1789年），为了加强与清朝的联系，阮光平派侄子阮光显到承德，庆贺乾隆79岁寿辰。乾隆在避暑山庄接见了阮光显并赐宴，还写下一首诗记录此事：

> 谁能不战屈人兵，战后畏威怀乃诚。
> 黎氏可怜受天厌，阮家应兴锡朝祯。
> 今秋已自亲侄遣，明岁还称躬己行。

> 似此输诚外邦鲜，嘉哉那忍靳恩荣。

同年，失去王位的黎维祁带领家族167人，移居北京，被编入汉军镶黄旗，成为一名三品的佐领。

乾隆五十五年（1790年）三月，阮光平到热河觐见乾隆。七月十一日，乾隆接见了阮光平，多次赐宴，还亲书一首诗赐给阮光平：

> 瀛藩入祝值时巡，初见浑如旧识亲。
> 伊古未闻来象国，胜朝往事鄙金人。
> 九经柔远祇重泽，嘉会于今勉体仁。
> 武偃文修顺天道，大清祚永万千春。

乾隆对安南国的臣服非常高兴，并期待"大清祚永万千春"，即大清国运昌盛万年。但历史的轨道没有按乾隆的意愿延伸。嘉庆七年（1802年），新登位的国王把国号改为"越南"，随后向法国殖民者投降，同治三年（1884年），越南沦为法国的"保护国"。

对缅甸和安南的战争都是以"议和"而结束，两次战争都是清军深入缅甸、安南境内，感到军力无以为继，而敌军内部也出现了危机，双方才达成和议。由于清朝的实力日渐衰弱，清政府对安南的控制也未能持续下去，缅甸和安南最后都独立建国。

乾隆五十三年（1788年）六月，正当乾隆调兵遣将准备进攻安南之时，西藏边境却被廓尔喀侵占。

清初，西藏地区处于蒙古和硕特部的军事控制之下，在蒙古军队的支持下，格鲁派（黄教）在西藏各教派中取得了绝对优势。清朝政府一方面敕封和硕特蒙古领袖顾实汗为"遵行文义敏慧顾实汗"，让他管理西藏；另一方面给予黄教领袖以荣誉，先后敕封阿旺洛桑嘉措

（即五世达赖）为"达赖喇嘛"，敕封罗桑益西（即五世班禅）为"班禅额尔德尼"，确定了"达赖""班禅"两系传承的名号和他们的宗教领袖地位。

乾隆四十六年（1781年），西藏的班禅额尔德尼在北京病死，他的兄长仲巴呼图克图独占了他的大量财物，他的弟弟沙玛尔巴呼图克图愤恨不平，逃往廓尔喀，挑拨廓尔喀与西藏的关系，想要夺取仲巴呼图克图的财产。

廓尔喀又被称作巴勒布、巴勒布廓尔喀，后来叫尼泊尔。乾隆时期，廓尔喀势力强大，想对西藏用兵，于是借沙玛尔巴呼图克图的投奔和西藏噶布伦索诺木旺扎勒苛索廓尔喀商人这两件事，出兵侵入后藏。

乾隆五十三年（1788年）七月二十七日和二十八日，驻藏大臣庆麟奏称：巴勒布廓尔喀头目苏尔巴尔达布率兵入寇，抢占了后藏的济咙、聂拉木，围攻宗喀，现在前后藏俱在严备，卫藏兵力不敷堵截，已飞咨四川调兵应援。

乾隆十分重视西藏的安全，立即下旨，责令驻藏大臣尽力抵御，四川总督、提督派兵4000名，由成都将军鄂辉统领，赶往西藏御敌，将达赖、班禅移往青海泰宁居住，以保护他们的安全。他又派熟悉藏情的御前侍卫、理藩院侍郎巴忠为钦差大臣，入藏主持用兵事宜。

西藏政府首领噶布伦因为藏兵疲弱，无力抵挡敌军，派人与廓尔喀议和。双方议定，西藏噶布伦每年交银元宝300锭，回赎聂拉木、济咙、宗喀三处地方。钦差大臣巴忠、四川提督成德、成都将军鄂辉都同意此议，但是他们知道，皇上绝不会接受出银赎地的不平等条约，便编造谎言，伪称敌酋悔过投诚，认罪退地，乞求封王纳贡。乾隆不了解实情，批准了巴忠等人的奏请，于乾隆五十五年（1790年）

正月，赐宴廓尔喀使臣，封廓尔喀王子喇特纳巴都尔为廓尔喀国王，封其叔巴都尔萨野为公爵，并传令鄂辉，要他参照乾隆十六年班第等订立的《酌定西藏善后章程》，就达赖的权力、噶隆、戴绷、第巴的补放，藏兵的问题，妥协定议。

一征廓尔喀就在大臣们的欺上瞒下中荒唐地结束了。

尽管巴忠等人绞尽脑汁，编造谎言退了敌，但由于每年要向廓尔喀交银元宝300锭，每锭重32两，而西藏却根本交不起，所以廓尔喀又入侵后藏了。

乾隆五十六年（1791年）七月初，廓尔喀派步兵数千人再次入侵，很快攻占聂拉木、济咙等处。八月二十日，廓尔喀兵进围班禅住地扎什伦布，随即攻占此寺，大肆抢掠，将塔上镶嵌的绿松石、珊瑚、金塔顶、金册印等抢走，金银佛像抢去大半，一时藏区大乱。班禅因早已被驻藏大臣移往前藏而得免于祸。

八月二十二日，乾隆得到消息，勃然大怒。巴忠畏罪自尽。驻藏大臣保泰惊慌失措，奏请将达赖、班禅移至青海泰宁，被达赖拒绝。总督鄂辉、将军成德畏敌怯战，御敌无方，拥兵4000余名，听任敌军大掠，又不攻余兵。乾隆决定委任新帅，大举征讨廓尔喀。

当时，征讨廓尔喀很不容易，气候恶劣，山路峻险，敌军凶悍，满兵水土不服。成都将军鄂辉、四川提督成德，都是行伍出身的勇将，曾经随大军征准噶尔、平定回部，征缅甸，打金川，定台湾，身经百战，军功累累。但却在征廓尔喀时畏惧不前，可见征廓之难。

此时，乾隆已年高，一般人到了这个岁数，只有认命养老，不可能再生雄心，远征强敌于几千里之外。可是，乾隆却壮志仍在，为了保卫大清疆域，确保西藏安宁，他决定不畏艰险，二征廓尔喀。

乾隆凭着历次征战的经验，仔细分析战争形势，做出了四个方面的部署。一是委任得力将帅，授一等嘉勇公、两广总督、协办大学士福康安为大将军，二等超勇公、领侍卫内大臣海兰察为参赞大臣；二是挑选精锐将士，此时满洲八旗已是军威不振，绿营兵疲弱怯战，乾隆另辟蹊径，重用索伦和川西地区的屯练士兵（即藏兵），调索伦达呼尔兵1000、金川等屯练士兵5000、察木多兵2000，并派御前行走护卫的巴图鲁、乾清门侍卫章京额勒登保、永德、珠尔杭阿等100员作为核心，分率14000名官兵征战；三是筹办大量银米器械枪炮，仅乾隆五十六年九月至五十七年二月的半年里，就准备了600万两银子，供军需用费；四是确定用兵的方针、目的、重要策略，直取其都城阳布，征服整个廓尔喀，战术是精兵深入，"捣穴擒渠"。随着形势的变化，后来乾隆又修改目标，指示前方乘胜班师。

乾隆五十七年（1792年）闰四月，福康安和海兰察遵照圣旨，率精兵6000人出征。五月初，攻擦木，此地两山夹峙，中间有一个山梁，是唯一的通道。廓尔喀军"据险拒守，拼死抵御"，清军猛攻，歼灭守军200余人，打了第一个胜仗。接着，两兵交战于噶尔辖尔甲山梁，清军斩杀敌兵300余人。再往前，成德与穆克登阿攻克聂拉木，海兰察率兵歼敌1000余人，攻克济咙。五月中旬，清军已尽复失地，敌军退回本境。

济咙西南是崇山峻岭，道路险恶，"高山夹峙，窄径崎岖，较金川尤为险阻"。距济咙80里有热索桥，渡桥之后就是廓尔喀界。廓尔喀军据险死守。福康安、海兰察暗遣头等侍卫哲森保等领兵翻越两座大山，绕至热索桥上游，斫木编筏潜渡，疾驰猛攻守军，福康安乘机统兵搭桥，两路夹攻，廓尔喀军败走。五月十七日清军渡桥，进密里顶大山，沿途"陡岩高磡，乱石丛接"，"路逼仄，不能驻足"，大帅、将领、士卒"皆露宿崖下"。五月二十二日，双方激战于协布鲁克玛，清军焚敌垒五座，斩三百余人，破木城石卡，敌军败走。清军将士艰苦行进，奋勇冲杀，先后攻克东觉岭、雅尔赛拉等木城，杀敌4000，深入廓尔喀境内700余里。

七月初，清军进攻甲尔古拉、集木集，离都城阳布仅数十里。双方恶战，福康安因屡胜而"骄满"，疏于指挥，遭到敌军伏击，势甚危急。幸好海兰察隔河接应，御前侍卫额勒登保扼桥力战，鏖战两日一夜，敌军才退。这一战，清军攻下2座大山、4座大木城、11座石卡，斩敌将13员，敌兵600名，清军也"死伤甚众"，护军统领、御前侍卫台斐英阿，二等侍卫英赟等人阵亡。

廓尔喀王叔巴都尔萨野因为清兵猛勇，自己难以继续交战，便连遣使者"乞降"。福康安也因为甲尔古拉一战损失重大，同意议和。乾隆担心福康安重蹈当年将军明瑞深入敌国粮尽援绝败死荒郊的覆辙，一再谕令福康安答应议和。双方达成协议，清军撤回西藏。

乾隆五十八年（1793年）正月，乾隆册封拉特纳巴都尔为廓尔喀国王，五年一贡，从此双方关系密切，友好往来。

为了保证西藏的安定，乾隆改变了噶布伦专权、驻藏大臣虚有其名的制度，让驻藏大臣掌握藏区军政大权，中央加强对西藏的控制。

乾隆五十六年（1791年）十二月二十六日，乾隆痛斥噶布伦专权横行，祸害藏地，剥夺其权。不久，他又下谕，将戴绷、第巴等官员的任用权收归朝廷。乾隆五十七年（1792年）八月二十六日，乾隆又下谕，建立金奔巴瓶制，规定达赖等大喇嘛的化身呼毕勒罕，由驻藏大臣会同达赖，"对众拈定"，上奏朝廷。

乾隆五十八年（1793年），朝廷颁布了《钦定西藏善后章程》，共29条，明确规定了中央政府拥有管辖藏区政治、军事、经济（租赋、银钱）、外交、外贸等各个方面的最高权力。政治事务上，《钦定西藏善后章程》规定，驻藏大臣在处理藏内事务方面与达赖、班禅的地位平等，拥有监督管理和任免西藏各级官员的极其广泛的权力；在宗教事务上，对以往达赖、班禅和各地活佛圆寂后，由巫师做法指定这一弊端百出的"呼毕勒罕制度"加以改革，改成在驻藏大臣的监视下，以金瓶（金奔巴）掣签的办法，并还规定呼毕勒罕的"坐床"典礼，必须在驻藏大臣的主持下进行；在军事上，为了加强西南地区的边防，《章程》规定建立西藏地方常备军，额数三千，分驻于各重要地区，由驻藏大臣统辖；在外交事务上，规定由驻藏大臣主持对外交涉，禁止噶隆以下的地方官员和外国私下联系。所有这些，都进一步加强了清朝中央政府对西藏地区的管辖，同时也限制了地方割据势力的发展，有助于西南边防的巩固和西藏地区政局的安定。

《钦定西藏善后章程》是西藏历史上重要的文献，标志着清朝对西藏进行全面有效的管辖。《圣武记》盛赞乾隆治藏之功说："自唐以来，未有以郡县治卫藏如今日者。""盖至金奔巴瓶之颁，而大圣人神道设教变通宜民者，如山如海，高深莫测矣。"

至此，乾隆完成了守疆护土的十大战功。经过乾隆对边疆地区的经营，到18世纪后半叶，中国形成了历史上空前统一的局面。乾隆时的中国疆域，东起大海，西达葱岭，南极曾母暗沙，北跨外兴安岭，西北到巴尔喀什湖，东北到库页岛。

为了维护国家的统一，乾隆坚持"修其教，不易其俗，齐其政，不易其宜"的原则，对少数民族的宗教信仰和生活方式表示尊重，对其上层贵族则授以爵位和与之联姻，多方笼络。这些政策收到了极大的成功，乾隆在位六十余年，各少数民族地区基本上保持了长期安定的局面，所有这些，都有利于全国各地（包括边疆地区在内的）经济文化的发展，并推动清朝迅速走向全盛。

第四章
乾隆盛世

第一节　仁政爱民

乾隆在父辈的基础上，经过励精图治的改革，完成了对外的十大战争，实现了对内的皇权独尊，使大清国内定外服，呈现出国泰民安的盛世气象。

乾隆即位的时候，尽管清王朝正是蒸蒸日上之时，但是他仍然不懈怠，勤于政务，监督臣子们的工作，从而确保他这一朝继续保持兴盛的局面，也为后世皇帝奠定良好的基础。乾隆在位六十年，基本上都坚持天天临朝，批阅奏折，关心民生疾苦，是清朝难得的好皇帝。

雍正十三年八月二十三日（1735年10月8日），雍正皇帝去世，乾隆即位。这时候的大清朝，也算得上是政治清明，国泰民安。就如乾隆自己所谓的"国家继绪百年，累洽重熙至于今日，可谓承平无事"。乾隆的地位，似乎已是磐石之固。

按说，面对如此太平盛世，一个年轻的皇帝极有可能沉醉于安逸享乐之中，骄纵奢侈，坐吃山空，就像历史上秦二世在秦始皇统一中国之后，坐享其成，穷奢极欲，引起社会风气的败坏，使人民萌发反抗情绪，最终导致灭亡的结局。还有隋炀帝，包括农民起义的领导者李自成等无不是这样自取灭亡的。然而，乾隆恰恰与历史上荒淫误国的例子相反，成为了勤政爱民、洁身自守的开明君王。

乾隆登基22天时，就给庄亲王允禄、果亲王允礼、大学士鄂尔泰与张廷玉等大臣下谕，讲道："从来帝王抚育华夏的方法，只在教养两端。天生民而立之君，原本就是让君主以代天地管理百姓，广其怀保，人君一身，实在是亿兆黎民所安身立命的依托啊。"这段话的大意即，历代明君无不以民为本，当为民请命，为民付出心血，认真地教化臣民。如果不是熟悉历代帝王治国之史，又怎么能说出这样的话呢？乾隆又强调说："君主与百姓的关系，就好比船和水的关系。船没有能离开水而自由游动的，君主也没有能离开百姓而实现大治的。"

乾隆认为"民为邦本"，本固才能邦宁。治国之道，"莫先于爱民"；而爱民之道，"以减赋蠲租为首务"。因此，他多次地、大规模地减免国赋。乾隆在即位之初大赦天下的恩诏中，就宣布免除雍正十二年以前的欠赋，仅江苏、安徽就免了赋银1010余万两。此后的63年里，他以"灾蠲""恩蠲""事蠲""逋蠲"等名义免除的赋银超过1亿两。

乾隆于乾隆十年（1745年）、三十五年（1770年）、四十三年（1778年）、五十五年（1790年）、六十年（1795年）5次下谕全免天下一年国赋。于乾隆十年（1745年）正月初六日下达的第一道上谕中讲道：要想海宇一统，民气和乐，持盈保泰，"莫先于足民"。"况天下之财，止有此数，不聚于上，即散于下"……又特颁恩旨，"将天下钱粮普免一次"。即乾隆十一年（1746年）钱粮，通行蠲免。

普蠲天下钱粮的恩诏下达之时，天下百姓十分高兴，这是对乾隆帝大蠲租赋的最好赞扬，可见此举深得人心，对促进农业生产、繁荣社会经济起到了不容忽视的积极作用。

乾隆时期，由于人口的急剧增长和大量田地改为播种经济作物，国内出现较大范围的余粮区和缺粮区，因此，粮食调剂的商品化就迫在眉睫。乾隆运用"商业贸易，重在为民"的才智，打破了历朝皇帝贱视商人的陈旧思想，这都与他"从来为治之道，莫先于爱民"的思想密切相关。

早在乾隆二年（1737年），乾隆就规定：只要是运往灾区的粮食，一律给予全免课税放行的待遇。到了乾隆七年（1742年）四月，又对这一政策进行了推广，将灾区的特免改为全国的普免。这样的免税政策，加快了粮食的流通速度。在粮食歉收的地区，乾隆允许地方官借钱给商人，以实际行动支持商人到外地采买粮食运回本地，并不收取利息。

乾隆三年（1738年），浙江歉收，巡抚卢焯就曾让商人出示保证，借给银两，让其到外地采买粮食，还银时，不收利息。

在乾隆朝，一些有余粮的省份的地方官员推行地方保护主义，干预市场不让本省余粮向外流通，妨碍了粮食贸易的进行。乾隆对地方官的这种做法极为反感。为此，乾隆对四川、奉天等只考虑本地利益的官员给予了严厉批评。譬如在乾隆四十三年（1778年），长江中下游受灾。第二年，米商欲从四川贩米沿江下运，四川总督文绶担心本省粮价上升，于是禁止粮米出境。乾隆知道此事后，立即下谕训斥道："江南下游各省的粮食，一向都是仰仗四川的供给，现在长江中下游各省受灾，粮食歉收，再不从四川这里得到粮食，又将从何处得到粮食呢？不管是谁，都不得寻找借口囤积粮食，更不得擅自发布命令限制粮食的流通，否则我是不会顾及他的地位的。"接着给文绶下命令说："将碾米直接运往江南，而湖北等省商贩，不得阻碍粮食从四川的输出，如果违抗指令，定斩不赦！"

地方保护主义自古都是存在的。在乾隆朝中期，各余粮地区纷纷实行禁运，刮起了粮食保护之风。对此乾隆在三十七年（1772年）时制定出了具体的制约办法：凡是邻省歉收需要从别的地方输入粮食的，本地地方官禁止米粮出境的，该地区的督抚应该据实参奏，将州县官降一级留升；主管官吏不及时报告的，要罚掉一年俸禄；上级督抚不实事求是上奏的，罚掉六个月的俸禄。此项办法从实际利益入手进行奖赏，行之有效地遏止了坏风气的风行，使乾隆朝的粮食贩运贸易十分活跃，国内逐渐形成了大规模的粮食市场。

市场形成后，粮米多从四川和两广经由长江东下，运往江苏和浙江，并借海路运往福建；东北的豆麦则由海路运往北京、直隶、山东；湖南、河南的米粮经由陆路或汉水运到陕西；广西的粮食运至广东；台湾的粮米渡海运往福建，如此等等。这些粮食的长距离运输，已逐渐形成了粮食流通的固定渠道。除了形成国内粮食流通市场外，乾隆还鼓励国外粮食进口，并禁止出口。从乾隆朝开始，就有暹罗（泰国）、安南（越南）商人贩米到福建、广东等省来卖。乾隆对外商贩米进口的政策做了极优惠的规定，特意下谕说：

"我时刻想着百姓生活的艰苦，一直认为米粮是百姓赖以生存的根本。因此各个关口一概免除粮食出入的关税，其余货物，照例征收。至于外洋商人，有航海运米到内地的，应该更加给予恩惠，这才能体现我对远方来的客人的热情……自乾隆八年开始，以后凡是遇到外洋货船来闽粤等省贸易，带来一万石粮食以上的，可以免除其船货税银的十分之五；带米五千石以上的，免除其船货税银的十分之三。他们带来的米可以按照市场价格，公平售卖。如果民间的米有剩余，不需要进入市场买卖的，可要求地方官代为收买，以补充常社等粮仓，或者分配给沿海各个标营兵粮日常之用。外洋商人必须得到各种销售米的优惠条件，使他们不至于陷入卖米难的困境。"

乾隆不仅对外商进口粮食的关税实行优惠政策，而且还规定：假如外商米粮在国内滞销，本地官府要照价收购。外国的粮米既然千辛万苦地运来了，就不能让人家再运回去，官府采取保护政策，这就使外商更放心地把米粮运到中国来，在一定程度上补给了国内的粮食之缺。

沿海地区活跃粮食市场的另一个因素是：国内出洋做生意的商人在回国时也常带回粮食在国内交易。由于东南亚等国米多价贱，很多国内出洋商人常携带资本，在暹罗等地购买木料，打造船只，再运米回国，这样不但可以在米上得利，还可以得到船只木料等利益。

乾隆十六年（1751年），针对中国商人进口粮米，乾隆出台了奖励政策，规定："数量在二千石以内的，按照惯例由督抚分别奖励；如果运输达到二千石以上的，按照数量区别生监、民人，上奏恳请赏赐给他们职衔顶戴。"这项政策大大鼓励了商人进口洋米的积极性，使洋米源源不断地流入国内，以应内需。在扩大进口的同时，乾隆强调禁止出口粮食，并命地方官在各出口要塞实施巡视措施。乾隆对粮食疏通问题极为重视，他采用多种灵活变通的政策和手段来促进粮食贸易，人口与粮食的矛盾确实在乾隆朝有了很大的缓解。乾隆实在是想了不少办法并颇有建功。

乾隆一生屡次下谕，宣讲重农劝桑的重要性，还采取多种具体措施改善农业生产条件，改进农业生产技术，刺激农民的积极性，体现了一代封建君主的深谋远虑和爱民之情。

第二节 南巡

六度南巡止，他年梦寐游。

这是乾隆第六次南巡时写下的诗句，他经常回味下江南时的情景，充满了无限眷恋。

乾隆在位六十年，曾六次南下巡视。他在《御制南巡记》中说："予临御五十年，凡举二大事，一曰西师，二曰南巡。"乾隆把南巡作为他生平最重要的事功之一。

乾隆在《御制南巡记》中说："南巡之事，莫大于河工。"因此，每次南巡他都要亲自巡视河工。六次南巡，他五次视察黄河水利工程，四次视察浙江海塘工程。

乾隆十六年（1751年）正月，乾隆从北京动身，第一次下江南。当天，他发布命令允许沿途百姓瞻仰。除"确实属于险峻危险"地段外，其余地方一律不准阻碍人民来观看自己的尊容。不久，乾隆又宣布对南巡所经地方承办差务官员的奖赏："凡有罚俸降级事情的都不再按照原来的结果办理，如果这个地方没有相关事情的，地方官吏可以加官一级。"

进入山东后，乾隆陆续颁布减征赋税和赈灾谕旨：宣布蠲除经过山东州县本年额赋十分之三；宣布山东省因灾借出谷食，从乾隆十五年（1750年）起分五年带征，但邹县、平阴等县重灾，带征欠谷975000余石概行蠲免；宣布山东受灾的兰山等七州县追加赈济灾民一个月。这些积极主动的措施使得乾隆此次下江南，一开局便收到意想不到的效果，沿途百姓纷纷宣扬乾隆是前所未有的圣明君主，民心日益向他靠拢。

在南巡途中，乾隆还宣布对江苏、安徽、浙江三省采取优待性文化教育政策。在进入江苏后，乾隆随即派遣大臣分别祭祀已故治河功臣靳辅、齐苏勒和嵇曾筠等。

乾隆非常关心与百姓生命息息相关的水利工程，在南巡回来的路上，他亲自前去祭祀清河神威显王庙，并视察了高家堰水利工程，还发布命令说："经过淮安，见城北一带，内外都是水，虽然有土堤作为河防，而人烟密集的地区，一旦河水暴涨，这些土堤哪里能够阻挡得住洪水的冲刷？我感觉非常严峻。现在非常需要把这些土堤改造成石头堤防，用来确保万无一失。"他还指示总河高斌等会同总督黄廷桂确勘详估，及时建筑。这次督察与部署，体现了乾隆对黄淮地区水利工程的关心。

在江苏期间，乾隆还多次降旨赈济该省灾民，减免赋税，并宣布对乾隆十五年（1750年）受灾极重的宿州等九县和稍重的凤阳等九县，分别追加赈济灾民一个月，并豁免宿迁、桃源、清河所借籽种银两。乾隆的谕旨指出：穷苦百姓嗷嗷待哺，着布政使永宁速往办理，上述各州县正印官马上回到自己的岗位上去，全力以赴发放赈灾粮食。清河、宿迁、大河卫等八州县一卫，原决定当年应带征上年因受灾欠交的漕米麦豆等，都分作三年带征，又豁免扬州府兴化县积欠的荒废田钱粮。

这一系列主动的赈济措施，让老百姓得到了实实在在的实惠，百姓拥护乾隆统治的呼声也日益高涨，这都是乾隆实施主动施恩政策所产生的积极效果。

正是乾隆这些主动措施的颁布，使得他在南巡江苏期间，两淮盐商积极踊跃捐钱捐物。乾隆也不失时机地对他们予以嘉奖，各按商人本身职衔，加顶戴一顶，又特准"两淮纲盐食盐于定额外，每引赏加十斤，不在原定成本之内，俾得永远沾受实惠"。

不久乾隆到达苏州，为表示对长洲人原致仕礼部侍郎沈德潜的优遇，赐他在原籍食俸。在苏州的日子里，他派员给三吴各处先贤祠送去亲书匾额，给周泰伯祠匾"三让高踪"，言偃即子游祠匾为"道启东南"，范仲淹祠匾为"学醇业广"，韩世忠祠匾为"中兴伟略"，越王钱镠祠匾为"忠顺贻庥"，陆贽祠匾为"内相经纶"，岳飞祠匾为"伟烈纯忠"，于谦祠匾为"丹心抗节"，苏州紫阳书院也赐匾"白鹿遗规"。这是为了笼络江浙文人的重大举措，这些先贤的后人纷纷表示了对乾隆的拥戴，有些人还提出了愿意为朝廷效力的想法。

离开苏州后，乾隆来到了浙江嘉兴府，阅兵，赐随行的王公大臣和浙江大小官员食品，他还颁谕说："我南巡江浙，绅士大都以文字献颂，于道路边连绵不断。命令大学士傅恒、梁诗正等，会同江苏、安徽、浙江总督、学政详细讨论对三省进献诗赋士子的考试选取办法。讨论后就议定，由三省学政各自预选。江苏、安徽预选中者赴江宁，浙江预选中者赴杭州。等我驾临江宁、杭州时，分别命题考选。"这是对江南士大夫的优待，使他们获得一次做官的机遇。这也是乾隆变被动压制为主动对话，通过给予这些士大夫做官的希望，将他们都笼络到自己的统治范围内，这是积极地利用权力的手段。

乾隆南巡到达杭州后，在籍翰林院检讨刘起振从粤东风尘仆仆地来到浙江迎驾，乾隆赐以御笔诗章及题匾"词垣耆瑞"。同时，赐江宁钟山书院、苏州紫阳书院、杭州敷文书院武英殿刊本"十三经""廿二史"各一部。他还派遣官吏祭祀钱塘江神庙、南镇之神及明臣王守仁祠，赐王守仁祠匾"名世真才"。乾隆逗留杭州期间，批准了总理行营大臣大学士傅恒的奏折，将强入杭州普通百姓家酗酒闹事的粘竿拜唐阿德克新正法，粘竿大臣等严加议处。也就是在这个地方乾隆再次颁发命令说："浙江省进献诗赋士子考中的有谢庸、陈鸿宝、王又曾，以此加恩特赐举人，授予内阁中书学习行走的官职，并且与考取候补人员一起等着朝廷委以任用，同时仍然批准他们参加会试。"不久乾隆一行返回苏州，他这次来到了范仲淹祠，并赐园名"高义"，赐范氏后裔范宏兴等各绸缎一匹、貂皮两张；派遣官吏祭祀晋臣卞壶祠，赐匾"典午孤忠"；祭祀宋臣曹彬庙，赐匾"仁者有勇"；祭祀明臣徐达墓，赐匾"元勋伟略"；祭祀常遇春墓，赐匾"勇动风云"；祭祀方孝孺墓，赐匾"浩气同扶"；祭祀已故清两江总督于成龙和傅腊塔祠。这些举措是做给江南的明朝旧臣看的，因为这些地方原来反抗清朝最为激烈，反清的各种思想也最为活跃，清朝占领这些地区后，对于这些地区的反抗力量的镇压也是最为残酷的，同时还时常兴起文字狱。乾隆这样大规模地祭祀这些人（当然也包括明朝旧臣）的主要目的就是告诉江南的士大夫们，我们满人建立的清朝实际上跟以往汉人建立的朝廷没有什么两样，都是为大家服务的朝廷，因此大家不要总是以敌视的目光对待朝廷。乾隆的各种祭祀活动把以往被动的防范变为主动让步，这是缓和矛盾的明智之举，为清朝政权的稳定和走向繁荣奠定了基础。

乾隆在南京摆出一副胜利者大仁大义的姿态。他甚至在祭祀明太祖陵墓时，行三跪九叩的礼节，要求地方重点保护这些陵寝，诸多行动对于笼络江南汉族士大夫不无意义。他还宣布，江苏省进献诗赋士子中，选取钱大昕、褚寅亮、吴志鸿等人，要求按照浙江省的旧例补用。

乾隆南巡返回途中再次来到黄河岸边，祭祀河神，并筹定洪泽湖五坝水志，水志基本内容有：

首先，建立石碑规定永远禁止开放天然坝。乾隆说："洪泽湖汇聚了清河、淮河、汝河、颍河的水，使得湖水水量过大，能够起保障作用的只有高堰这一个河堤。天然坝是洪泽湖的尾坝，夏秋季节涨水时，就打开这个坝用以泄洪，然而下游许多州县都受到这个泄洪坝的灾害。冬天清水势弱，不能冲刷黄河的淤泥，往往造成浊流倒灌。居住在下游的居民，十分惧怕开坝，然而治河的大臣们却把这种方法当作防范的制胜宝典。我此次南巡亲自来到了高堰，围绕着这个堤坝走了走，一直走到了蒋家闸，四处看了看形势，才知道天然坝绝对不可以打开。设立堤防本来是为了保卫人民的，但是堤防设立后百姓仍然受到灾害，设立这样的堤防又有什么用呢？如果上游开闸放水以求自保，而全然不顾下游州县百姓田庐淹没，这难道是国家建立石堤、保护生灵的本意吗？作为治理河道的大臣不应该存在这样的私心。天然坝应该建立石碑永远禁止开放，以杜绝那些自私自利的行为。"

其次，确立仁、义、礼、智、信五坝开放原则。"仁、义、礼、智、信这五坝是按照地势高低建造的，必须等到仁义礼三座坝已经过水到三尺五寸还不足以减缓湖水的上涨时，才挖开智坝的土堤；如果还不能减缓湖水的上涨再挖开信坝，这根本不同于以往湖水一上涨就开天然坝的方法，对于下游百姓也没有什么危害"。

再次，决定把信坝北雁翅以北的土堤一律改建为石堤。乾隆分析指出："从高堰石堤至南滚南坝以南，过去都是用的土工石堤，有首无尾，没有形成整体，应该从新建信坝北雁翅以北，一律改建为石工。南雁翅以南至蒋家闸，水势益平，则使用石基砖甃，这样才能做到首尾完整，坚固如同金汤，永远造福淮扬地区。"

最后，强调河工应以"实著功效"为己责。乾隆强调说："我认为河臣管理治理的河漕，是几千里沿岸老百姓生命的维系，各省督抚应该任劳任怨、勤勤恳恳地管好河道。总之，河不可不治，而无循其虚名；工不可不兴，而必归于实用。这是至关重要的。"

以上四点，是乾隆视察河淮水利工程之后提出来。这比起以往身居深宫，凭奏牍指示治河方略，当然要更切合于实际。

回到北京后不久，乾隆就下旨说："我今年春天南巡时，经过清江浦一带，觉得这个地方雨水太多，然而此时天气还有点寒冷，恐怕对于麦秋有妨碍，故而我时常挂念这件事情。回到北京之后，这些地方的督抚等虽然已经多次请安了，但是始终没有将地方情况奏报。命令两江总督黄廷桂等，将该处雨水情形，麦秋如何，民情是否拮据，据实快速报告给我。"可见，乾隆回京后，仍挂念着江南的国计民生。

继首次下江南后，乾隆又有五次下江南。

乾隆二十二年（1757年）一月十一日，乾隆从北京出发，第二次下江南。于四月二十六日返回。

乾隆二十七年（1762年）一月十二日，乾隆从北京出发，第三次下江南。于五月四日返回。

乾隆三十年（1765年）一月十六日，乾隆从北京出发，第四次下江南。于四月二十一日返回。

在第四次南巡时，乾隆出发之前就宣布，将江苏、安徽两省自乾隆二十五年（1760年）至二十八年（1763年）因受灾未完缴纳地丁、河驿、漕粮、借筑堤堰等银共143万余两、籽种口粮113000余石，全部豁免。浙江一省相对赋税较轻，但也被乾隆豁免积欠地丁银两13万余两，借谷13700余石。

第四次南巡，在起程之后，乾隆又宣布：对直隶和山东当年应该征收的地丁钱粮蠲免十分之三。两省办差的官员原来受罚或降级处分的人都准予免除惩罚，无处分的人官加一级。同时还赏给两省各两万两白银，作为新建行宫之用。乾隆六次南巡，盐商们都捐助了大批银两供各地办差使用。早在乾隆十六年（1751年）第一次南巡时，乾隆就表扬两淮商人慷慨捐助的善举，他一方面假惺惺地推辞这些捐款，另一方面又担心商人们的诚意，于是便悉数收取这些捐款。然而话又说回来，乾隆并不是白吃白喝商人们捐资的，为了不使盐商因巨额捐资而入不敷出，乾隆利用多种办法给盐商以政治和经济上的补偿。

政治上的补偿主要是提高盐商的政治地位，乾隆宣布对两淮盐商"本身原有职衔，如果已经达到三品官衔的，都赏赐他们奉宸院卿衔；那些还没有达到三品官衔的，都各加顶戴一级"。赏赐给商人的这些职衔虽然都是一些空衔，但是对于封建社会属于下流之辈的商人来说，则使他们成为官僚中人，不再因自己的身份低微而受人轻视。经济上的补偿则是让盐商们多卖盐而少交税，并且对以往因各种差务集资而欠下的大量盐税，给予一次性的豁免。在乾隆四十五年（1780年），乾隆曾下令免除两淮商人应还川饷内未缴银两120万两、缓征银27万两；到了乾隆四十七年（1782年），免除淮南商人未缴纳的白银200万两；乾隆四十九年（1784年），又免除两淮未缴纳的堤引余利银163万余两，这些豁免使得淮扬商人的实力越来越壮大。这样大宗地免税，更激发了商人们经商的积极性和办差的积极性，使他们浑身是劲，为江南经济的建设与繁荣做出巨大贡献。乾隆南巡中对江南商人所采取的种种优惠政策，客观上刺激了江南地区商品经济的日趋繁荣，带动了城市建设，同时也吸引了全国各地的商人前来投资。以扬州为例，乾隆南巡前还不太发达，自从南巡后，两淮商人为迎驾前来巡幸，曾先后集资修了天宁寺、锦春园、高桥、莲花桥、虹桥、宝塔寺等宫殿楼宇5100多间，各种亭台近200座，使扬州发生了天翻地覆的变化。城内更是商贾云集，百货齐备，连山西、安徽等地的商人也纷纷到这里做生意。

乾隆四十五年（1780年）一月十二日，乾隆从北京出发，开始第五次南巡。五月九日返回。这一年，乾隆已是70岁的老翁了。

乾隆四十九年（1784年）一月二十九日，乾隆从北京出发，第六次下江南。四月二十三日返回。这一次南巡江浙两省之后，乾隆年已74岁。

从客观上来讲，乾隆六下江南，了解风土民情、兴修海塘堤坝、蠲免赋税、革弊兴利、笼络江南士子和臣民，有一定的意义。但是，这六次南巡，排场一次比一次大，耗费一次比一次多，甚至造成国库的枯竭，给百姓带来深重的灾难。到了晚年，乾隆对自己的南巡之事做了总结性的记述："我统治天下六十年，并没有什么失德之处，只有六次南巡，劳民伤财。"

第三节 褒奖明臣

乾隆为维护清廷的长远利益，对明朝那些节义之士采用了"翻案表彰，没有陈见"的举措，以笼络汉族的臣僚士子为清廷效力。

清初，很多明朝遗将为了反清复明，前赴后继地同清军拼杀奋战，不少人宁可战死，甚至举家殉难也不肯接受清朝的统治，清政府对这些明朝忠臣义士嗤之以鼻，极端仇视。然而到了康熙朝，情况已经发生变化，康熙帝让人保护明陵、招募前朝学者；雍正便也跟着效法；到了乾隆，则公开宣扬清朝是继明朝发展延续的正统王朝，是合理合法的，所以他就又从维护正统出发，对明清之际为保卫明朝而殉国的人恢复名誉，赐予谥号。

乾隆为维护正统纲常，追封明将，鼓励臣子守节。

清太祖努尔哈赤曾以"七大恨"誓师击明，在攻战辽沈地区的战役和历史上著名的萨尔浒战役中，明将杜松、刘綎、马林、贺世贤等人曾奋勇迎战而阵亡沙场。乾隆打算以此处作为切入口，称刘綎、杜松等人是明朝的良将，说他们在清朝进攻明朝的时候，敢于逆天抗颜。且两军对垒，各为其主，因而这些明将可称得上是为国殉命的忠臣。

清军入关以前，在明朝保卫辽东辽西防线的战斗中，著名的抗清将领熊廷弼和袁崇焕英勇作战，取得了一定的胜利，但明朝皇帝昏庸无道，竟相继把二将处死。熊、袁二人皆为明朝杰出军事将领，对明朝忠贞不渝，却死于明人之手，连清帝乾隆都表示痛惜不已，当他读到熊廷弼在狱中所上的奏疏时，也为之动情并热泪盈眶。

清军入关以后，抗清志士史可法孤身守扬州，清军攻破扬州，史可法被俘时，拒不投降，说："城存与存，城亡与亡，我头可断，而志不可屈。"乾隆对史可法的忠勇刚毅也赞颂备至。有一年秋天，乾隆阅宗室王公功绩表传，看到史可法给睿亲王多尔衮的信，读后非常感叹佩服，并为史可法追加"忠正"的谥号，写下《题史可法像》诗，这首诗高度赞扬了史可法的精神，不过这里乾隆赞颂的当然不是史可法的抗清立场，他提倡的是一种人格精神，一种臣子的忠诚品格，他要臣子学习史可法的忠君节操，无疑对汉族知识分子是一种怀柔与笼络。

历史的描述历历在目，明末浙江绍兴刘宗周曾上疏弹劾魏忠贤倚势横行，明皇不听，他又力主抗清。清军攻下南京和杭州等地后，他说:"北都之变可以死,可以不死,以身在田者,尚有望于中央也。南都之变,主上自弃其社稷,尚且可以死,可以不死。以俟继起有人也。今吾又陷矣,老臣不死,尚何待也?若曰身不在位,不当与城为存亡,犹不当与士为存亡乎?"刘宗周决心以身殉国,最后绝食而死。

福建人黄道周刚直不阿,组织明人抗清,结果也战败被俘,在押往南京经过东华门时,黄道周坐在地上说:"这里离朱元璋的陵寝很近,可以死了。"坦然就死。刘宗周、黄道周的节操同样感动了乾隆。

乾隆对黄道周和刘宗周的忠君守节非常赞赏,他又评价史可法及刘、黄二人说:"史可法单独一人支撑残局,奋力保护明朝遗孤,最终以死报国。其他人,像刘宗周、黄道周等也是在危难的时候接受任命,最后,求仁得仁,堪称一代完人。"

乾隆给予这些明朝忠义之臣如此高的评价,受表彰的明臣后裔感恩不尽,无不夸乾隆之明大理,知节义,因而甘当清朝顺民,为国效力。

乾隆提出应该褒奖的明朝官员还有:守城战死与被俘处死之人;不甘国破家在自杀之人;抛弃妻子为明朝复国流离颠沛之人;至死不肯为清朝做官之人。他认为,牺牲战场者算是"舍生取义",能保持臣节者可称"疾风劲草",乾隆表示要抛弃前嫌,遵照封建正统观念予以表彰。他说:"凡明朝尽节诸臣,即能为国尽忠,将一视同仁。"乾隆于是命令大学士、九卿等官根据《明史》《通鉴辑览》等书所载史实,查核人数,考其事迹,按照原官给予谥号。

乾隆这样做的目的之一在于为现世的朝臣树立一种典范,令其忠诚本朝。乾隆还让九卿等列出褒奖条例,主要规定有:

(一)据明殉难官员职位高低、事迹影响大小,分为专谥和通谥两种。通谥分"忠烈""忠毅""忠肃""忠敬"等。

（二）明朝天启、崇祯两朝已给谥号者从其旧，不再另给。

（三）诸明臣得谥号后，应于原籍设牌位入祀忠义祠，由翰林院撰写谥文一篇，发给各省悬挂忠义祠内，允许明臣后人立碑。

（四）在明原为阉党奸臣，陷害忠良之人，虽死于国事，概屏而不寻。

（五）应给谥之人事迹以《明史》《通鉴辑览》两书为主要依据，兼顾《清一统志》和各省通志所载，其他野史、家乘、碑文、行状一律不予承认，保证宁缺毋滥。

为彻底瓦解反清复明思想的滋生土壤，博取明朝敌对势力后代的好感，笼络士人，乾隆还录用熊廷弼、袁崇焕的后代做官，袁崇焕的后代到后来还成为在甲午战争中抗击日寇的重要将领，这也许是袁崇焕生前从未想到过的。

据史载，乾隆赠予谥号的殉难明臣达3000余人，而这些明臣的后代、族人更有几十万人之多。乾隆这样做的政治影响确实很大，这使人们在思想上对清朝的统治有所支持和拥戴，对维护清朝统治有着突出的现实意义和深远的历史意义。乾隆对明臣采取公允的历史态度，他知人论世，考虑当时的历史背景，认为臣子各为其主，本无可罪。因此在编《四库全书》时，他采取"人各抒忠斯可录，言虽触讳忍从捐"的态度，指示应该把刘宗周的疏稿、黄道周的《博物典汇》收进去，只对应避讳的文字略作删改。乾隆在这里重视的是明臣的人品。这样做的目的是"使天下后世知余大公至正之心，维持名教而不苟小节，重其人及其书。且为千古之君若臣辜戒示劝，不徒味其文艺而已。"

此外，乾隆还命令编辑《明臣奏议》，他说："明朝的志士仁人敢言抗诤之事与汉唐宋元各朝相比，并不逊色多少。"乾隆任命皇子和尚书房总师傅蔡新为总裁官，皇孙、皇曾孙及他们的师傅与翰林官任纂修校录，让他的儿孙们通过编书，汲取明朝灭亡的经验教训，以保大清帝国万年江山不倒。

乾隆追彰明朝忠臣义士，鼓励了满朝文武像这些守节忠君的明臣那样为国家兴亡不惜自家性命，并让明朝后人感觉他的通情达理，进而达到统一思想，维护统治纲常的目的。

第四节　四库全书

乾隆特别喜爱历史，身为皇子时，他就对各朝各代的兴衰有一番自己的见解，从历史教训中深知创业难守业更难的道理。

乾隆曾写过史论50多篇，还有许多的咏史诗，讨论各个朝代的统治特点，皇帝和历史人物的功过是非。

在历史上的帝王中，乾隆较为欣赏的只有汉文帝、唐太宗和宋仁宗三人。但是，乾隆认为汉文帝虽贤而乏人辅佐，宋仁宗才能不足，唐太宗称得上是英明君主，但由于后期志满倦政、家法不严，造成了武则天的乱纲结局。乾隆爱读《贞观政要》。乾隆在读《贞观政要》后对唐太宗的治国能力较为佩服，写诗说："文皇（即唐太宗）治世功，在汉文景右。斗米值三钱，太仓粟腐臭。关东暨岭南，开门夜无寇。论古缅遐思，治功非倖觏。文贞（指魏征）立朝端，弥缝而匡救。九重亦虚已，勤政夜继昼，励精图至治，俗用臻富厚。二十余年间，中外称明后。"

《贞观政要》是年轻乾隆的案头常备书，每次看《贞观政要》，他都收获颇丰。纵观自古以来的历代帝王，乾隆看到：当他们处于忧患危险的境地时，还能够选贤任能，接受臣下的意见，而到了稳定时期，便开始安逸享乐、散漫懈怠，这样下去就导致了国势日衰，走向危亡。乾隆说："余尝读其书，想其时，未尝不三复而叹曰：贞观之治盛矣！……人君当上法尧舜，远接汤武，固不当以三代以下自画，然观尔日君臣之所以持盈保泰，行仁义，薄法术……"唐太宗在教育太子时曾告诫说："舟所以比人君，水所以比黎庶，水能载舟，亦能覆舟。"乾隆引用这句历代有所作为的君主所信奉的座右铭，表明了他对前车之鉴的深刻理解和接纳。

乾隆重视从历史中学习治国之道，也重视对文化书籍的整理。

乾隆即位之初，就开始组织学者修史，编撰各种书籍。著名的有《国朝宫史》《续三通》《清三通》《通鉴辑览》《大清一统志》等，总数不下数十种。

乾隆一方面整理满族的文化书籍，编修《满文大藏经》，整理《无圈点老档》，敕编《八旗通志》《满洲源流考》《钦定满洲祭神祭天典礼》（满文本、汉文本）等；另一方面也对汉族的历史书籍加以整理，主持编纂《四库全书》。

乾隆三十八年（1773年），乾隆下令设立"四库"全书馆，聘任著名学者纪昀、陆锡熊、庄存与、邵晋涵、戴震、王念孙等人参与校纂。

我国古代常把图书分成经、史、子、集四大类：经部，包括历来儒家的经典著作，如《诗经》《论语》《孟子》和研究文字音韵的书；史部，包括各种历史、地理、传记等书；子部，包括古代诸子百家学说和科技著作，如农学、医学、天文、历法、算法、艺术等；集部，包括文学的总集和专集等。

《四库全书》的书名，是乾隆钦定的。四库是指书是"以经、史、子、集为纲领"来编排的，而"全书"，则表示此书要将经、史、子、集四大类的最好之书、最有价值之书全部网罗在内。

首先，要编一套规模巨大的丛书，就要把书籍收集起来。乾隆下令各省官员搜集、收购各种图书上缴。乾隆三十七年（1772年）正月初四，乾隆下旨"命中外搜辑古今群书"，要求各省督抚会同学政，通知所属人员，搜集天下古今中外有价值的书，为"研讨愈精"提供条件，"以彰千古同文之盛"。因为各省督抚不认真办理，所呈之书太少，乾隆三十八年（1773年）三月二十八日，乾隆又下达专谕，限令督抚半年之内"速为办妥"，否则，"惟该督抚是问"。

鼓励私人进献图书。乾隆多次下谕，鼓励藏书家进献典籍。在这些谕旨中，乾隆指示地方各级行政官员必须将求书作为一件大事来抓，同时，还为征求遗书制定了具体政策："在坊肆者，或量为给价"；家藏者"不妨缮录副本，仍将原书给还"，"一切善为经理，毋使吏胥藉端滋扰"。乾隆意识到大臣、百姓因惧怕以文字获罪而产生的畏疑情绪，于是亲自进行反复的解释，还以皇帝题词、赏赐图书、《总目》留名等手段奖励藏家献出家藏秘籍。两淮商人马裕和浙江鲍士恭、范懋柱、汪启淑四家献书"五六七百种"，乾隆对他们给予嘉奖，并各赐《古今图书集成》一部。

经过乾隆的多方督促、鞭策和嘉奖，至乾隆三十八年（1773）九月，从全国各地征求的图书已逾万种，从而大大地充实和丰富了国家藏书，为编纂《四库全书》提供了雄厚、坚实的基础。

其次，就是要委任好的总裁、总纂和纂修官。乾隆三十八年（1773年）二月，在征求遗书活动取得很大成就之时，乾隆正式成立了"四库全书馆"。许多知名学者先后被征召入馆，分别担任纂修、校理等职。这样，以整理古典文献为主要内容的编修《四库全书》的工作便开始了。

刚开始，乾隆委派大学士刘统勋为总裁官，后来陆续增加。

正总裁有10人，即永瑢、永璇、永瑆、刘统勋、刘纶、舒赫德、阿桂、于敏中、英廉、程景伊、嵇璜、福隆安、和珅、蔡新、裘曰修、王际华。

副总裁有10人，即梁国治、曹秀先、刘墉、王杰、彭元瑞、钱汝诚、金简、董诰、曹文埴、沈初。

乾隆三十八年（1773年）三月十一日，正总裁大学士刘统勋、刘纶、于敏中等上奏说，为了避免"罣漏参差"，请将纂修官纪昀、提调陆锡熊任为总办（即总纂）；添纂修人员10员；任"留心典籍"的姚鼐、程晋芳、任大椿、汪如藻、翁方纲为纂修官，任能考订古书原委的余集、邵晋涵、周永年、戴震、杨昌霖为分校官。乾隆批准所奏。

最后，乾隆下令四库全书馆的编纂官员对图书认真检查。凡是有"违碍"（对清统治者不利）字句的，一概销毁。

通过检查，乾隆发现，在明朝后期的大臣奏章里，提到清皇族的并有所不尊重，乾隆下令把这类图书一概烧毁。后来，乾隆又发现，在宋朝人的著作中，也有很多反对辽、金、元朝的内容，这种内容很容易使人联想到反对清王朝。于是，乾隆下令对这些书，情节严重的予以销毁，情节轻的，就对某些字句进行删改。

根据乾隆的指示，在纂修的过程中，各纂修官分别对各地征集到的每一种书籍的不同版本进行校勘，并就作者、成书时代、内容异同、版本优劣诸方面进行考证，将其校勘、考证成果以另纸粘于该书每卷之末。同时，他们还仿汉朝刘向校书的旧例为每书撰写一篇提要，内容包括作者的时代爵里、本人事迹及该书版本、卷次、内容价值等，并以该书的价值为据，拟出应刻、应抄、应存目三种意见。经乾隆同意后，其中，应刻、应抄两部分书籍皆交缮书处组织人员按已定规格进行抄录，收入《四库全书》，所有应刻、应抄、应存目三部分书籍提要，则均按类例汇为《四库全书总目》。

因为纂修的这两部书籍卷帙浩繁，不易翻阅，因而在两书编修正式开始不久，即乾隆三十八年（1773年）五月和乾隆三十九年（1774年）七月，乾隆又分别指示在两书的基础上另编《四库全书荟要》《四库全书简明目录》两书。前者为《四库全书》"撷其精华"，后者则略去《四库全书总目》中的总序、各类小序和存目部分书籍的提要，仅对《四库全书》所收之书各作简单介绍。乾隆四十一年（1776年）九月，又将收入《四库全书》的各书校勘记录也另行抄出，汇为《四库全书考证》一书，付聚珍板刊刻，以便广泛流传，从而更加丰富了这次文献整理活动的内容。

乾隆四十七年（1782年），《四库全书》第一份告成，共收书3461种、79309卷。他们当时把全书抄了七部，分别贮藏在皇宫、圆明园、热河行宫（今河北承德）、奉天（今沈阳）、杭州、镇江、扬州。

到乾隆五十二年（1787年）六月，又告成6份，已历时十多年，后再查核、校误和补遗，直到乾隆五十八年（1793年）才告结束，参与者前后共计4186人，时间二十年左右。

在组织学者对社会全部现存文献进行整理的同时，乾隆还极为重视这批文献的收藏和流传。为了达到防火、防潮、防蠹、长期保存图书的目的，四库全书馆开馆不久，即派专人赴宁波了解已有二百多年藏书历史的范氏天一阁的建筑情况，并依其式样在紫禁城、盛京故宫、圆明园、热河避暑山庄等处分别建造了文渊、文溯、文源、文津内廷四阁。其后不久，他又以江浙为人文渊薮之地，在扬州、镇江、杭州等处建立南三阁，续抄三部《四库全书》存储其间，以便文士及研究者"就近观摩誊录"。不仅如此,乾隆还指示,另抄《四库全书》副本一部,贮于北京翰林院,供愿读书的词馆诸臣和北方文士抄阅。此外,再辟紫禁城御花园后的摛藻堂、圆明园之味腴书屋储放《四库全书荟要》。这些措施,对这一重要文献起到了保存和传播的作用。

在乾隆的直接领导下,经过全馆人员的共同努力,继《四库全书荟要》首先告成后,乾隆四十六年(1781年)至乾隆五十二年(1787年),八部《四库全书》也先后抄写完毕,并陆续入贮各阁。而《四库全书总目》和《四库全书简明目录》等书也在经过反复修改之后由武英殿刊出。《四库全书》总计八部,每部79309卷,分装36300余册,6752函;《四库全书荟要》两部,每部19930卷,分装成11200余册,2001函,分别储存于政治中心的华北和文化发达的江浙等地。在十几年的时间里,国家藏书量便增加了70万卷,30多万册。乾隆亲自领导编纂《四库全书》,集中全国优秀人才,投放大量资财,终于告成。

编纂《四库全书》,是乾隆亲自主持的一次空前规模的文化整理活动,这一活动把清代的学术研究和文化事业推向繁荣的顶峰。

第一,保存了珍贵的文化遗产。

第二,方便学子们阅览。《四库全书》集成以后,北到关外,南到江浙,禁城之内,皇家御苑,各地的士林学子都可以阅览抄录。

第三,方便了分类查找。《四库全书》全书分经、史、子、集四部,又分44类,66目,纲目分明,便于检索。

但是,乾隆在编纂《四库全书》的过程中,也删了不少书、改了不少书、禁了不少书、毁了不少书。据不完全统计,在编《四库全书》的同时,被查禁烧毁的图书竟有3000种之多。一些图书即使侥幸未被销毁,也因为不符合乾隆规定的封建道德标准而被判为"存目类",有目无书,不收入《四库全书》,甚至有的连"存目类"也不予登录。

一些图书虽因影响较大而不得不收，但也因忌讳多端而对其中内容加以抽取和篡改，使许多珍贵古籍或遭肢解，或者严重失真。可见，乾隆编纂《四库全书》也产生了一定的负面影响。

在乾隆的仁政爱民政策下，清朝国力日渐强盛，乾隆以强盛的国力为依靠，六度南巡，编纂了《四库全书》，彰显了盛世风采。

第五章

盛世危机

第一节 官场积弊多

随着太平盛世的发展，许多官员贪图安逸，日渐懈怠，甚至为了一己私利，贿赂朝廷大员。于是，官场积弊日渐增多，盛世之下，危机渐伏。

乾隆初期的宽仁政策，一方面为乾隆安抚天下起到了积极的作用；另一方面也导致了官吏队伍作风涣散。失去严厉约束的官吏甚至违法乱纪，贪污受贿成风。

要整顿吏治，就要加强对官吏的考核。

乾隆前期，对官吏的考核还是比较认真的，不少地方官因考核不及格或被罢或被降或休致。以乾隆十年（1745）为例，这一年的全国大计中，被劾为不谨、疲软、才力不及、浮躁、年老、有疾官共计180人。其中不谨官43人，疲软官17人，才力不及官35人，浮躁官13人，年老官40人，有疾官32人。一次大计，有这么多官员不及格，说明考核并非徒具形式。乾隆初继位，就提出了"宽仁"的政治主张，然而宽久必懈，宽久尤威，善政过度了也会出现副作用。乾隆在几年的政治实践中，发现以前自己的"宽则得众"等理论并未能建立一种理想化的政治形势，而且，"宽"的实施竟导致了吏治的一步步腐化和专制皇权权力的分散。于是，乾隆采用了"裁抑官僚，讲究效益"这一措施。

在对初期政事的反思中，乾隆曾这样表达自己的苦衷："作为君主，以一人立于万民之上，宗社的安危、民生的休戚都系于一身。崇尚宽大，就会开启废弛的大门；稍事振作，就可以助长苛刻的风气；言路不开，就会耳目壅蔽；想要达到耳聪目明，那是无稽之言，勿询之谋，弛骛并进，不但不足以集思广益，而且足以混淆是非。即以情理分析事情，议论的人都说这个君主不喜欢听取群众的意见，不能容纳其他的意见，遍观史册，比比皆是……即此一端，为君之难，就可知道了。"从这段话我们可以看出，乾隆已萌生了找寻其他施政方法的政治意图。

到了乾隆七年（1742年），出现了御史仲永檀泄露机密案；乾隆八年（1743年），谢济世参劾田文镜且因著述诸事引起皇上反感而获罪，因这一案件，湖南全省高级官员全部被革职，其中有巡抚及湖广总督等。到了乾隆九年（1744年），乾隆因考虑到科举关系到官僚队伍的素质问题，所以，下令严格考场纪律。在顺天乡试时，乾隆特派亲近大臣严密搜检，甚至连考生的内衣、下体也不放过。结果，头场考试就交白卷的有68人，没有答完考卷的329人，文不对题的有276人；第二场考试时，因考生看到检查非常严，到点名之前就悄悄溜走的就有2800人。鉴于此事，乾隆感叹道："人心士风，日益隳坏，还哪里渴望人才的兴起呀，成为国家寄予厚望的人又到哪里去找呢？"为重申科场考试之重要，乾隆下令地方考试监试各官："尽心严查，务使作弊之人，不得漏网。"声称如果发现科场有假、有抄，必将监临提调等官，从重议处，并将考生的老师加以处分等。

到了乾隆十一年（1746年），由于各地抗粮闹赈事件激增，乾隆认为"民风日刁"，训责官僚"似此懈怠废弛，盗风何由宁息"，遂加强了对莠民的镇压，并把安徽省自乾隆元年以来任臬司者，均交部察议。

同年内，为了整顿日益废弛的官场和军队，乾隆命亲近大臣讷亲南下巡视。这一年，乾隆发现各省亏空现象增多，他认为这都是因自己办理政事往往待人以宽，而使得下面官吏纵弛不绳，乾隆在七月间发现山东沂州营都司姜兴汉、奉天锦州府知府金文淳在百日丧期内我行我素，照剃头不误。大概是以为你是满族我是汉族，你有你的习俗我有我的规矩吧。他哪里想到清朝下臣就是皇帝的奴仆，在专制制度下是不可能自由的。对此，乾隆大发雷霆，声言丧期内剃头按"祖制"立即处斩。到了后来，由于乾隆发现违制剃头者大有人在，遂决心抓住不放，狠狠地整饬一些不如意的官员。其实，早在雍正皇帝丧葬时，就有许多官员并没有遵照习惯，丧期内即已剃发，但乾隆当时正在鼓吹"宽仁施政"，并没有追究他们的责任。可是这一次，乾隆可谓龙颜大怒了。这与他当时恶劣的情绪有直接的联系，因而他在烦恼焦躁中采取了过分严厉的惩罚措施。

为了惩罚不法官吏，乾隆严惩常安，意图"惩一儆百"，整顿渐已松弛的官风吏治。

乾隆元年（1736年）三月，江西巡抚常安因母亲去世而回京办丧事，当他耀武扬威地带领家人走到山东段运河仲家浅闸时，被闸门挡住了去路。当时正值禁运时间，而常安的家人无理取闹，违制开闸，并痛打闸夫，事情由河东河道总督白钟山报呈了乾隆。乾隆对朝中官员借宽风而屡屡犯错的各种行为也早有惩戒之心，所以，他马上抓住常安事件，下令对常安从严治罪，最后，常安被革职并发往北路军营监运粮饷，其家人被枷号鞭责。

乾隆继位时，正值清王朝的鼎盛时期，国强民富，乾隆曾表示要继承父祖遗志，将清王朝的国势推向顶峰。然而在常安事件发生后的一段时间内，乾隆以其清醒的头脑发现现实并非如他想象的那般美好，他曾经实事求是地说："现在政治虽然已经清明，但还没有达到尽善尽美；乡邻之间虽然没有什么困扰的事情，但还没有达到物资丰盈；风俗虽然还是不错，但还没有让所有的人革心而向道；官僚虽然非常整饬了，但还没有完全达到清廉。"

乾隆六年（1741年）三月，乾隆的话不幸被现实证实了：在仅仅一个月之间，朝廷中就发现了四起贪污案件。

这一年的三月初七，山西巡抚喀尔吉善参劾山西布政使萨哈谅："收受他人钱粮，作威作福，伪造国家公文，纵容家人为非作歹，淫乐所辖地区百姓，贪赃枉法，肆意克扣国家下拨的各种钱财。"第二天，喀尔吉善又参劾山西学政喀尔钦："接受当地各级官员的贿赂，罪证一目了然，并买有夫之妇为妾，声名狼藉。"

乾隆闻讯大怒，下令严查此两案，并严惩萨哈谅和喀尔钦。由于这两个案件给乾隆的震动非常大，他说："我父皇整饬风俗、澄清吏治有十多年了，才做到国家吏治的澄清。现在不过几年时间，就又有如此贪污腐败的事情发生，你们这些做臣子的，既不知道感激我的恩惠，又不知道遵守国法，你们将使我父皇旋转乾坤的苦衷由此而废弛，每次想到这里，我实在是寒心啊。"因而乾隆怒斥两个贪官说："我即位以来，信任大臣，体恤各级官吏，且增加俸禄，厚给养廉，恩施优厚，以为天下臣工，一定会感激奋勉，尽心尽职，肯定不会出现贪污腐败、违反国家法度的大臣，谁想却是这个样子，难道你们把我看成是无能而可欺的皇帝吗？"

乾隆不仅处死了两个贪官，连参劾他们的山西巡抚喀尔吉善也交刑部严察议处，讨论处理方案。之所以这样做，原因在于喀尔吉善的参劾是马后炮，而皇帝派人调查出这个问题在他之前，也就是说喀尔吉善是被动参劾的。乾隆为此警告各省总督、巡抚力戒此弊，否则必以法示人。借此机会，乾隆又连下谕旨，列举山西地方官员官官相护、贪赃枉法、苛索民财的种种行为，责令他们痛改前非。他同时指出：如果不改悔，一定将大小官员从重治罪，绝不宽恕。

在乾隆的严厉整顿之下，山西巡抚喀尔吉善又上疏参劾贪赃枉法的山西省知州、知府等五人，乾隆都无一例外地给予了惩处。

然而，在这两起案件发生之后没几天，左都御史刘吴龙又上疏参劾浙江巡抚卢焯。参奏中说卢焯一次就收贿银5万两。卢焯一案刚发数天，兵部尚书鄂善受贿案又发。在处理卢焯之后，乾隆亲自审理鄂善一案。

鄂善属朝中一品大员，乾隆在落实了他受贿之事后，垂泪令其自尽，自此开了乾隆朝诛杀一品大臣之例。乾隆之所以伤心，在于鄂善这般为自己所倚重的臣子竟公然受贿，这使他深感自己的从宽施政之不妥。因而叹息道："我为这件事情，数日以来，寝不安席，食不甘味，深自痛责。以为不如父皇之仁育义正，能使臣工兢兢业业奉法，自不致身陷重辟。水弱之病，是我自己造成的。如果再不明彰国法，则人心风俗，将败坏到什么时候是个头啊？"又说："宽纵这些人到这样的地步，何以统治臣工而昭显国家法度呢？"

回顾数年统治实践和官场出现的贪风情况，乾隆产生了强烈的危机意识，他对群臣说："看看现在，让当官的人以忠厚正直为其心，泯灭追求身价利禄的念头，是很难的啊；让文人学士以道德文章为重，而侥幸求取功名的意图不萌发，是很难的啊；让小民家家富足，民心趋于淳朴和端良，也是很难的啊；让兵士都骁勇善战，使之死心塌地地为朝廷尽忠效力，同样是不容易的啊。"面前的种种隐忧使乾隆无法乐观。

乾隆七年（1742年），乾隆采取一种姿态，为让群臣共勉，他专门下谕，通过这个谕旨的内容，我们可深见乾隆对前途的忧虑之深。

深虑才有熟思，熟思才有对策，才有励精图治之说。乾隆是精明的，紧接着，乾隆从幼时读书明理和登基之后所虑之事，来居安思危地告诫群臣前途不甚光明，必须尽力而为，才可保长久大业，他说："我小时候读诗书，颇懂得一点治理之道，即位以来，经常思虑天下太平富足的道理。八旗生活即使是不足的，然而八旗相对于天下百姓的生活而言就算小的事情了。现在天下百姓仍然有许多生活在困苦中，我们必须及时筹划让他们的生活逐渐好起来，如果我等君臣现在不及时筹划，又将等到什么时候呢？岁月如梭，我们这一代人不做好这件事情，那我们的后代就会笑话我们的平庸！你们这些大臣都大我几岁，分析问题应该比我深刻，因此你们要互相警惕，考虑问题要长远，这样才能把我们眼前的问题完整全面地解决好。"

乾隆整顿吏治并没有一味地采取镇压的态势，他认为必须从源头抓起，即从制定制度开始，让官员有所束缚，这样能够在一定程度上防止官员的腐败。同时，他还提倡教化的功能，经常给予官员一定的教育，让他们知道贪污腐败的后果。此外，就是加大执行力度，对罪大恶极的贪官，他也毫不手软，坚决惩处。乾隆凭借这种高压和抚慰双管齐下的措施，有效地遏制了清中期官场风气一度恶化的形势。

乾隆的软硬兼施的治贪办法虽然在短期内起到了一定的作用，但是由于君主专制本身的局限性，皇帝以一人之力无法兼顾群臣，所以，官场中贪污腐败、营私舞弊等弊端并未销声匿迹，而是不断累积，渐有危及皇权之势。

乾隆六年（1741年），山西学政喀尔钦在布政使萨哈谅支持下贿卖文武生员一案被揭露。乾隆为之震惊，他说："没有想到竟然有山西布政使萨哈谅、学政喀尔钦，罪行昭然若揭，赃物堆积如山。实在是我想不到的，一个省尚且如此，其他的省可想而知了。"

乾隆六年（1741年）三月，左都御史刘吴龙又揭发浙江巡抚卢焯在处理嘉兴府桐乡县汪姓分家案件时，贪赃枉法，受贿银5万两，该知府杨景震受贿3万两。九月，总督那苏图参奏：姜邵湘管理荆关税务，肆志贪饕，横征暴敛，以满足自己的私欲。荆关税课每年还有余银3万余两，姜邵湘年侵吞差不多一半。接着，又发生浙江巡抚常安贪污案、四川学政朱荃贿卖生童案等。

面对日益增多的贪污案件，乾隆决定加重惩治。他说："近年来，贪赃枉法的越来越多，而对这些人的处罚只是降降级，减少俸禄，结果虽然受到了处罚，但这些人仍然能中饱私囊，惩罚太轻，没有起到应有的作用。"这就是说，对贪污犯采取罚没赃款、减少俸禄等办法不足以达到惩罚的目的。为此，他下令将乾隆元年（1736年）以来的重大贪污犯，陆续发往边疆军营充当苦力，以提醒将来想当贪官的人不要重蹈覆辙，此后贪污犯都照这个命令办理。乾隆十二年（1747年），他又降旨修改惩治贪污的法律。原法律规定，贪污官吏要等到秋审时确定罪责，此间大多数人都是上下打点替自己减轻罪责，所以到了该判决的时候，他们大多不至于被判处死刑。乾隆命令九卿于秋审时，根据原来的罪责判处，不许加入人情的因素，如果有，则待将贪官判决后，再追究人情方面的责任，从重惩处。

乾隆对贪污案的处理虽较以往严厉，但乾隆一朝的贪污案，仍层出不穷。

乾隆二十二年（1757年）发生了三起贪污案：一是深受皇恩、为帝赏识的一品封疆大吏、满洲官员恒文贪污纳贿案；二是满门高官重相的山西巡抚蒋洲贪赃案；三是包庇贪官的湖南巡抚蒋炳和九卿一案。于是，乾隆采取了"严饬科道，清明官场"的措施，将尚书、侍郎、给事中、御史等68名政府官员分别处以革职留任、降级留任、销级等处分。

乾隆二十二年（1757年）四月，云南巡抚郭一裕参奏云贵总督恒文让属员买金铸造用于进贡的金手炉，但却少给商家银子，借机牟利，并且还纵容家人收受属员门礼。乾隆听到这件事情后，开始并不相信恒文这等受他重用、又有思想觉悟的满族大臣会做出这种事情，虽然马上派了刑部尚书刘统勋去调查此事，但为防万一，还是要求他保密行事。此外，乾隆之所以没有像乾隆六年处理贪吏萨哈谅、喀尔钦那样在审理恒文案之前即将其定罪革职，原因在于他不相信恒文会有其事。首先从民族情感上来说，乾隆为政期间一直对满官极有好感，认为他们不会像汉官那样做出负恩之举；而另一重要原因就是这个恒文有过人的才干。

恒文，满洲正黄旗人，起初只是雍正时期的一个小小生员，此后连续四次升迁，不到十年的时间就成为贵州布政使，清廷的二品大员。乾隆十二年（1747年），在清军征金川时，恒文因献良计被乾隆调任直隶布政使。乾隆十六年（1751年），乾隆嘉其能治事，又升任他为湖北巡抚。恒文在任期间又在采矿、水利和粮仓储备问题上提出过很多较好的建议，于是到乾隆二十一年（1756年），即又接受皇恩，擢为一品大吏云贵总督。在任职总督期间，还弹劾了贵州粮道沈迂的贪污行为，因而深为乾隆所赏识。鉴于这些功绩，乾隆一向认为他确实是一个好大臣，所以在有人奏恒文贪污时，乾隆自然不相信了。

然而，事实终归是事实，经过刘统勋的深入调查，郭一裕所弹劾的恒文的各种贪污事情，确凿无误。乾隆听到奏报后既失望又生气，恒文这回勒派属员、短价购买金子，原意在于既能减少一些开支，又能为皇上贡献最好的物品，是为了皇上而违纪。这种情景，使乾隆并不好受。他在谕旨中说："我本来就曾多次降旨，禁止群臣上贡进献，而恒文竟为进献金手炉而勒派属员，短价购买，以图余利，实在罪不可逃。我之所以惩罚他，也是不得已的决定。"

乾隆二十二年（1757年）九月，乾隆忍痛下谕，勒令恒文自尽。他在谕旨中说："恒文深负皇恩，如果有意将他的惩罚减轻，那日后还如何能够整顿吏治！"不久，乾隆又以地方官行贿于恒文，毫不为过，而将恒文下狱终身监禁，将贵州玉屏县知县等14位州县官员普降一级留任，其他涉及此案的38个官员均受到一定的惩罚。

恒文原本企图贡献珍品取悦乾隆，而乾隆却毫不留情，把他从一个飞黄腾达的治政能臣，变为声名狼藉的阶下囚，落得个人财两空。看来，乾隆对这些贪赃横行的大臣是舍得下狠心惩罚的，哪怕他以前功勋卓著，名望很高。

与恒文同年发生的蒋洲贪污案，更让乾隆意想不到，也更让他下大决心要痛惩贪官，革除劣员。

蒋洲的父亲蒋廷锡是云贵总督蒋陈锡的弟弟，工诗善画，在康熙朝时官至内阁学士；到了雍正朝，蒋廷锡又深受雍正皇帝赏识。六年时间内，由内阁学士升至礼部侍郎，后升为户部尚书，兼领兵部尚书，又拜文华殿大学士，兼领户部，并受恩得到一等阿达哈哈番世职。

蒋洲的哥哥蒋溥，在乾隆年间历任湖南巡抚、户部尚书、协办大学士兼礼部尚书，后升至大学士、军机大臣等要职，身任重职近三十年，还颇有政绩。像蒋洲这样世代出身于书香门第、一家之中拜二相的朝中二品巡抚，竟侵吞帑银，勒索民财，收受贿银，真是不可思议；况且蒋洲的父兄都是科甲出身的大学士，他本应律己正身以报效皇恩。可是他竟丧失廉耻，见利忘义，贪污数量达到数万两，怎能不让乾隆惊骇愕然呢？乾隆又派自己比较信任的大臣刘统勋去审理蒋洲一案，由于案情的不断发展，此案牵连到山西省的巡抚、按察使、知府、知州、守备等不少州官县官。

山西吏治之腐败使乾隆深为震怒，他叹道：

"山西一省，巡抚藩臬朋比为奸，毫无顾忌，吏治之坏，达到了这样糟糕的地步了，我将怎么相信其他的人，又怎么来用其他的人。地方官营私舞弊，自从我父皇整顿以来，基本已经肃清官场腐败现象，但是我没有想到这两年出了杨灏、恒文等案件，还多次发现其他一些案子，但那些案件都比不上蒋洲这一个案件，如果不加大惩处的力度，国家法律将不复存在！我实在是气愤！"

乾隆二十二年（1757年）十一月，蒋洲被绑赴法场，成了刀下亡魂，而由此被追查出的山西贪官污吏也均被严厉惩处。

封建制度依靠庞大的官僚机构进行统治，而官场又总是伴着彼此倾轧、贪污腐败、营私舞弊、效率低下等不可克服的弊端，它威胁着独尊的皇权，也威胁着国家的长治久安，当这些弊端积累到一定程度时，统治者必须给其以震慑和调整，才不至于动摇统治基础。乾隆在悲痛之余，仍很清醒地采取了严厉的措施，并坚决付诸实施，这足以收到冲刷官场积弊的效果。

然而古往今来，封建专制是吏治腐败的温床，贪官杀而不绝；只要专制存在，贪污受贿的官员就会像离离草原上的野草一样年年枯荣而又年年复生。所以说官场贪风自古有之，敢以身试法的人也大有人在。

乾隆四十七年（1782年），时任浙江巡抚的王亶望前在甘肃任内贪污赈灾粮案发，牵连官吏60多人，王亶望等22人被诛，涉案的陕甘总督勒尔谨自尽。查办此案的闽浙总督陈辉祖在抄家过程中以金换银，将王亶望的赃物据为己有，乾隆命阿桂前往查询。

陈辉祖曾奏称：自王亶望家抄出的金子成色不足，他已与布政使商量以金换银，再解京师。然而，在当时，王亶望的4700余两黄金可换9万余两白银，陈辉祖解交户部的却只有73500两，还包括王亶望家的二三万两。这样一来，有四五万两白银没有下落。乾隆看准了这一点，命阿桂严查。

陈辉祖的贪污大案大白于天下后，乾隆发现浙江省的钱粮亏空额已达120万两。为此，他限令浙江省的各级官吏，于一年之内将亏空全部补齐。然而，吏治的全面腐败，早已成贪风越来越盛的态势。四五年后，全省的亏空额不但没能补齐，反而增加了。

虽然乾隆诛戮了一批巨贪大蠹，并且不少是总督、巡抚等高级官员，但官场的贪污腐败之风仍然愈演愈烈。这些大案要案均属事情败露不可掩盖，其余得到风声弥缝无迹的贪污案件更是数不胜数。贪污是封建专制制度下必然出现的，因为贪官们只要掩住皇帝的耳目就行了，所以贪污横行，到最后皇帝发现了，却已经牵扯太多，根本没法处理了。

乾隆看到了官场积弊，并对贪官污吏严加惩处，然而，到乾隆后期，贪污之风已经盛行，乾隆的惩处措施并没有能从根本上改变吏治，这些都为乾隆统治后期国力的衰败埋下了祸害的种子。

第二节　文字狱

乾隆初期，为了笼络人心，采取了"优待文人，清明盲路"的政策；中后期，为了控制文人言论，他又制造了文字狱，让文人安分守己。乾隆对于文人的态度有一个明显的转变，这是与他的政治需要紧密联系的。

乾隆初期，为了提高文人的地位，他采取了不少措施，诸如重开博学鸿词科、开乡会试恩科和举经筵，禁扣举人坊银，优恤绅士和生员等。

博学鸿词科起于康熙年间，是康熙为了发展文化和笼络文人学士而开设的，主要选拔"学行兼优，文词卓越"的人才。到了雍正年间，由于种种原因又停了，而乾隆刚继位便开此举科，优选士人，在继位第二年又连续开科选人，说明了他对文人学士的重视，对文化的崇尚。在清朝，若是逢新君登基，都要特别增加一次科举，称作恩科。乾隆在乾隆元年（1736年）和乾隆二年（1737年）分别举行乡试和会试，以显示他对人才的渴求。在考试中，选拔出了几百名进士，人数大大超过了正科，在这些人中就有后来权倾朝野的于敏中。乾隆还特别批准该年度的新取进士可以条奏地方利弊，这显示出了他对恩科进士的重视之意。

举经筵则是为皇上讲解五经四书，臣子们听其阐发经义的一种学习方式。不管是博学鸿词科的开办，还是乡会试恩科的举行，无非都是乾隆尊重儒家文化和文人的一种姿态，都是笼络文人学士的一种方法，是属于名誉上的东西。值得一提的是，乾隆还在经济和物质上来改善文人的日常生计。乾隆规定从元年冬天开始，将两江学政养廉银从原来的1500两和2000两增到4000两，以此来鼓励他们坚持操守，鞠躬尽瘁，公正廉明，自觉维护国家的法度。此外，他还把州县学中的教官从九品升为正七品，学正和教谕定为正八品，训导也定为从八品。这些人政治地位一提高，经济收入也自然上涨了。

清朝原规定各省乡试考中的举人，每人由该省布政使颁给坊银20两，以资鼓励。但是有些省的官员竟贪污其中的资金，使举人只得到一点点，甚至是一点都没有；或者有的地方官员把坊银发下去了，举人还得将此银两来孝敬主考官。了解到这种种现象后，乾隆感到，这样下去既与朝廷鼓励人们读书上进的本意背道而驰，还助长了贪污之风，辜负了朝廷优恤文人的初衷。为此，乾隆下令说："以前地方官或主考官扣发、收受坊银的事情一概不究，此后，考官等应该遵守行政制度，不许收受此银两，该藩司亦必照数给发，不得丝毫扣留，一定要让中第的举人实实在在地享受到皇上的恩泽。"这样也终于让实惠真的落在举人身上。

一般来说，在清代取得科举功名的人和退休官员都被称为绅衿，而这些人散居于乡间，只要争取到这些人的拥戴，那么大清政令就可以说得上是畅通无阻了，而对于各地方的安宁来说，在一定程度上，绅衿们也有不小的影响。所以，乾隆为让各地绅衿感到皇恩浩荡，而下令说："一切杂色差徭，则绅衿按照旧例应该优免，但是各省实行得不好，竟然有地方官员命令生员充当总甲图差之类的，这不是国家优恤士子的本意。以后凡是举贡生员等，一概都不得派给杂差，让他们踏实地从事学业。"

乾隆三年（1738年）四月，乾隆又做出规定：凡遇地方赈灾之时，由督抚传令教官，将贫生人名开报给地方官，按人数多寡从官府公款内拨出银米，移交本学教官，均匀散给那些贫困的学子，资助他们的生活。乾隆还强调指出：如果教官开报不实，散给不均，或者胥吏从中贪污，都要从严惩治。

  乾隆不仅在这些措施上优待士人，而且在他出巡过程中，特别是南巡期间，还对前来迎驾的知识分子给予特别召试，并通过考试授予官职和功名。在南巡之地江浙等省份，他还增加了岁试文童府学及州县大学名额。乾隆历次南巡时都召试士子，赐给出身，使一批有才华的读书人以文获进。他比较重视从科举选拔人才，曾经多次亲临贡院，巡视号舍，看到考场矮屋风檐，士子非常艰苦，便命发给考生蜡烛木炭，准许入场时携带手炉以温笔砚，还关心考场的伙食。因会试时正值京师严寒，他还曾命延期3个月以待春暖。后来，为了选拔更多的人才，乾隆还增加了皇太后万寿恩科的考试。在乾隆爱惜文人才士的表率作用下，很多官员也多以培养人才，扶持后进为己任，像大学士于敏中，是编纂《四库全书》的最早倡导者之一，他不但自己致力于古文诗词讨论典籍，讲求古今沿革利弊，熟研朝章国故，切磋久之，达于实用，而且也非常重视人才的选用，当时人都称他"衡鉴人才，不失铢黍，屈申荣辱，惟人自为"。那时，公卿好士已成风气，大学士蒋溥极爱士，一旦有人来荐书，即安排吃住在自己的公寓里，即使不认识这个人也不计较。尚书裘日修，在内城石虎胡同，购买了一个亭子叫"好春"，退朝以后就来到这里休息，宾客门下士往来不绝，他们都不约而同地直接来到这个亭子处。下朝后，裘日修必定会来这里等待那些想要求取功名的士子。可见当时的文士是很活跃的，入仕的路子也是很多的。

  对文人的优待和培养，使乾隆朝的人才之盛远远超过了前几代，这些人很多都成为文治武功的大家。有的精于考据，如汉学诸公；有的长于治理，如陈宏谋、梁国治、萨载、舒赫德、高晋等。虽说其中不乏寡廉鲜耻、营私败检之徒，但大多数人才学优长，尤善经世抚民。乾隆通过小小的恩惠，可以说达到了"天下之才全入我彀中"的目的，这也是清朝长治久安的根本。

为了加强对文人在思想上的控制，压制文人的反清思想，乾隆又掀起了文字狱。

早在乾隆二十年（1755年），乾隆就通过胡中藻文字狱案扫平了鄂派的势力；乾隆二十二年（1757年），乾隆又制造了彭家屏文字狱案。

乾隆二十二年（1757年），乾隆南巡到徐州，江苏学政使彭家屏告病在老家河南夏邑休养。夏邑县离徐州很近，乃前往接驾。乾隆询问民情，彭家屏奏称河南去年水灾造成庄稼歉收，他自己的家乡夏邑县和永城县灾情尤其严重，乾隆闻听，虽然立刻传旨讯问河南巡抚图勒炳阿，心中却在寻思："以彭家屏为本地缙绅，不免有心邀誉乡里，言之过甚。"所以当图勒炳阿报告"夏邑等县仅少数低洼地方有积水，都有六、七分收成，可以不必给予赈济，酌情借一些粮食已经足够接济"时，乾隆也就放心了。在乾隆南巡回驾又经徐州时，河南夏邑县百姓张钦拦路告状，称上年夏邑受灾，地方官隐匿灾情不报，乾隆听到这些不觉大吃一惊。由于沿途见到徐州百姓困苦不堪，于是想到夏邑等县与徐州是近邻，恐怕受灾也不会轻，便派步军统领衙门微服前往密行访查，而步军统领未回之时，又有河南夏邑县农民刘元德状告地方官散赈不实等事。

在追查出段、刘两名官员时，受命微服私访的步军统领从夏邑返回，向乾隆报告说："夏邑、永城、商丘、虞城四县灾情严重，庄稼连年歉收，积水干涸，无法下种，百姓惨不忍睹。"步军统领仅花了几百个铜钱就买了两个男孩子，并有卖身契约为证。至此，这证明彭家屏及告状农民张钦、刘元德所说句句属实，而且还把灾情隐瞒不少。乾隆遂将巡抚图勒炳阿革职，发往乌里雅苏台，夏邑、永城知县皆被革职，此案自此了结。

然而事情的发展却并未到此结束，乾隆一向视民告官为刁风恶习，所以又反过来下令对刘元德严加审讯，以此告诫百姓，务必安分守法。在严刑逼供之下，刘元德供出指使他告状的是生员段昌绪等人，还为他们告状提供了路费。夏邑知县又报告说从段昌绪家中搜出吴三桂当年使用过的檄文一张，乾隆想到彭家屏也定有伪书之嫌，便派人到彭家屏家中严查。

接着，乾隆又亲自提审彭家屏，对彭家屏说："你是朝廷重臣，一直身受国家的恩惠，如果你自首的话，还有一线生机。"彭家屏称："吴三桂的伪檄我实在没有看到过。"乾隆再三盘问，彭家屏才承认家中藏有《豫变纪略》《酌中志》《南迁录》等明末野史。但是，到彭家中搜查的官员却并未发现任何悖逆书籍。乾隆在一怒之下，遂转而指责彭家屏之子焚毁书籍，让图勒炳阿等将彭家屏的儿子及家人严行审讯，明白开导，下令让熟悉彭家屏底细的人主动招供，以使其无可抵赖，乾隆传话给彭家屏如能主动承认，还是可以宽恕的，如果顽固不化，马上按照律法从重办理，严加正法，不再给予宽待。

在这种威逼利诱下，彭家屏之子只得承认逆书系自己焚毁。然而乾隆并不满足，他进一步将案情引向严重，指责彭家屏有校点逆书之嫌，将彭及其子定斩监候、家产入官。

后来，图勒炳阿奏彭家屏刊刻族谱《大彭统记》，乾隆闻讯，又抓住此事大做文章，将其置于死地。他说："彭家屏称大彭得处于黄帝,太狂妄了,身为臣子,自称为帝王苗裔,这是何居心?而且以《大彭统记》命名,实在是大逆不道,又斥责彭家屏不避讳皇室宗庙名字,朕综合他所有的罪状,决定赐他自尽,用以告诫其他负恩狂悖的大臣。"

事实上,彭家屏文字狱是彻头彻尾的冤案。

首先,乾隆自始至终没有找到彭氏收藏逆书的物证,彭家屏承认收藏是在乾隆的诱逼之下做出的回应;彭家屏之子之所以承认焚书,也因为有乾隆的威胁。

其次,就算彭氏藏有明末野史,其所供出的几本书也达不到清朝"逆书"的标准。《豫变纪略》写的是"闯贼之祸",与清人无关,《酌中志》《南迁录》虽记明清史事,但并未诋毁清人。至于指责《大彭统记》将彭姓与黄帝相联系为用意不纯,则是欲加之罪。这是因为,托名上古帝王及名臣后裔为当时普遍的社会时尚,乾隆对此不会一无所知。不避庙讳、御名也许是唯一可以成立的罪状,但乾隆曾经公开宣称:"自从我即位以来,从来没有因为触犯御名、忌讳而获罪的人!"而唯独因此事与彭家屏过不去,显然是别有用心。

从其他一些材料中我们可以得知,导致彭家屏惨遭文字之祸最重要的原因,是他的政治表现与皇帝的专制独裁意志发生了冲突。彭家屏有朋党之嫌。雍正朝军机大臣鄂尔泰、张廷玉二人去世后,朋党即为官场一大忌讳,而彭家屏的师生、门户观念甚深,与乾隆"惟知有君"的要求相去甚远。乾隆更毫不隐讳地攻击彭家屏的人品:"彭家屏是李卫门下的一个走狗,他的性情阴鸷,恩怨最为分明,从前每当奏对时,对鄂尔泰、鄂容安无不极力诋毁,我因此十分轻视他的为人。"所以,乾隆决定杀彭家屏,是继胡中藻案后,对官场中各种可能出现的朋党现象的又一次严重警告。

第三节　由盛转衰

乾隆三十九年（1774年）是乾隆朝由盛转衰的转折点。山东王伦起义，揭开了各族人民大规模反抗斗争的序幕。

乾隆三十九年八月二十八日，山东省寿张县党家庄爆发农民起义，领导者是当地白莲教的支派清水教首领王伦。

王伦为人机智、勇敢，善拳术。乾隆十六年（1751年），王伦秘密加入白莲教的支派清水教。乾隆三十六年（1771年）自称教主，并以"运气"替人治病、教授拳术等方式，在兖州、东昌（今山东聊城）等地收徒传教。他的信徒，大都是贫苦农民和游民。乾隆三十九年（1774年），山东歉收，地方官加重赋税，人民的反抗情绪十分强烈。王伦利用清水教谶言，决定组织教徒于是年秋起事，并任命了军师、元帅、总兵等官职。

王伦发动起义后，当天夜里就占领了寿张县城，杀死知县沈齐义，九月初二日，王伦起义军又攻破阳谷，初四占领堂邑。起义军杀富济贫，将库存银两搜劫，释放监犯，收入伙内。因此，起义军的队伍日益壮大。

起义军进一步北上，直逼临清。临清是运河重镇，是南北水路交通的枢纽，清政府非常重视。临清有两座城池，一座是旧城，另一座是临清城。旧城土城早已倒塌，清军没有可以把守的城墙，所以，起义军很快就占领了旧城。占领旧城之后，起义军又包围了临清城的西门和南门。临清城的守将束手无策，因为德州、青州和直隶正定派兵增援，才暂时守住。

九月五日，乾隆才接到王伦造反的奏折。他口头上说："然么麿乌合，不过自速其死。计徐绩、惟一到彼会剿，自可迅即就擒。"其意似乎胸有成竹，但是却知道凭山东的兵力，无法镇压农民起义。山东的绿营兵懦怯无能，旗兵早已失去战斗力。于是，乾隆在八日传谕军机大臣：

"寿张、堂邑奸民滋扰不法，不可不迅速剿捕。但恐该省绿营兵庸懦无能，且与奸民等或瞻顾乡情，不肯出力。而徐绩于军旅素所未娴，恐不能深合机宜"。

当时，大学士舒赫德正奉命前往河南督视河工，乾隆下令舒赫德临时赶往山东，主持镇压起义军，并且命令天津挑选1000余名绿营兵，沧州、青州也挑选一些精兵，准备投入战斗。九日，乾隆又下旨，命额驸拉旺多尔济和左都御史阿思哈，带着健锐营和火器营的2000余名士兵，从北京出发去山东镇压起义军。十一日，当乾隆得知起义军已经攻到临清时，又急忙下令直隶、河南两省加以堵截，防止起义军向邻省进军。

十二日，兖州镇总兵惟一、德州防御尉格图肯各带兵250名支援临清。惟一"素以勇略自夸"，但是在起义军的突击下被打得丢盔卸甲。惟一和尉格图肯"避贼而逃"，乾隆大怒，下令将这两个临阵脱逃的将领军前正法。

九月二十日，乾隆经过反复思考，批准了舒赫德的三路围攻的计划。东路由舒赫德、拉旺多尔济率领，从德州经恩县、夏津进军临清；南路由阿思哈、徐绩率领，从东昌向临清进发；北路由直隶总督周元理率领，从景州经过故城、油房逼向临清。三路军队约在九月二十四日一起攻击起义军，以图一举歼灭起义军。

从九月七日开始,起义军攻打临清,历时半个月,攻城没有进展。二十三日,舒赫德军队到临清。起义军排列在城外的东南面,迎击清军。双方展开激战。不久,阿思哈和徐绩率领的军队也赶到了,包围了起义军。起义军寡不敌众,退回旧城,与清军展开巷战。旧城中小巷很多,小路纵横交错,起义军化成小股力量,打击清军。二十四日,清军攻入旧城搜捕王伦。王伦部下为了保卫王伦,与清军展开激烈的巷战,王伦义女在激战中被清军用炮炸死。二十九日,清军包围了王伦的住处,并劝王伦投降。王伦看到起义军死伤无数,没有力量再与清军战斗,于是举火自焚。

王伦起义规模不大,历时不到一个月,但它是在清王朝前期鼎盛之时爆发的,对封建统治是一次不小的震动,预示着清王朝盛极而衰,更大规模的革命风暴即将到来。在双方激战的时刻,乾隆日夜批阅奏章,指挥调度,督责文臣武将严行镇压,"断不可稍存姑息,图积阴功"。并谕令军机大臣一定要生擒王伦:"必当明正刑诛,以彰国法。若毙于枪箭之下,或焚死,或自戕,得免鱼鳞碎磔,尚觉其幸逃重罪"。对被捕后解往京师的起义军首领,都要将该犯筋挑断,以防中途窜逃。

起义被镇压后,乾隆为了加强朝廷的控制,从三个方面采取了措施。

首先,乾隆下令对起义军采取残酷的镇压手段,"示以惩戒"。清军攻占临清后,血腥屠杀起义军。起义军领袖梵伟、王经隆、孟璨等被凌迟处死,战斗结束后被官兵杀害的起义群众更多。舒赫德等在临清每日督率官兵,自朝至暮分头搜捕,挨屋逐户严查,下及地窖、水沟,无不遍加寻觅,而竟有匪党藏匿其内,连日治拿杀死者无数,并自行焚毙者,亦到处皆有。临清旧城街巷,尸体"填积塞路"。直隶总督周元理等奏请将拿获各犯讯明被胁随行，应行释放，乾隆批驳说："及贼败被获，诳称逼胁，岂可复为轻宥。""必当尽行骈诛"。

对逃散的起义群众，乾隆令直隶、河南两省堵截擒拿。周元理回奏说"飞饬大名、天津二道及府、州、县、协、营严密稽查。"乾隆朱批责问道："何不亲往接境处弹压较为有力乎？"又命令高晋"速驰赴山东连界之徐属丰沛等处，密行调兵，督率防剿，毋任贼人稍有窜越滋事。"

由于王伦是自焚而死，乾隆责备舒赫德派官兵搜捕时人数本觉太少，以致未能生擒，下令将王伦的亲属不分男女大小，尽行处斩。地方官刨挖王伦等人的祖宗坟墓，毁散尸骨，以发泄对农民起义的仇恨。

此外，许多起义农民的家属被当作"逆属"赏给贵族官僚为家奴，甚至80余岁的老妪也不能幸免。

然后，乾隆下令加紧推行保甲法。

王伦起义被镇压后，乾隆想要寻找一个严密防止人民反抗、以求长治久安的良策，于是，保甲法又一次被提到加强警保的重要地位。

周元理奉命前往山东"会剿"王伦起义后，从大名、广平一带巡查回省，他说"惟有力行保甲之法"。周元理在奏折中写道："保甲系旧立章程，惟因行之日久，各属视为具文，鲜著实效。直隶为畿辅首善之区，此次不可不认真查办。"乾隆批阅后十分赞赏，于乾隆三十九年（1774年）十月二十六日下旨：

"清查保甲原系弭盗诘奸良法，地方官果能实力奉行，何至有邪教传播、纠众滋扰之事？……周元理欲认真立法清查，自属课吏安民切实之道……"

乾隆下令将周元理的原折抄寄各省督抚学习，首先响应的是新调任山东的巡抚杨景素。杨景素对农民起义心有余悸，立即回奏"东省保甲一事，较他省尤为切要。现在贼匪剿除，所有善后章程更应筹之有素。"

杨景素分析山东各地以秘密结社的形式，正日益严重地威胁着清王朝的封建统治：

山东为九省通衢，山海交错，地广人稠，易藏奸愚，如兖、曹、沂、青一带，每有不逞之徒，结连顺刀会、掖刀会等项名色，沂、郑、费、蒙一带，多有盐枭保镖贩私、抗官拒捕发觉惩治之案。他如学习拳棒，或名红拳，或名义合拳，虽称借以防身，实皆勇悍无赖。而其尤甚者，则惟各项邪教以念经修善为名，愚夫愚妇既易被其煽惑，而王伦等拳棒易托足邪教，尤滋事端，是编查保甲实为第一要务。

杨景素在奏折中提出关于施行保甲的十项条款，他特别强调："如有倡立邪教、学习拳务及一切违禁之事，并形迹诡秘之人，断难瞒牌、甲人等之耳目。"这份施行保甲条款重在"弥盗"，不但要控制定居人口，同时要严密监视流动人口："凡有迁移增减户口，牌头随时告知甲长、保长。""庵观寺院之内，游方僧道借此托足，最易容奸，应随行随即告知牌头人等，查问明确方准存留，仍以三日为限，过期即行驱逐。""坊店、饭馆，过客往来，其中奸民混杂，最宜加意稽查。向如拿获邻省巨盗及越狱等项人犯，多从坊店、饭馆物色而得，应照例设循环二簿，填注往来客商姓名，所带何项货物及车辆头畜数目，按半月缴送州县查阅。"其他如孤庙土窑，微山湖和登莱海岛的居民，蒙山中搭棚烧炭的住户，崂山上悬崖结宇之僧，或两个村庄接壤之地，或两邑交界之区，以及洞穴幽深的祖徕山，"均易窝藏奸匪，皆须随时严行稽查"。按照这个条款的繁密禁令，朝廷对人民的控制

第五章 盛世危机

· 203 ·

更加强了。

最后，朝廷决定收缴民间的鸟枪。舒赫德镇压王伦起义以后，根据这次镇压的经验，给乾隆上了一道奏折，请求明令严禁民间铸造和私藏鸟枪。

舒赫德在奏折中说道：

"此次寿张逆匪王伦滋事一案，虽由满汉官兵鼓勇无前，得以早行剿灭，而亦因贼无鸟枪一项，搜捕较易为力。是知民间藏匿鸟枪所关甚钜，若不实力查禁，恐日久滋生事衅。臣愚以为所有商民防御盗贼猛兽应用鸟枪呈明制造之例，请永行停止，其竹铣铁铣之类，亦概不许私自制造。其民间现在存藏在家者，请立定限期，交地方官查收。如有逾限不缴及地方官不能查察者，并请皇上饬部严定科条，示以惩儆。如此则民间庶不致私藏火器，而藉可永杜事端。臣因逆匪王伦一事起见，是否可行，伏候训示。"

舒赫德从镇压王伦起义联想到民间私铸、私藏鸟枪，"流弊不可不防"，他的疏陈受到了乾隆的重视。乾隆将舒赫德的奏折发交部议，部议"应如所请，令各省督抚转饬地方官遍行示谕，严定限期，将民间私藏鸟枪等项令其赴本州县呈缴，查收完后汇送督抚衙门，将收到数目分晰报部"，并且详细议定处罚条款："民人逾限不缴杖一百，徒三年，私行制造杖一百，流两千里。每一件加一等。其不实力稽查之地方专管文武各官，罚俸一年。"随后，吏部又制定条款，规定各督抚年终汇奏查禁鸟枪情形时，要将所属道府州县失察民间按用鸟枪应行开参之例汇奏，其处分是："州县官失察一次者降一级留任，二次者降一级调用。该管道府失察所属一次者罚俸一年，二次者降一级留任。"这就把收缴民间鸟枪定为法令，违者按律处治。

为了防止农民反抗，乾隆一方面对起义军的残余部队给予了严厉的惩罚，另一方面又推行了保甲法和收缴民间鸟枪，想以此来稳固统治，但是，由于清朝统治的日益腐败，各地的起义如星星之火，不止不休。

王伦起义揭开了清中叶农民起义的序幕。乾隆四十六年（1781年），甘肃爆发了苏四十三、田五起义。乾隆六十年（1795年）又发生了湘黔苗民起义。嘉庆元年（1796年），爆发了清中叶规模最大的农民起义——川楚白莲教起义。

伴随着农民起义的不断爆发，乾隆王朝各地烽烟四起，清朝也从鼎盛时期转入衰败时期。

第四节　一艘破烂不堪的头等战舰

乾隆统治的六十年，是世界发生巨大变化的六十年。

在乾隆统治的这六十年间，在西方，英国的工业革命促进了生产力的大幅提高，英国的国力日益强盛；各国爆发了资产阶级革命，资产阶级正式登上政治舞台。伴随着经济和政治的变革，西方国家的经济迅猛发展，国家日益强盛。

乾隆三十年（1765年），英国纺织工哈格里夫斯发明新式纺车珍妮纺纱机；乾隆五十年（1785年），英国卡特莱特发明水力织布机；同年，英国瓦特改良蒸汽机。西方开始了工业革命。

乾隆三十九年（1774年），美国独立战争开始，到乾隆五十三年（1788年），美国在纽约召开第一届国会。乾隆五十四年（1789年），华盛顿宣誓就任美利坚合众国第一任总统，美国开始在北美崛起。

乾隆五十四年（1789年），法国爆发了大革命，巴士底监狱被攻占，后来法王路易十四被送上断头台，并发表《人权宣言》，一个法兰西的资产阶级国家开始兴起。

乾隆二十年（1755年），俄国建立莫斯科大学；乾隆四十五年（1780年），美国科学院在波士顿成立；乾隆四十九年（1784年），哥伦比亚大学成立；同年，德国出现第一位女医学博士。

总的来说，在乾隆时代，西方世界发生了三件大事：第一件事是英国工业革命；第二件事是美利坚合众国成立；第三件事是法国大革命。这三件大事再加上此前的英国资产阶级革命，具有划时代的意义，影响了世界历史的进程，改变了整个世界的格局。而大清帝国仍然陶醉在"天朝上国""千古第一全人"的迷梦之中。

乾隆统治的早期，由于外族和外国的频频入侵，乾隆为了保卫国土，一律采取强硬的回击政策，保护了国土的完整。到了乾隆后期，西方国家想通过商业与中国加强往来，乾隆却表现出强硬的排外态度，封锁国门，导致了中国的落后。

乾隆时期，北方的沙俄开始强大起来，屡屡进犯我国北方边境，如果不能有效地打击这些进犯者的气焰，势必危及乾隆在国内的统治，为此，乾隆组织了强大的机动兵团守卫边境，同时义正词严地拒绝任何敢于窥视中国领土的谈判，从而有效地保证了中国领土的完整性，同时也强化了乾隆对国内各派政治力量的制衡。

早在雍正时期，沙皇已派遣"堪察加勘察队"到远东和清朝宁古塔将军辖境内进行所谓的"探险"活动。乾隆二年（1737年），由沙皇俄国科学院派出的两名测量人员在哥萨克骑兵的护送下，偷越中国边界到黑龙江北岸的雅克萨城。他们不但越界偷测地形，绘制地图，窃取情报,而且公然于乾隆五年(1740年)炮制了一份关于黑龙江的《备忘录》,肆意歪曲《中俄尼布楚条约》的性质,硬说该约是"俄国上当受骗了",是"被迫签订的",而现在是到了"揭露已犯的错误,赶紧补救"的时候了!韬光养晦的雍正皇帝,曾为谋求边境安宁,以让步的态度与沙俄签订了《布连斯奇条约》和《恰克图条约》。但沙俄政府欲壑难填,对我国东北、西北和蒙古地区继续采取蚕食政策,尤其对东北黑龙江地区更是垂涎三尺。由于国力的增强,乾隆一改雍正时的被动姿态,他满怀重振国威的激情,与沙俄斗智斗勇。他从历史上中俄交涉的来龙去脉中认识到,如果使沙俄"收复黑龙江"(实为侵占)的阴谋得逞,那么康熙时期签订的《中俄尼布楚条约》规定的边界势必会任其改变,八旗将士们用鲜血收复的雅克萨城将会重新丧失,这是绝对不能答应的。

乾隆二十一年(1756年),沙俄想以"葡萄牙借澳门"的方式来蚕食中国领土,提出沙俄船只借道黑龙江的要求,遭到乾隆的断然拒绝。这就是历史上著名的"假道"黑龙江事件。此时随着沙俄卷入对普鲁士与英国的七年战争的展开,无法以武力来谋取黑龙江的航行权利,沙皇的御前大臣便自作聪明,想出所谓"假道"的新招数。经过一番策划,沙皇决定派大臣经办,以"东北沿海居民贫困并且处在极端饥馑之中"为托词,要求清政府准予沙俄"假道"黑龙江航道运载粮食,并沿途给予"可能之协助"。乾隆识破了沙俄这一"假道"的侵略阴谋,他态度明确地给予回绝,并说:"当初与俄罗斯议定的十一条协议内,并没有俄罗斯可以越界运送货物这样一项内容"。为了防止沙俄船只强行闯入黑龙江,乾隆命令黑龙江边防台站官兵必须加紧防守卡座,不得让沙俄船只私自通过,如果他们不听阻止,想要凭借武力强行通过,立即派官兵擒拿,按照私越边界的罪名办理。

乾隆的政策有力地挫败了沙俄利用"假道"中国内河黑龙江吞食中国领土的特大阴谋。

为了保住大清江山,乾隆对外国商人在中国的势力非常重视,不断地加强对外国商人在华贸易的控制。

18世纪中叶,西方资本主义国家已开始工业革命,海外贸易日益扩张。特别是以英国东印度公司为首的西方商人,一直强烈渴望寻找机会打开中国市场。

乾隆即位后,在海禁方面基本上沿袭了先祖的严格控制的政策。当时,在中国沿海的4个通商港口,前来进行贸易与投机的洋商日益增多。与此同时,南洋一带也经常发生涉及华人的事端,这些情况很快引起了清朝政府的警觉和反感。

乾隆五年(1740年),荷兰殖民者在南洋的爪哇大肆屠杀华侨,制造了骇人听闻的"红溪惨案"。消息传来后,举国震惊。同时,澳门等外国人聚集的地方也经常有洋人犯案。另外,当时的英国商人为了填补对华贸易产生的巨额逆差,不断派船到宁波、定海一带活动,就近购买丝、茶。乾隆第二次南巡到苏州时,从地方官那里了解到,每年仅苏州一个港口就有一千余艘船出海贸易,其中有几百条船的货物卖给了外国人。

乾隆二十二年(1757年),乾隆南巡回京后,发布圣旨,规定洋商不得直接与官府交往,只能由"广州十三行"办理一切有关外商的交涉事宜,从而开始实行全面防范洋人、隔绝中外的闭关锁国政策。

在乾隆闭关锁国的圣旨发布后不久,又发生了洪任辉状告地方官的事件,乾隆进一步感受到洋人多事,坚定了闭关的决心。

洪任辉原名詹姆士·弗林特,英国人,是东印度公司的翻译。1755年,洪任辉带领商船前往宁波试航,希望扩大贸易范围,开辟新的贸易港。当洪任辉抵达宁波港时，受到当地官员的热烈欢迎。更令他们惊喜的是，浙海关关税比粤海关低，各种杂费也比广州少很多。于是，在此后两年中，英国东印度公司屡屡绕开了广州口岸，派船到宁波贸易，致使粤海关关税收入锐减。两广官员上奏乾隆，乾隆通知浙江海关把关税税率提高一倍，想通过此手段让洋商不再来宁波贸易。不料东印度公司仍不断派商船往宁波。于是，乾隆在1757年关闭了宁波等地的口岸，只留广州一处通商口岸。

东印度公司指示洪任辉再往宁波试航，如达不到目的，就直接航行至天津，设法到乾隆的面前去告御状。1759年，洪任辉由广州出航，向当地官员假称回国，实际却驶往宁波。洪任辉的船在定海海域被清朝水师拦住，无法驶入宁波。洪任辉便驾船来到天津。在天津，洪任辉通过行贿手段将一纸诉状送到直隶总督的手中，转呈乾隆御览。洪任辉在诉状中控告粤海关官员贪污及刁难洋商，并代表东印度公司希望清政府改变外贸制度。乾隆看了他的诉状后，勃然大怒。乾隆认为洪任辉不听浙江地方官的劝告，擅自赴天津告状，不但有辱天朝的尊严，而且怀疑他是"外借递呈之名，阴为试探之计"。洪任辉被驱逐出境。

洪任辉事件发生后不久，乾隆感到要防止外商侵扰，除了将对外贸易限制于广州一地外，还必须加强对他们的管理与防范。1759年，朝廷又颁布了《防夷五事》，规定外商在广州必须住在指定的会馆中，并且不许在广州过冬，不得外出游玩；而中国商人不得向外商借款或受雇于外商，不得代外商打听商业行情。

在此后的近百年间，为了打破封闭的中国市场，欧洲诸国，如沙俄、英国等国曾多次向中国派出使团，试图说服清朝皇帝改变闭关锁国的国策，但都无功而返。其中，英国代表马戛尔尼是最典型的一次。

乾隆五十八年（1793年），英国为了通商，派特使马戛尔尼和副使斯当东到中国。

马戛尔尼是在英国任职很久、经验丰富的外交官，有勋爵身份，担任过英国驻俄国圣彼得堡的公使，后来英国政府委任他为孟加拉总督，他辞而未去。1792年英国政府委任他为访华全权特使，斯当东爵士为副使兼秘书，率领官员兵丁役夫船员七百余人，乘坐狮子号、豺狼号、印度斯坦号等五艘船只，从普利茅斯港出发，通过英吉利海峡，朝中国方向航行。

马戛尔尼乘船从天津上岸，沿运河到了通州。清政府接待使团由圆明园前往承德避暑山庄。经过古北口时，马戛尔尼看到了雄伟的长城，赞叹不已。到了避暑山庄之后，和珅陪着他参观了避暑山庄。

在马戛尔尼使团启程之前，英国东印度公司董事长弗兰西斯·培林爵士给两广总督、广东巡抚郭世勋写了一封信，用英文和拉丁文各写了一份，通知清政府马戛尔尼勋爵奉命访华。在这封信里，培林爵士说："最仁慈的英王陛下听说贵国皇帝庆祝八十大寿的时候，为了对贵国皇帝树立友谊，为了改进北京和伦敦两个王朝的友好来往，为了增进贵我双方臣民之间的商业关系，英王陛下特派遣自己的表亲和参议官、贤明干练的马戛尔尼勋爵作为全权特使，代表英王本人谒见中国皇帝，希望通过他来奠定两者之间的永久和好。"从这封信的行文方式、用词和口气看，都是按双方是同等的地位、是平等的关系来叙述的。

郭世勋不敢如实转奏，便把英文、拉丁文的信函原件呈上，又将信译成汉文，把平等的口气译成下对上、外夷对天朝的妥帖口气。其译文为："咭唎总头目官、管理贸易事百灵谨禀请天朝大人钧安。敬禀者，我国王兼管三处地方，向有夷商来粤贸易，素沐皇仁。今闻天朝大皇帝八旬万寿，未能遣使赴京叩祝，我国王心中惶恐不安。马戛尔尼进献的火枪今我国王命亲信大臣，公选妥干贡使马戛尔尼前来，带有贵重礼物进呈天朝大皇帝，以表其慕顺之心，惟愿大皇帝恩施远夷，准其永远通好，俾中国百姓与外国远夷同沾乐利，物产丰盈，我国王感激不尽。"

乾隆看到郭世勋的奏折及培林爵士之信的译稿，以为强大的远夷国王遣使前来祝寿，非常高兴，命令广东及沿途官员好好接待，优待使者。使团携带的货物，"免其纳税"；供给上等食物，"赏给一年米石"。

乾隆要接见使团，但是礼仪方面发生了矛盾。清朝要求三跪九叩，但是，在英国没有这个礼节，双方反复地交涉。

乾隆五十八年（1793年）八月初十日，乾隆在避暑山庄接受马戛尔尼入觐，马戛尔尼"单腿下跪"行礼。十三日举行乾隆83岁的祝寿大典，马戛尔尼一行与缅甸国使臣和蒙古王公一起，向皇帝祝寿，"全体祝寿人员根据指挥行三跪九叩礼"，马戛尔尼及其随从"行深鞠躬礼"。

马戛尔尼拜访了中堂和珅，详细说明英国政府的"和平仁爱政策"，对发展中英贸易提出了八项要求。

乾隆于八月十九日，就英国特使请求的事，写了两道谕旨，但未立即下达，延迟到九月初一日，由和珅遣人，恭奉谕旨，以及送给英王及使节团的礼物，送到承德英国使者的住处。礼品很多，英干、正使、副使、司令官、船长、官兵、船员、仆人、厮役，以及留在浙江的官员、船长、船员、兵士，都得到了优厚的礼品，尤其是赐给英王的礼品，又多又"俱系中国出产的精品"。

乾隆给英王的敕谕共有两道。第一道敕谕是正式国书性质的，主要是讲英王"倾心向化"，遣使来庭，"恭赍表章"，"叩祝万寿"，"备进方物"，故特许使臣朝觐，赐宴赏赉，并赏赐其随行人员，及通事兵役。现使臣返国，特颁敕谕，并赐赍英王"文绮珍物"。同时，这道敕谕还专门讲了，英王表内请派一人留京照管英国买卖的要求不能批准的各种理由。

对于英国提出的另外七项要求，乾隆在第二道敕谕中逐条列举理由驳斥，不允其请。英国提出的请求是：多口通商，可到宁波、珠山、天津、广东地方交易；在北京设立英国商行；在珠山附近给一小岛；拨给邻近广州的一块地方；英国货物自广东到澳门免收税或少收税；英船照其他地方税率交税；允许英国传教士在中国自由传教。

在乾隆的严谕督促下，马戛尔尼一行由钦差大臣松筠陪同（实即护送）下，于乾隆五十八年（1793年）九月初离京，九月六日到达两年前始发港普利茅斯港，结束了使华之行。

乾隆以"天朝上国"自居，马戛尔尼带来了一次中西文化交流的机会，万里迢迢送到北京，送到承德避暑山庄，但是，乾隆因为对他的一系列要求都予以拒绝，把中西方交流的窗户关上了。

乾隆实行的闭关自守政策和"天朝上国"的态度在一定的程度上导致了大清帝国的封闭和落后。在西方社会发生翻天覆地的变化的时候，大清朝依然在封建经济的约束下自以为是，直到1840年，西方帝国主义国家入侵,才打破了清朝统治者的天朝上国梦,中华大地陷入了水深火热之中。

繁华落尽,盛世转衰。乾隆王朝由于吏治贪污无法根治,农民起义风起云涌。虽然乾隆从思想上大施文字狱,在国策上闭关以防止外国势力入侵,但是,清朝这艘大船已经破烂不堪,隐伏着内忧外患。

第六章

风流天子

第一节　书生皇帝

乾隆一生儒雅风流，不仅有经世之才，也有书生之气。他的诗作流传后世，他的情史缱绻感人；他是能著文吟诗的书生帝王，他是至情至性的风流天子。

乾隆是一个文化气息浓厚的书生皇帝，他的诗作竟达42000余首，几乎与《全唐诗》相当。

乾隆爱好广泛，不仅博览群书，而且爱好书法、绘画、古玩、字画，能吟会写。乾隆天资聪颖，勤奋好学，擅书画，兼长诗文，是一位非凡的文学家、语言学家、书法家、诗人、学者。

乾隆有很高的语言天赋，不仅精通新满文，而且熟知老满文；不仅对汉语汉文十分精通，还懂蒙、藏、维等多种语言文字。为了完成用兵准、回，两征金川，安定西藏的宏伟事业，他自乾隆八年以后，即诵习蒙古及西番字经典，一直持续五十余年，研讨不停。乾隆又学习"回语"（维吾尔语）和"唐古特语"（藏语），从而成为当时罕有的通晓满、汉、蒙、维、藏及安多（藏语的四川西北部方言）等多种语言文字的语言学者。这对乾隆的治政用兵起了很大作用。史称其与"番酋"会见时，能用"番"语交谈。

乾隆非常重视中国的传统文化，对于藐视读书的言行提出驳斥。有一次，他针对某些督抚的"书生不能胜任""书气未除"的言论，严厉驳斥说：

"人不知书……有不可救药者……朕惟恐人不足当书生之称，而安得以书生相戒乎！若以书生为戒，朕自幼读书宫中，讲诵二十年，未尝少辍，实一书生也……至于'书气'二字尤可宝贵，果能读书，沉浸酝酿而有书气，更集义以充之，便是浩然之气。人无书气，即为粗俗气、市井气，而不可列于士大夫之林矣"。

乾隆以"书生"自称，在朱轼和蔡世远两位老师的影响下，乾隆深受宋儒理学思想的影响。乾隆以"立身以至诚为本，读书以明理为先"的对联鞭策自己，把"理"作为世界万物的主宰。19岁的时候，他在《读书以明理为先》中写道：

"天地之间，万事万物莫不有理。理者，天之经，地之义，民之行也。是故日月星辰之朔望躔度，阴阳寒暑四时之推迁往来，皆天地之气也，而有乾健于穆不已之理主宰乎其中。山川河岳，百谷草木之丽乎地以生者，亦莫不赖坤元载厚之理以为之根柢。人性之仁义礼智，赋乎天之正理也，因之而见为恻隐、羞恶、辞让、是非之情，及变化云为万有不齐之事，由是观之天下事物孰有外于理哉。故圣人之教人讲学，亦曰"明理而已矣"。盖理者，道也。道之大，原出于天，其用在天下，其传在圣贤，而赖学者讲习讨论之功以明之。六经之书，言理之至要也，学者用力乎明理之功以观六经，则思过半矣。"

乾隆认为，日月星辰的运行，寒暑四时的变化，百谷草木的成长，都要受到"理"的主宰。"圣贤"的职责，就在于传道、传理。所以，乾隆所说的要用功读书，实际上是要求人们不断完善自己的修养，遵守封建社会的伦理关系。

乾隆喜爱书法和绘画，造诣精深。他长期痴于书法，至老不倦。

自内廷到御苑,从塞北到江南,园林胜景,名山古迹,所到之处,挥毫题字,墨迹之多,罕与伦比。乾隆可算是题字遍天下、流传千百年的书法家。

乾隆喜欢赏鉴字画古玩,且有很高的水平。有一次,他寻获宋刻《后汉书》及《九家集注杜诗》,十分爱惜,命宫廷画家"写御容于其上"。还有一次,乾隆找到《岳氏本五经》,特地修建五经萃室以来保存。乾隆喜欢马和的《豳风图》,花了很长的时间才找全,找到之后,将画藏在学诗楼。

乾隆撰写了大量文章,仅编成文集的就有《御制文初集》《御制文二集》《御制文三集》《御制文余集》,共1350余篇,还有《清高宗圣训》300卷。乾隆于五十八年(1793年)写了一篇《御制喇嘛说》,全文不过700余字,却讲明了清政府"兴黄教即安众蒙古"的基本政策,以及创立金奔巴瓶制的原因和意义,文字不多,论证有力。

乾隆尤喜爱作诗,他说若三日不吟,辄恍恍如有所失。乾隆的御制诗集,登基前有《乐善堂全集》,禅位后有《御制诗余集》,共750首。在位期间的《御制诗集》共有5集,434卷,据后人统计,其初集4166首,二集8484首,三集11519首,四集9902首,五集7792首,共计41863首。他的诗总计42613首。而《全唐诗》所收录的唐朝2200多位诗人的作品,才48000多首。

乾隆是个业余诗人,以一人之力,其诗作数量竟与留传下来的全唐诗相仿佛,其数量之多,创作之勤,令人敬佩。可以说,乾隆诗作之多,有史以来,首屈一指。他说:"几务之暇,无他可娱,往往作为诗古文赋。"又说:"每天余时,或作书,或作画,而作诗最为常事,每天必作数首。"

乾隆的诗,很多是纪实之作,包含了相当丰富的内容和深刻的政治含义，或述某事某制，或言己之政见，或为争取汉人名流学者，或臧否人物评论史事，从政治、历史角度看，还是颇有价值的。他自己便曾多次讲述诗要有所为而作，不能"竞尚浮华"，"徒以藻缋为工"。他于乾隆五十三年（1788年）三月十九日为此下达专谕说："朕所作诗文，皆关政教，大而考镜得失，小而廑念民依，无不归于纪实。御制集俱在，试随手披阅，有一连十数首内，专属寻常流览，吟风弄月浮泛之词，而于政治民生毫无关涉者乎？"乾隆此言，大体上还是符合实际的，他的诗记述了军事、政治、财政、文化、外交、民族等各个方面的情形。

乾隆写了很多关于亲情的诗：

孝贤皇后挽诗

凤妾龙循何事尔，鱼贯故剑适相从。
可知此别非常别，漫道无逢会有逢。
芦殿惊心陈月白，取涂举目惨寒冬。
百年等是行云寄，廿载凭参流水淙。

悼念皇长子永璜

灵施悠扬发引行，举循人似太无情。
早知今日吾丧汝，严训何须望汝成？
三年未满失三男，况汝成了书史耽。
且说在人犹致叹，无端从己实可堪。
书斋近隔一溪横，长查芸窗占毕声。
痛绝春风廐马去，真成今日送儿行。

乾隆写了一些写景抒情的诗：

卢沟晓月

茅店寒鸡咿喔鸣，曙光斜汉欲参横。

半钩留照三秋淡，一練分波平镜明。

入定衲僧心共印，怀程客子影犹惊。

迩来每踏沟西道，触景那忘黯尔情？

烟雨楼用韩子祁诗韵

春云欲泮旋蒙蒙，百倾明湖一棹通。

回望还迷堤柳绿，到来才辨谢梅红。

不殊图画倪黄境，真是楼台烟雨中。

欲倩李牟携铁笛，月明度曲水晶宫。

仇英碧梧翠竹图

石泉窈以清，梧竹复修翠。

诛茅为小楹，延得青山致。

幽人兀然坐，开卷默而识。

仿佛沂水风，吾与点也意。

乾隆还写了一些赠臣子和朋友的诗：

雍正十一年赠平郡王福彭

宗翰临戎剑气寒，来廷屈指觐呼韩。

秋风掼拂征人面，马上何须回首看。

武略文韬借指挥，书斋倍觉有光辉。

六年此日清河畔，君作行人我独归。

赐大学士张廷玉

喉舌专司历有年，两朝望重志愈坚，

魏公令德光间里，山甫柔嘉耀简编。

调鼎念常周庶务，劳谦事每效前贤。

古今政绩如悬鉴，时为苍生咨惠鲜。

乾隆还写了一些读后感：

读《贞观政要》

懿德嘉言在简编，忧勤想见廿三年。

烛情已自同悬镜，从谏端知胜转圜。

房杜有容能让直，魏王无事不绳愆。

高山景仰心何限，字字香生翰墨筵。

读项羽纪

鹿走荒郊壮士追，蛙声紫色总男儿。

拔山扛鼎兴何暴，齿剑辞骓志不移。

天下不闻歌楚些，帐中唯见叹虞兮。

故乡三户终何在？千载乌江不洗悲。

乾隆还写了不少描述"十全武功"的诗句，比如，乾隆二十三年（1758年）十一月，当他得知定边将军兆惠被回部大小和卓围困于叶尔羌城外的黑水营时，写下了五言长诗一首，以记其事，赞扬将帅士卒的英勇，表示要予以记功行赏。

直到临终前的一天，他还作了一首：

望捷

三年实旅开，实属不应猜。

邪教轻由误，官军剿复该。

领兵数观望，残赤不胜灾。

执讯迅获首，都同逆首来。

很多臣子对乾隆的才学极为赞佩，有人言："上圣学高深，才思敏赡，为古今所未有。御制诗文如神龙行空，瞬息万里。"又言："或作书，或作画，而诗尤为常课，日必数首，皆用朱笔作草，令内监持出，付军机大臣之有文学者，用折纸楷写之，谓之诗片。"

原礼亲王昭梿亦于《啸亭杂录》卷一中颂扬乾隆写诗之多，学识渊博。他说："纯庙天纵聪睿，揽读渊博……每一诗出，会儒臣注释，不得原委者，许归家涉猎，然多有翻撷万卷莫能解者"，然后乾隆举出其出处，"以博一笑，诸臣莫不佩服"。

乾隆对国计民生，尤其是农业生产非常关心。当时的农业主要是靠天吃饭，每遇到长期下雨或者干旱，乾隆都会因此而担忧。乾隆四十九年（1784年）三月，乾隆第六次南巡时到达江苏，还挂念着陕北、河南、山东等地的旱情。五日，乾隆传旨询问三省是否下雨。十一日，乾隆在苏州府，半夜梦醒听到雨声，作了《夜雨》一诗：

夜雨打船窗，恰值清梦醒。

入耳适宜听，披衾不觉冷。

即南已增润，怀北牵怀永。

须臾声渐稀，无眠以耿耿。

乾隆自己注释说："时北省正望雨之际，未知此泽遍及否？"可见他对农事的关心。

乾隆爱作诗，但他首先是一个皇帝，他的主要时间和精力都花在治国上，在作诗的造诣上并不深。乾隆对自己的作品有自知之明，他说："予向来吟咏，不屑为风云月露之辞。每关政典之大者，必有诗记事。"不吟风云月露，以诗纪政事，符合他的身份。

乾隆的诗是乾隆朝历史的写照，也是可靠的历史资料。他的诗，史料价值远远高于文学价值。

第二节　香妃传奇

乾隆一生风流倜傥，他的爱情故事得到后世小说家的多方演绎，在民间传颂，留下了不少风流佳话。

清朝的内宫从康熙以后形成了制度，后妃分为8个等级：皇后1人，皇贵妃2人，贵妃2人，妃4人，嫔6人，贵人、常在、答应无定数。乾隆一生后妃不下40位。

乾隆先后册立过3位皇后，富察氏、乌喇那拉氏和后来册立的魏佳氏。但魏佳氏被册立时已去世多年，只是因为她的儿子永琰被立为太子，所以才加封为孝仪皇后。

乾隆的第一位皇后是富察氏。雍正五年（1727年），富察氏被册为宝亲王弘历的嫡福晋。这年乾隆17岁，嫡福晋富察氏16岁。乾隆二年（1737年），嫡福晋富察氏被册为皇后。

富察氏出身名门，她的曾祖父哈什屯顺治时任议政大臣，祖父米思翰在康熙朝时任内务府总管、户部尚书、议政大臣，父亲李荣保任察哈尔总管，兄马齐任兵部尚书、左都御史、议政大臣、武英殿大学士，"历相三朝"。

富察氏，性贤淑，尚节俭，不奢华，孝顺太后，敬爱乾隆。乾隆年轻时，曾患疖，刚愈，太医说："须养百日，元气可复。"皇后就每晚在乾隆寝宫外面居住，精心侍奉，百日之后，才回寝宫。她居摄六宫，对各嫔妃的皇子都视为己出，得到嫔妃乃至宫人的尊重。乾隆把她当成自己的贤内助，曾说："朕之得以专心国事，有余暇以从容册府者，皇后之助也。"可见富察氏的辅助之功。

乾隆十三年（1748年）正月，皇后富察氏随乾隆和皇太后东巡，前往山东曲阜祭孔。三月十一日，在返京途中死于德州船上，年37岁，谥号"孝贤皇后"。

孝贤皇后去世后，乾隆非常悲痛，因皇后丧葬引发大规模贬革之风。乾隆对一些没有奏请来京叩谒的官员大加贬谪，并对办丧事不力的官员严厉惩罚，这些措施一方面是为了整顿吏治，另一方面也体现了乾隆对孝贤皇后的重视。

乾隆的第二位皇后是乌喇那拉氏。乌喇那拉氏是佐领那尔布之女。乾隆做皇子时，乌喇那拉氏被册为侧福晋。她不仅深得皇帝宠爱，而且颇讨皇太后欢心。乾隆十六年（1751年），乌喇那拉氏被册立为皇后，皇帝颁诏天下，褒誉她"孝谨性成，温恭夙著"。乾隆历次出巡，乌喇那拉氏皆伴驾随行，可见对她的宠爱。

乾隆三十年（1765年）初，乌喇那拉氏陪乾隆第四次下江南。到达杭州时，乌喇那拉氏因私自剪发惹恼了乾隆。据记载："三十年，从上南巡，至杭州，忤上旨，后剪发。上益不怿，令后先还京师。三十一年七月甲午，崩。"在满族人的习俗中，只有死去亲人的时候才"断发成服"，乌喇那拉氏私自剪发，犯了大忌，所以乾隆令她先回北京。乾隆三十一年（1766年）七月，乌喇那拉氏忧郁去世。

那拉氏死时，乾隆正在木兰围场狩猎，他下旨以皇贵妃的礼仪将那拉氏安葬在裕妃陵园。那拉氏没有得到皇后应有的待遇，与富察氏的身后事相比，她的丧事简单而潦草。

那拉氏在杭州忤旨剪发，以及死后葬礼降格，在当时引起了很多议论。但是，对于那拉氏忤旨的原因，乾隆一直讳莫如深。有的史学家推测，有可能是因为乾隆想纳妃子，那拉氏以剪发抗争。但是，皇后剪发，为清朝的习俗所不容，也触犯了皇帝的尊严，所以，乾隆很快冷落了那拉氏，而且从此以后没有再立皇后。

除了三位皇后以外，乾隆还有很多后宫嫔妃。乾隆的皇妃有皇贵妃五位、贵妃五位、妃七位。在众多的皇妃中，乾隆非常宠爱来自新疆维吾尔族的容妃。

有很多学者认为，后来在民间流传的香妃的传说，指的就是容妃。因为根据清史的记载，从清太祖努尔哈赤，到末帝宣统，清宫里面所有的后妃中，回部的女子就容妃一个人。香妃是民间的传说，她正式的封号是容妃。

容妃，和卓氏，1734年生于新疆。

乾隆平定了准噶尔叛乱之后，大小和卓又发动了叛乱。清朝派兆惠将军进军喀什噶尔平叛。容妃一家和大小和卓是一个宗族，但容妃一家不支持叛乱，而且起兵帮助乾隆平定叛乱。兆惠将军在喀什噶尔被大小和卓围困的危险时刻，容妃的叔父额色尹，哥哥图尔都率骑兵袭击叛军。兆惠将军看援军到来，立即反攻。叛军腹背受敌，溃败而逃。在追击叛军时，额色尹仍率军出征。大小和卓的叛乱被平定之后，容妃的叔父和哥哥均先后被乾隆封为辅国公。

乾隆二十四年（1759年），容妃被召进京，封为贵人。乾隆二十七年（1762年）五月，晋封为容嫔。册文说："尔霍卓氏，秉心克慎，奉职维勤，壶（kǔn）范端庄，礼容愉婉。"

乾隆对容妃宠爱有加，尊重她的生活习惯、宗教信仰和民族爱好。乾隆三十年（1765年）南巡，容嫔随驾，乾隆特意按回部习俗，赏她羊肚片、炖羊肉等食物。乾隆三十三年（1768年），册封为容妃。乾隆三十六年（1771年）春，容妃随乾隆东巡，游览泰山、祭拜孔庙，路上受赏回回饽饽等食品。乾隆四十三年（1778年），容妃随乾隆到盛京，在塞外中秋之夜，受赏"奶子月饼"。到达木兰围场，乾隆猎获野猪和狍子，赏众妃野猪肉，而赏容妃狍子肉。乾隆为容妃安排了回族厨师，为她做回俗清真饭菜，如羊肉馄饨等。

乾隆还为容妃修建宝月楼，并于宝月楼墙外建"回子营"，又建回教礼堂，供维吾尔族人礼拜。乾隆二十五年（1760年）夏，乾隆作诗："轻舟遮莫岸边维，衣染荷香坐片时；叶屿花台云锦错，广寒乍拟是西池。"以嫦娥比拟容妃。乾隆二十八年（1763年）新年又作诗云："冬冰俯北沼，春阁出南城。宝月昔时记，韶年今日迎。屏文新莆禄，镜影大光明。鳞次居回部，安西系远情。"乾隆自注："楼近倚皇城南墙。墙外西长安街，内属回人衡宇相望，人称'回子营'。新建礼拜寺，正与楼对。"

乾隆为容妃兴建宝月楼既是宠爱容妃，也是为了尊重容妃的回族习惯：

第一，回族与满族和汉族的生活风俗不同。回族的衣服、装饰，同皇宫的后妃、宫女都不同。皇宫除御花园外，别无游观之处。乾隆筑宝月楼于瀛台之南,则随时可以驾幸西苑,而不必如临圆明园,路途既远,又烦出驾。容妃在这里则可免去其他妃嫔争宠之扰。

第二,回族与满族和汉族的言语文化不同。容妃讲维语,不便与诸妃嫔住在一起交流,特隔于南海最南之地,其地又距外朝之外垣较近。这里同皇宫既联系又分割,环境幽雅,湖水涟漪。乾隆会维吾尔语,可以同容妃用维语直接交谈。

第三,回族与满族和汉族的宗教信仰不同。满族的宗教是萨满教,乾隆又崇奉喇嘛教。维吾尔族信奉伊斯兰教,要做礼拜。容妃所居之地,隔长安街而对回子营,建回教礼拜堂及民舍,并使内附之回民居住,屋舍皆沿袭回风。容妃站在楼上,可以望见对面的"回子营",遥望瞻礼,以解思乡之情。当时,八旗以外的所有百姓都住外城。唯独回子营近在咫尺,依靠九重。这是乾隆爱屋及乌。

乾隆五十三年(1788年)四月十九日,容妃因病去世,终年55岁,葬清东陵。

容妃死后,有关香妃的传说逐渐流传开来。

关于香妃的故事,有很多版本。其中有两种流传得最为广泛。

第一种版本,是喜剧版本。香妃是回部一个女子,因为她的哥哥、家人在乾隆平定回部之乱的时候立下了功劳,她哥哥带他这个妹妹香妃就到北京来,就把他妹妹献到宫廷里面,他这妹妹香妃长得是美貌绝伦,倾国倾城,而且身上发出香味,所以叫"香妃"。乾隆一看很喜欢,皇太后一看也喜欢,就把她留在宫里头了,后来封了妃子,香妃在宫廷里面,乾隆对她很好,享尽了宫廷的荣华富贵,后来因病而死。死了之后,她的遗体还被运到了新疆喀什,在喀什修了香妃墓。

第二种版本是一个悲剧。据传,大约1745年,香妃生于新疆喀什的一个贫苦人家,出生后浑身散发着一股麝香味,玉容未近,芳香袭人,既不是花香也不是粉香,别有一种奇芳异馥,沁人心脾,因此起名为"伊帕尔汗"(维吾尔语,"香后"之意)。伊帕尔汗才十来岁,就被阿帕克和卓的嫡系后裔"皇帝"霍集占(小和卓)纳为妃子,人称香妃。

大小和卓叛乱失败后,兆惠俘获了香妃,把她贡献给朝廷。

乾隆非常喜欢香妃,将她收为妃子,纳入自己宫中,还特地召来回教徒服侍她的吃穿,又在宫中西苑造了回族的住房、礼拜堂,以博取她的欢心。香妃却毫不动心,坚决不从,只对从新疆带去的沙枣花情有独钟,并经常落泪不止要求回新疆。

1765年,乾隆为讨香妃的欢心,解除她的思乡之念,下令把新疆沙枣树移植到宫廷。于是新疆乌什县的240人负责将事先栽种在木桶里的沙枣苗运往北京,后来因为不给报酬而酿成了新疆历史上有名的乌什人民起义。乾隆下令严厉镇压,其规模甚至比平定当年大小和卓的叛乱还要大,造成无数清军与乌什人民的死亡。

随后,乾隆带着香妃等人南下苏杭游玩。到杭州后,香妃"袖出白刃"刺杀乾隆,未成。这事被皇后乌喇那拉氏知道后,要求立即杀死香妃,乾隆舍不得。为此,皇后乌喇那拉氏大闹了一场,并气愤地剪去了自己的头发,有意触犯了满族的大忌。因此,乾隆命皇后乌喇那拉氏立即回京。不多久,乾隆带着香妃也回到了京城。回京后不久,香妃就悬梁自尽。

香妃临终遗言:请把我的尸体和我已故家族的尸骨运回新疆,我们要长眠在家族的陵墓里。乾隆派124人将香妃的遗体及其已故家族的尸骨送回新疆,其中包括额色尹、帕尔萨和图尔都的尸骨。图尔都的满族妻子陪伴灵柩在路上整整走了3年。

关于香妃之死也有这样的说法：一天，宫女奉乾隆之命来劝说，香妃猛地取出一把匕首，吓得宫女四散躲避。太后怕乾隆遭到不测，趁乾隆去郊祭时，把香妃召来，令其自杀。乾隆知道后还生了一场病，事后下令将香妃遗体用软轿抬回新疆喀什入葬，建香妃墓。

传说引人入胜，但与历史事实相差甚远。真正的香妃其实是乾隆四十多位后妃中唯一一位来自维吾尔族的女子，宫中赐号曰"容妃"。

第三节 太上皇

生老病死，是大自然的永恒规律。步入老年的乾隆，精力和体力大不如以前。

乾隆在45岁左右，就有左耳重听的毛病，到了65岁以后，左眼又视力欠佳。乾隆四十五年（1780年），即和珅见用的时候，乾隆已处于老境来临的衰态中。这一年他因臂痛而一度不能弯弓射箭。而后，乾隆四十八年（1783年）、乾隆四十九年（1784年）的郊祀大典，他也因气滞畏寒派皇子代行。而且，老皇帝夜里常常失眠，记忆力明显减迟，乾隆五十九年（1794年），乾隆竟衰老健忘到"早膳已供，而不过一时，又索早膳"的程度。如此衰弱的体力，怎能应付得了那纷繁复杂的国家政务呢？老年皇帝因体力渐衰，精神不支。然而，已习惯于站在权力之巅上的乾隆，是决不会因体力和精神的减弱而让出权力的，对于一切军国要务，他仍要亲自裁断，用人等行政大权，他仍要掌握在手中。乾隆统治的后期已进入了国家财力耗竭的阶段，由于乾隆性喜奢华，巡游无度，又好大喜功，这不仅败坏了社会风气，且使国库有亏，仅乾隆之游幸一项就耗资数亿两白银，其恶果是可想而知的。

乾隆一方面想独揽大权，又觉得无心腹可托；另一方面又想极尽享乐却苦于无人为之筹集巨额财力。这不能不是个矛盾，权力与体力和精力的矛盾，而更深层次却是乾隆双重人格与品格的矛盾，他既要维持太平帝国的统治，又要满足追求享乐的欲望，于是便出现了他在晚年用人上的矛盾，既用贤能又用奸佞。

晚年的乾隆有一种既想使大清王朝永世不衰，又欲极尽奢华享乐的矛盾心理，并进而影响到他的统治政策与措施，同时任用阿桂与和珅似乎实现了他的这两种要求。任用阿桂，乾隆在战场上完成了"十全武功"，而任用和珅，则加剧了官员的贪污腐化。

为了让大清江山后继有人，乾隆多次选择可以传承皇位的皇子。虽然乾隆子女甚多，但是儿子大多数短命。乾隆生有17子10女，到晚年的时候，身边只有4个儿子，即皇八子永璇、皇十一子永瑆、皇十五子永琰、皇十七子永璘。

乾隆先后立过三个皇太子。

第一个皇太子是皇后富察氏所生的皇次子永琏。乾隆认为永琏乃皇后所生，朕之嫡子，聪明贵重，气宇不凡。乾隆即位后，亲书密旨，立永琏为皇太子，藏在乾清宫"正大光明"匾额之后，但永琏9岁时死去。

第二位皇太子是永琮。乾隆在永琏病故后，又立皇七子永琮，但他2岁时又因痘症早殇。

乾隆非常伤心，说：

"皇七子永琮，毓粹中宫，性成凤慧，甫及两周，岐嶷表异。圣母皇太后因其出自正嫡，聪颖殊常，钟爱最笃。朕亦深望教养成立……而嫡嗣再殇，推求其故，得非本朝自世祖章皇帝以至朕躬，皆未有以元后正嫡绍承大统者。岂心有所不愿，亦遭遇使然耳，似此竟成家法。乃朕立意私庆，必欲以嫡子承统，行先人所未曾行之事，邀先人所不能获之福，此乃朕过耶。"

第三位皇太子是皇十五子永琰，就是后来的嘉庆皇帝。

乾隆四十三年（1778年）九月二十一日，乾隆宣谕："昔皇祖御政六十一年，予不敢相比。若邀穹苍眷佑，至乾隆六十年，予寿八十有五，即当传位太子，归政退闲。"这道谕旨的意思是说，他的祖父康熙皇帝在位六十一年，自己不敢相比。如果能在位六十年，就当传位给太子。

乾隆六十年（1795年），85岁的乾隆，御圆明园勤政殿，召见皇子皇孙、王公大臣，宣示立皇十五子嘉亲王永琰为皇太子，以明年为嗣皇帝嘉庆元年，届期归政。

嘉庆元年（1796年）正月初一日，乾隆御太和殿，举行内禅大礼，授玺。永琰即皇帝位，尊乾隆为太上皇，训政。由礼部鸿胪寺官诣天安门城楼上，恭宣嘉庆钦奉太上皇帝传位诏书，金凤颁诏，宣示天下。

"金凤颁诏"是指皇帝从太和殿颁发的诏书，抬上黄舆，鼓乐高奏，礼仪隆重，由礼部官员送上天安门。天安门城楼上有一只"金凤"，口衔诏书，从城楼上徐徐降下；城楼下的礼部官员跪接诏书，分送各地，公布天下。

乾隆归政之后，以太上皇名义训政。当时有两个年号：宫内皇历仍用"乾隆"年号，各省改用"嘉庆"年号。

乾隆退位后，本应住在宁寿宫，让新皇帝住在养心殿，但他不愿迁出，而让嘉庆居毓庆宫，赐名"继德堂"。乾隆经常御殿，受百官朝贺，嘉庆则处于陪侍的地位。朝鲜使臣到北京，目击记载说：嘉庆侍坐太上皇，上喜则亦喜，笑则亦笑。又记载：赐宴之时，嘉庆侍坐上皇之侧，只视上皇之动静，而一不转瞩。乾隆内禅皇位后，又训政三年零三天。

嘉庆四年（1799年），乾隆崩于紫禁城养心殿。

乾隆驾崩后，嘉庆帝永琰亲政。嘉庆在办理大行皇帝乾隆大丧期间，断然采取措施，惩治权相和珅。

在乾隆当太上皇期间，和珅竭尽全力限制嘉庆，培植任用自己的亲信。嘉庆即位时，他的老师朱珪当时任广东巡抚，向朝廷上了一封表示庆贺的奏章。和珅就到乾隆面前告朱珪的状，不过乾隆未予理睬。嘉庆元年（1796年），乾隆准备召朱珪回京，升任大学士，嘉庆写诗向老师表示祝贺。和珅又到乾隆那里告状，说嘉庆皇帝笼络人心，把太上皇对朱珪的恩典，算到自己身上。这一次，乾隆生气了。他问军机大臣董诰："这该怎么办？"董诰跪下劝谏乾隆说："圣主无过言。"乾隆才作罢。不久，和珅还是找了个借口，怂恿乾隆将朱珪从两广总督降为安徽巡抚。和珅还将他的门下吴省兰派到嘉庆身边，名义上是帮助整理诗稿，实际上是监视嘉庆的言行。嘉庆二年（1797年），领班军机大臣阿桂病故。和珅成为领班军机大臣。这时的乾隆，已年老体衰，记忆力很差，和珅成了乾隆的代言人，更加为所欲为。

乾隆驾崩，和珅失去靠山。嘉庆一面任命和珅与睿亲王等一起总理国丧大事，一面传谕他的老师朱珪来京供职。初四，嘉庆发出上谕，谴责在四川前线镇压白莲教起义的将帅玩嬉冒功，并借此解除和珅的死党福长安的军机处大臣职务。嘉庆命和珅与福长安昼夜守灵，不得擅离，切断他们与外界的联系，削夺了和珅的首辅大学士、领班军机大臣、步军统领、九门提督的军政大权。

正月初五日，给事中王念孙等官员上疏，弹劾和珅弄权舞弊。初八，嘉庆宣布将和珅革职，逮捕入狱。初九，在公布乾隆遗诏的同时，嘉庆将和珅、福长安的职务革除，下刑部大狱。命仪亲王永璇、成亲王永瑆等，负责查抄和珅家产，并会同审讯。十一日，在初步查抄、审讯后，嘉庆宣布和珅二十大罪状，主要有欺骗皇帝、扣压军报、任用亲信、违反祖制、贪污敛财等。十八日，在京文武大臣会议，奏请将和珅凌迟处死，将同案的福长安斩首。和珅被赐自尽后，其党羽皆惶恐不安，嘉庆宣谕："凡为和珅荐举及奔走其门者，悉不深究。勉其悛改，咸与自新。"此谕一下，人心始安，政局稳定。

和珅的仕途起伏和乾隆盛世由盛转衰的起伏有着密切的联系。和珅得宠于乾隆盛世之末，正是乾隆功业将成、好大喜功之时。随着乾隆年岁益老，他越发宠爱和重用和珅，而和珅正是清朝贪官的代表。在贪污积弊日渐深入清朝的统治骨髓的时候，乾隆盛世的风采也随之逝去，取而代之的是人民的起义和清朝的衰落。

乾隆终年88岁，统治六十三年，躬历四朝，亲见七代，历代帝王都无法望其项背。他没有坐享其成，在父祖余荫的庇佑下度过一生，而是凭借自己的才干与谋略把大清王朝的强盛推向了顶峰。乾隆统治时期的清朝边疆稳固、社会安定、国库充裕、文治武功都达到了极盛。但盛极而衰，国内的阶级矛盾日益尖锐，在乾隆后期各地起义此起彼伏。而这时国际环境风云变幻，外国资本主义势力叩关而至，清朝日益临近几千年来中国从未有过的严重危机时期。

正如和珅的盛极而衰一样，乾隆的盛世也在闭关自守中越来越衰败，大清的国运和国势也日渐没落，走入了清朝末年的凋敝。